共存学4

多文化世界の可能性

國學院大學研究開発推進センター 編
古沢広祐 責任編集

目次

第二部　日本・歴史・宗教と共存する世界

第三部　グローバル変動下で共存を模索する試み

多文化世界の可能性
――本書の背景と構成――

古沢広祐

これまで盛んに「共生」が語られてきた時代状況が、最近は一変しはじめている。他者を排除し、差別して攻撃するような排他主義的な動きが、内外の各所で目立っている。自他の違いや壁をこえて、共に生きていく理想が、社会の基盤にやっと定着するかと思われた時代状況は遠のきつつあるかにもみえる。時代状況は、どうも〝共生〟という理想に行きつく手前で、行きつ戻りつしているかのようだ。

とくに二〇〇一年、9・11同時多発テロ事件以降、中東地域の戦乱、難民の急増、頻発するテロ事件、金融危機、格差問題などの社会的不安や、他方では二〇一一年東日本大震災と原発事故、そして気候変動や生物多様性の危機などといった環境面での不安も高まっている。存在がゆらぎ不安定化する時代状況を前に、あらためて人間存在とは何か、人と人との関係性や社会・自然との共存について、問い直しが迫られている。

共存学プロジェクトは、こうした時代状況をふまえ、学際的研究をめざす取り組みとして二〇一〇年にスタートした。対立・敵対を超えて相互理解（承認）と多様性を尊重する関係の在り方を究明する試みであり、底流に國學院大學が長年積み上げてきた文化・宗教研究、歴史学、社会学、政治経済学などの蓄積がある。人間の世界は複雑な諸関係、安定性を欠いた緊張状態を内在させている。そこに、協調的関係と秩序が形成されるダイナミックな過程として、対立、敵対、諸矛盾の克服・調整をへつつ、安定性や持続性に向かう共存の関係が形成される。そのようにして、共存からより安定した共生の関係が模索されてきたと考える。

それは一方向的で単純な動きではなく、複雑なダイナミズムと矛盾を秘めた多面的・複層的な諸関係を内在させている。いわば「共生」にいたるまでの多義的な経過や展開があり、その原初的形態とも呼ぶべき「共存」をキーワードに、諸問題を探る試みとして共存学は構想されたのだった。共存に関しては、ミクロからマクロの世界まで、個人から共同体や社会組織、世界秩序の形成まで、多角的に究明する諸課題がある。その射程としては、ローカル、リージョナル、グローバルという空間設定と、テーマ設定としては人間・社会関係から対自然関係まで、文化・歴史、政治・経済、環境・開発、などに関する諸課題の追求が目指されてきた（既刊『共存学』、『共存学2』、『共存学3』弘文堂を参照）。

本書『共存学4』は、とくに人間の文化と世界、共存する社会という側面に焦点をあてる。諸大学の研究者の協力も得て、多文化世界の在り方に関して一二章の論考で構成されている。「多文化共生」の理想が問い直されている時代状況において、もう一度世界の細部に目を凝らして共存の手がかりを探ることを試みている。

本書の構成（第一部）

本書は大きく三つの部から組み立てられている。第一部では、世界の様々な場所において共存をめぐる諸相がどのような姿として展開しているかを見定める。「音楽文化にみる現代フランスの移民と郊外」（笠間）では、都市郊外の巨大団地に住み、隔絶状態に置かれてきた移民労働者の姿を追い、そこに生み出されていく憎悪の連鎖、それを率直にヒップホップの音楽表現に託す若者たちの心情（魂）の叫びに光を当てる。排除され絶望した移民二世、三世の青少年が、破壊的な行動や過激な宗教原理に傾いていく負のスパイラルとフランスの共和国の理念がかみ合わない現実があり、とくに非宗教性の原則（ライシテ）が差別や抑圧につながってしまう矛盾が垣間見れる。越えがたい断絶に果敢に挑戦する魂の叫び、そこには共和国理念の再構築を願う一筋の希望の光が感じとれるという。

「イスラームとの多様な「共存」」（安達）は、イスラームが孤立した体系ではなく、政治的プロセスのなかで絶えず構築されるものととらえることで、「共存」言説がもつ問題にアプローチしている。そこで、イスラームとの共存がとりわけ求められているのは、非イスラーム社会（だけ）ではなく、現代の成熟社会に生きるムスリム自身であると主張される。それはとりわけ、近代化・グローバル化の影響を大きく受ける女性たちに見ることができる。彼女たちは、ムスリムとしての身体を構築することで、そうした複雑化する環境の要請に応えている。具体的には、マレーシア（ムスリムが多数を占めるイスラーム社会）、イギリス（比較的大きなムスリム・コミュニティが存在する非イスラーム社会）、日本（比較的小さなコミュニティしか存在しない非イスラーム社会）という異なる事例を紹介・比較することを通じて、女性ムスリムたちのイスラームとの多様な共存のあり方が議論される。

「共存の歴史として描かれたもの」（加藤）では、最近開館したポーランドのユダヤ人の歴史博物館の紹介とともに、異なる宗教を信じる人々が一国内でどのように葛藤し克服の道を歩んできたか、平和裏に共存するための法や制度の積み重ねの経緯をたどる。そうした歴史の過程における悲惨な終末に、第二次大戦下でのユダヤ人のゲットーへの隔離（ワルシャワ・ゲットー）やナチスによるユダヤ人大虐殺（ホロコースト、強制収容所ほか）などが含まれることから、博物館展示においては、その限界への挑戦が試みられているという。すなわち、共存の破綻としての「死」への向き合いとともに、「生」に向かう歴史展示の意義（儀礼の原点に通じる見学行為のあり方）が工夫され、模索されている様子が示される。

「台湾の多文化共存から「歴史」を考える」（武知）では、複層化している台湾人の歴史の今に焦点が当てられる。台湾には、戦前から居住する本省人、戦後大陸から来た外省人、より古くからのアミ族をはじめとする原住民、最近の東南アジアから来る労働者（新住民）などによって多民族的な社会が形成されている。そこでは、違いを認めながら共存していく上での重要な概念に「多元化」と「本土化」があるという。とくに歴史や文化を表す際には、軋轢や対立を生む微妙なバランスが顕在化しやすい局面が多くあり、日本との関係でも植民地建築の再活用の場面などに現れる。観光などの交流が活発化する日台関係の一方で、日本統治時代の文化財や歴史にどう向き合うかという課題があり、文化財や史跡を通して〝歴史〟というものの捉え方について、深い掘り下げがなされる。

「中国ナシ族の過去と現在」（黒澤）では、漢族と五五の少数民族から構成される多民族国家の中国において、南部の雲南省の高原に住むナシ族を事例に、その長い歴史的な歩みと急速な観光化の波に揺れる現状を紹介する。その適応への模索の姿を通して共存の在り方が考察されているが、とくに一九九〇年代以降の観光化に翻弄される一方で、自民族文化の再認識と文化継承が興隆し、最近はナシ語のポップミュージックが登場するなど、新しい動きが注目されるという。

本書の構成（第二・三部）

以上、第一部「グローバル世界における共存の諸相」に対して、第二部「日本・歴史・宗教における共存する世界」では三編が収められている。「文化としての神道と多元主義」（松本）では、宗教状況の三つの類型、排他主義、包括主義、多元主義を参考にして、様々な宗教での人間存在への寛容性に注目する。とくに日本においては、文化としての神道に関して、仏教や他の宗教との多元主義的な在り方に向けた課題を展望する。

「「多文化共生」と宗教をめぐる研究が切り開く地平」（高橋）では、行政を中心に進められてきた従来の「多文化共生」が、宗教の取り扱いを回避（政教分離）しがちであった限界性をとらえ、移住者たちのもつ文化的な背景への理解として宗教がきわめて重要であることを指摘する。「現代社会における移民と宗教」共同研究プロジェクトや共存学公開研究会「移民と多文化共存」での諸研究を紹介しつつ、コミュニティ的側面とネットワーク的な側面をもつ宗教の役割、移住者の世代間での価値観やアイデンティティのずれ、宗教が持つエスニシティ構築の文化資源的な役割など、宗教研究が切り込むべき課題を整理し提示している。

「アメリカ生まれの新宗教と共存への模索」（杉内）では、宗教的移民国家としてアメリカをとらえて、その中の少数派の典型であるモルモン教を事例に、本土での展開過程と越境活動として日本における布教動向を考察する。そこには軋轢とともに適応戦略が展開するダイナミズムが読み取れるという。

第二部に続き、第三部「グローバル変動下で共存を模索する試み」は、よりダイナミックに模索される世界動向を展望する。「トランプ時代におけるアメリカの多文化主義」（ヘィヴンズ）では、大統領選挙の経過とトランプ・ショックに大きく動揺するアメリカ社会を見つめ、その排他主義の極みのような暴言とその波紋やリアクションを追う。メキシカンへの偏見のみならず政治と隔絶してきたムスリムの人々の排除に対して、そこに胎動しだした動きはアメリカ多文化主義の原点につながる米国憲法の再確認であり、そこに希望の光を見出している。

「ナショナリズムの世俗性をめぐる断想」（菅）では、ピョンヤンでの筆者の経験を織り込みながら、国家と宗教とナショナリズムの関係が随想風に語られる。主権国家と信教の自由が同じ根を持っていること、ネイションという単位系は社会的共存の枠組たるべく想像された共同体であること、近代の世俗性（＝宗教からの距離）が持つ意味が、歴史的に確認される。そして、なぜナショナリズムはグローバル化の中でも消滅していないのか、ナショナリズムは病理なのか、共存への志向なのか、が問いかけられる。

「多文化主義・社会関係資本・コスモポリタニズム」（苅田）では、同質性の中に異質性を含みこむ在り方として、抑圧・排除せずに多様なアイデンティティ（帰属意識）が複合的に成立する多元化に着目する。排除・抑圧を伴わない共同性の復権とは、差異や境界が複数かつ重合的に生成し共存しあう社会・政治空間を、ミクロからマクロレベルまで動的に形成する世界（新たなコスモポリタニズム）として展望できるという。

「持続可能な発展と多文化世界」（古沢）では、世界的統合化（グローバリゼーション）への反動と揺り戻しに傾きだした世界状況に対して、もう一方で進む多様性との共存を求める動きに着目する。とくに国際連合の連携機関（国連ファミリー）を軸に形成されつつある環境・社会面でのレジーム（体制）が、将来世界の道すじを拓くことに期待をよせる。そして自然と文化の多様性の尊重の先に、人間社会の持続可能性（サステナビリティ）を展望する。

＊＊＊

人間とは複雑でとらえがたい（流動的）存在である。自律性と創造性をもち、様々な社会組織や文化様式（宗教を含む）を生み出してきた。生存と生活の基盤を確立させながら、個人のアイデンティティと社会的アイデンティティ（共同体、民族、ナショナリズムなど）を創出してきたのだった。そこでは、他との違いで自己確立する方向（対立）と他との協力・融合で社会形成（共生）する方向とを、どうバランス調整するかが問題となる。こうした社会と世界の形成において、「敵対・抗争」⇕「対立・並存」⇕「共存・共生」の間を行きつ戻りつしながら、不安定さを徐々に克服して安定する状態を模索してきた。そうしたゆれ動きの状態は、排他主義、包括主義、多元主義という立場の違いに現れるが、排他から一歩ずつ多元的共存へ向かう歩みが模索されている。

本書では、人間存在の文化的側面に焦点を定め、現代世界に生じている不安定な局面をどのように受けとめるか、そこでの共存を模索する多様な試みについて光を当てている。多様な世界のほんの一断面ではあるが、混沌化してきた世界情勢に対して、共存への模索が様々に試みられている様子（多文化世界の可能性）を提示している。

現代社会は、グローバルにつながりあい、一体化への傾向をつよめる動きの一方で、その複雑さと多様な姿は実に幅広く奥深いものがある。そこに矛盾や軋轢を多数生んできたのが実態である。まさに「多文化主義」や「多文化共生」の理想があらためて問い直されていることから、ある意味では本書は、その再出発を意図している。「共存」を切り口に世界の在り方と未来を探る試みを、読者の皆様と共有できれば幸いである。

第一部　グローバル世界における共存の諸相

パリのモスク（Grande Mosquée de Paris）
（第２次大戦中のナチス占領下、ユダヤ人救出に尽力したことで知られる）（撮影：古沢広祐）

音楽文化にみる現代フランスの移民と郊外

――告発の声、融和への模索――

笠間直穂子

周知のとおり、フランスでは二〇一五年来、多数の死傷者を出す襲撃事件がつづいている。二〇一五年一月七日に諷刺新聞『シャルリ・エブド』編集部、ユダヤ系スーパーなどを標的とする事件で一二名が殺害されたのち、一一月一三日にはパリの市街、コンサートホール、パリ郊外サン＝ドニの競技場など六カ所が同時に襲撃され、死者は一二九名にのぼった。翌一六年七月一四日には革命記念日の花火を見にニースの海岸沿いに繰り出した群衆に大型トラックが突っこみ、八六名の死者を出した。

これらの襲撃事件に対して、オランド大統領は「テロリスト」を糾弾し、中東の「イスラム国」勢力地域へのフランス軍の介入を強めた。しかし、現実を見るならば、実行犯は遠い国からフランスを攻撃するためにやってきたわけではない。ほとんどがフランスに生まれ育った、あるいは長らくフランスに暮らしてきた者であり、フランス国籍を有する者も少なくない。

ヨーロッパの外にルーツを持ち、多くが制度上は「フランス人」であるにもかかわらず、「フランス人」と呼ばれるよりはむしろ「アラブ人」、「黒人」、あるいはまた「ムスリム」と名指されて陰に陽に蔑まれ、そうした経験を繰り返してきた者が、鬱屈の結果として「イスラム国」の標榜するような極端な報復主義に惹かれる。このような流れが明らかになっている以上、中東への空爆と国内の治安対策強化だけでは根本的な解決にはつながらないだろう。問題は、フランスにおいてエスニック・マイノリティが置かれてきた状況にある。

その状況を知ろうとするとき、「郊外」がひとつのキーワードとなる。一九世紀までのフランスにおいては、かつて都市を抜けた先にあるのは田園風景であり、郊外は都市住民が休日に遠出する憩いの地であった。しかし二〇世紀に入り、特に一九七〇年代以降になると、「郊外」はまったく別のコノテーションを帯びる。コンクリートで固められた大型高層団地に、主として非ヨーロッパ系の「移民」出身者からなる貧困層が住み、暴力と麻薬がはびこる危険地帯と化している、といったイメージである。この否定的な郊外イメージの裏に、森千香子氏が『排除と抵抗の郊外』で指摘するマジョリティとマイノリティのあいだの「亀裂」がある。

郊外の団地に暮らす人々は、社会において発言権をあたえられることの少ない弱者である。しかし、彼らのなかでもとりわけ若い世代が自分たちの言葉を広く一般に伝える方法のひとつとして、ポップ・ミュージックがある。本稿では、移民集住地帯としての郊外の成立と展開を概観したのち、主にエスニック・マイノリティからなるミュージシャンやラッパーたちが、音楽活動を通じてどのような言葉で「団地（シテ）」の日常を描いているか、彼らが自国の政治・社会に対しどのような見方をしているかを確かめていく。

一　「移民」集住地帯としての郊外団地

1　郊外と団地

一九世紀半ば以降のフランスでは、工業化・都市人口の増加にともない、住宅不足が大都市特有の問題として浮上してきた。これを受けて一九世紀末から、政府の援助のもと、都市郊外に「低廉住宅」と名づけられた労働者向け集合住宅（Habitation à bon marché＝ＨＢＭ［アッシュ・ベー・エム］）を建設する動きが本格化し、一九二〇年代以降はパリ郊外に次々と設備の整った住宅地がつくられた。

はじめは一戸建てまたは低層の集合住宅が多かったが、間もなく高層住宅が登場し、すでに一九三〇年代にはパリ北郊ドランシーに一五階建ての棟を配した大型団地「ラ・ミュエット」が建てられている。ラ・ミュエットは、のちに各地で建設される高層団地のモデルとなった。

第二次世界大戦後、高度経済成長期に入ると、大都市の住宅不足はさらに深刻化して、政府は住宅政策に本腰を入れる。一九五〇年代からは労働者向けの「低廉住宅」に代わり、「適正価格住宅」（Habitation à loyer modéré＝ＨＬＭ［アッシュ・エル・エム］）という名称で、中産階級までふくめた層を対象とする社会住宅の建設が国家主導で進められていく。このとき、団地の建設用地として都市郊外の広大な土地を利用するための便宜を図る制度も設置された。こうして、十数階から四〇階建てにいたる建物を並べ、総戸数は一〇〇〇戸以上、といった大規模団地が全国に誕生した。

当初、これらの集合住宅は、日本における初期の団地のイメージに似て、モダンな設備に彩られた希望あふれる新興住宅地として宣伝され、狙いどおりに中産階級も入居した。しかし、大量の住居を供給することが最優先されたため、建設費は低く抑えられ、その結果、壁がきわめて薄い、生活上必要な施設が近くにない、交通の便が極端に悪いなど重大な問題をかかえる例も散見された。一九六〇年代以降、こうした問題点が表面化するにつれ、ＨＬＭのイメージは低下する。中産階級に戸建購入をうながす政府の政策転換、画一化された無機質な空間よりは温かい「人間らしさ」を求める世相の変化もあって、中産階級は大規模団地から離れていく。

２　移民と郊外団地

戦後高度経済成長期は、郊外巨大団地の建設が進められた時期であると同時に、北アフリカを中心とする植民地（この間に独立していく地域）から大量の労働者をフランス「本国」に呼びこんだ時期でもある。

二〇世紀前半には、すでにフランス国内で不足する労働力をおぎなうため、農場や工場での働き手を周辺各国から呼び寄せる政策が採られていたが、対象はイタリア、スペインなど、主にヨーロッパ内の国々だった。これが戦後になると、戦後復興と産業の発展にともない一層の労働力が必要となり、政府は積極的に労働者の移住を推進する。ただ戦前と違ってヨーロッパ内からの移住者は減少し、代わって工場労働や建設現場での仕事を、北アフリカやサブサハラアフリカ出身の労働者が支えることになった。中心となったのは、アルジェリア人（独立を果たす一九六二年までは、国籍上フランス人）である。

アルジェリア等からの労働者呼びこみに際し、当初フランス政府が推奨したのは、働き手となる男性の単身出稼ぎであり、そうした単身男性労働者のための寮も設けられた。しかしその数はまったく足りなかった上、非正規ルートでの入国者や家族連れも増えていく。結果として、移民労働者の一部は、都市郊外に掘っ立て小屋のスラム街をつくり、水道や電気もない劣悪な条件で暮らすことを強いられた。

こうした状況のなか、ちょうどフランス人中産階級の住民が離れていって空室の目立つようになった大型団地が、移民労働者の入居先として注目され、一九七〇年前後から入居が進められるようになる。間もなく石油危機が起き、景気後退によって政府は新規移民労働者の受け入れを停止し、帰国を奨励する政策をはじめたが、すでに国内で働いている者については家族の呼び寄せを認めた。アフリカ出身の労働者たちにとっては、故郷の政情の不安定化、再入国できないかもしれないという不安なども手伝って、帰国を選択する者は少なく、家族を呼び寄せて、むしろ定住に向かった。家族向けの間取りで設計されたＨＬＭは恰好の受け入れ先となった。

だが、労働者専用寮やスラム街を去り、ＨＬＭに入居にすることによって、それまで一般社会との接点を持たなかった非ヨーロッパ系の労働者家族が既存のフランス人社会のなかに溶け込んだかというと、そうは事は進まなかった。少なからぬＨＬＭ管理会社が、意図してとりわけ条件の悪い団地に移民系の入居者を集中させ、しかるべき管理をおこなわず、設備が荒れるにまかせるという悪質な手法を採った。住環境の悪化に耐えかねて、元からいたフランス人住民はますます流出する。こうして、貧しい移民労働者家庭ばかりが、経済的に安定したフランスの主流社会から隔離された状態で、ゲットーのごとく都市郊外の巨大団地に集住するという、「フランス版アパルトヘイト」とも称される構図が出来上がった。

特に家族の呼び寄せが公式に認められた一九七〇年代以降、フランスで生まれ育った移民労働者の子どもが増えていく。出生地主義をとるフランスの法律により、彼らはフランス国籍をもつ「フランス人」となり、学校では当然、フランス語でフランスの教育体系にもとづいた授業を受ける。ところが、生活空間は北アフリカ系やサブサハラアフリカ系が人口のほとんどを占める団地であり、言語その他のハンデを背負って、学業をつづけることも難しく、就職もままならない。

あらかじめ社会から排除された若者たちが生活費を稼ぐ方法は限られているから、犯罪が増加する。それを取り締まる警官はきわめて威圧的で、人種差別を露わにする言動が常態化している。拠り所とすべき故郷のイメージもなく、管理を放棄された団地から出ていく道もほぼ閉ざされ、法的には十全にフランス人であるはずなのに明らかな差別を毎日受けて、学校で習った「平等」など茶番としか思えない。このような怒りをかかえた、郊外に住む「移民二世」を中心とする若者の存在が、一九八〇年代に入り、フランス社会に知られるようになっていく。

二　郊外から響く声

1　人種差別撤廃運動とミュージシャンによるサポート

一九八三年、四〇人前後の移民二世の若者たちが、カトリックの司祭とプロテスタントの牧師に伴われ、「平等に賛成し人種差別に反対する行進」の横断幕をかかげてマルセイユを出発した。最初は話題にもならなかったが、徐々に噂を聞きつけて参加者が増え、二か月後のパリ入城時には一〇万人の巨大デモとなり、ミッテラン大統領との面会を果たした。ワシントン大行進のフランス版とも言えるこの出来事は、「ブールの行進」と呼ばれ、それまで主流社会にとって見えない存在だった郊外在住の非ヨーロッパ系の若者たちが、ひとつの集団として認識される契機となった。

「ブール（beur）」とは、「アラブ（arabe）」を指す逆さ言葉である。これは北アフリカ出身者がひとくくりに「アラブ」と呼ばれるのに対応している（サブサハラアフリカ出身者は「黒人」ないし「ブラック」となる）。実際には北アフリカから労働者としてフランスに移住した者の多くはカビリア（ベルベル）系であり、厳密にはアラブ系ではない。しかしこの時期、人種間の融和を指すにあたり「白人・黒人・アラブ人」をすべてBではじまる呼称でまとめた「ブラック・ブラン・ブール（black, blanc, beur）」という表現も生まれ、カビリア系であってもフランスのコンテクストのなかではアラブ／ブールと見なされた。

「ブールの行進」は翌年の「SOSラシスム」の結成へとつながった。「ラシスム」は英語の「レイシズム」と同じく人種差別主義を指す。この団体は人種差別を受けた者から報告を受け、差別主義者を告発するもので、社会党からの支援と巧みなメディア戦略により知名度を上げていった。

折しも英米のポップ・ミュージック界では、人道支援のためにポップスターが集まってオリジナルのキャンペーン・ソングを作り、売り上げを義援金にまわすプロジェクトが大成功を収めつつあった。嚆矢はエチオピア飢饉をテーマにしたイギリスのバンド・エイドによる「ドゥー・ゼイ・ノウ・イッツ・クリスマス?」、それにつづいたのがUSAフォー・アフリカの「ウィー・アー・ザ・ワールド」である。

フランスでも同様に、国内外を対象としたチャリティー・ソングが次々と発表され、SOSラシスムも大衆音楽を活動に採り入れた。団体のスローガン「おれのダチに手を出すな」（« Touche pas à mon pote »）をタイトルに、幅広い人気を誇るシンガーソングライター、アラン・バシュング（Alain Bashung、彼自身、カビリア系の血を引くと見られる）がテーマソングを制作し、ＳＯＳラシスム主催のコンサートを開催した。

ＳＯＳラシスムの活動は、国内で日常的におこなわれている差別の現状を広く知らしめる効果はあったものの、メディア露出やコンサート等のイベントが先行して、本来「ブールの行進」が求めていた差別解消のための地道で根本的な取り組みには結びつかず、当事者たちの運動であったはずのものが政党政治に取りこまれ利用されている、との批判も高まっていった。

劇的な変革を期待させた一〇万人行進だが、当事者たちにとっては、明確なメッセージを発したにもかかわらず、結局自分たちの生活環境の具体的な改善に大してつながらないまま失速したと言える。こうした失望感は、この先、何度も繰り返されることになる。

2　文化アソシエーションから音楽へ

ＳＯＳラシスムには批判も多かったが、人種間の平等と多様性の保持を目指す社会運動と、ポップ・ミュージックのライヴとの結びつきを一般化させる役割は果たしたのではないかと考えられる。このあと、郊外に住む移民系の若者たちが続々とグループを組み、音楽やラップをつくるようになっていく。

この流れには、「ブールの行進」以前、一九八一年のアソシエーション法改正も関わりがあるだろう。外国籍の者にも結社の自由を認めるこの法改正以降、多くのアソシエーションが生まれ、若者にとってはとりわけ文化活動の場となっていった。音楽、演劇、ダンスなどの練習を自分たちで協力して実施し、あるいは作品をつくって発表する。こういったアソシエーションは、彼らに居場所を提供するとともに、自己表現のきっかけをあたえた。

この時期の文化アソシエーションで活動したのちにミュージシャンになった代表的な例として、南西部トゥー

図1

ルーズ近郊出身のロックバンド「ゼブダ」のリーダー、アルジェリア（カビリア系）移民二世のマジッド・シェルフィ（Magyd Cherfi）が挙げられる。近年は作家としても活動しており、最新作『おれのガリア人的な部分』（*Ma part de Gaulois*）（図1）はゴンクール賞の候補となった。自伝的要素の強いそれらの著作には、彼が暮らしていた団地の様子や、様々な出自の若者たちが集う演劇アソシエーションでの奮闘が、饒舌な文体で臨場感ゆたかに描かれている。

『おれのガリア人的な部分』は、マジッド・シェルフィが演劇に力を入れ、「アラブ」である自分たちなりの表現と「フランス社会への統合」をどう折り合わせるのかに悩みつつ、「団地ではじめてのバカロレア合格者」となるべく勉強に励む姿が示される。終盤、彼がとうとう文学バカロレアに合格すると、団地は大騒ぎになる。逆に言えば、大学入学資格を取得することが前代未聞の事件と見なされるほど、この団地の社会においては進学が困難だった、ということであり、これはすなわち、職が見つかるとしても、かぎられた職種にしか就けないことを意味する。実際、前作『筋金入り』（La trempe）で語られるように、彼の兄は、一二歳で職業校に進むよう教師に通告されて、まだ幼い体に作業服をまとって帰宅し、子どもたちの「成功」を夢みてきた母親に衝撃をあたえる。

バカロレア合格後、マジッド・シェルフィは演劇ではなく、高校の仲間に誘われて音楽の道へ進み、一九九〇年に「ゼブダ」を結成する。マジッドに加え二人、合わせて三人のアルジェリア系がフロントで歌と盛りあげ役を担当し、ヨーロッパ系（地元ガスコーニュ地方出身）の四人が楽器を担当するという編成で、ロック、スカ、シャンソン、当地の伝統音楽であるオクシタン音楽の要素も採り入れたミクスチャー・ロックを展開した。
ゼブダというバンド名は、アラビア語でバターを指し、「アラブ」の逆さ言葉である前述の「ブール（beur）」と、フランス語でバターを意味する「ブール（beurre）」が同音であることからバンド名に採用された。アラブ人を指すフランス語の俗語をアラブの言語でもう一度ひっくり返すユーモアに、バンドの姿勢が表れていると言えよう。文学の素養があり、早くからシャンソンを愛聴してきたマジッドが歌詞を担当している。

突風のもとでジェンベが／バスク中を歌わせる／マジで、そうなっていい頃だ／セネガル人がオクシタンを歌うんだ／マルタ島やエルサレムから来たやつらも／HLMの下の階に住んでる／そのまわりには海の向こうで生まれたわけじゃない人々が大勢いて／彼らは何年ものあいだ／オラン人なのに決してオランに行けないと泣いていた／自分たちがはじめてなわけじゃないってことを／忘れたくないんだ／もうずっと前から／ここにいるのに／彼らは泣く、でもおれはここに留まる／異論の余地なく、おれは言う／おれはここにいる、ここに居つづけると
（「ここにいる、ここに居つづける」« J'y suis j'y reste », 2002）（図2）

図2

ジェンベはジャンベともいい、西アフリカの太鼓の一種。オランはアルジェリアの都市である。この曲は、マジッドをはじめとするゼブダのメンバーが住むオクシタニー（フランス南西部）や、そこから遠くないバスク、地中海上のマルタや中東のエルサレム、さらに北アフリカのアルジェリア、西アフリカのセネガルを引いて、多種多様な出身の人々が暮らすＨＬＭの空間を描く。その上で「海の向こうで生まれたわけじゃない」、すなわち親の出身地から切り離された移民二世の苦しみに言及し、しかし自分は幻の故郷などを追うよりも「ここ」に自分がいることを認め、これからも留まるのだと宣言する。

このように、多様な人々が文化を持ち寄って混淆させつつ共に生きる世界をマジッド・シェルフィは志向する。メジャーバンドとなってからも社会運動にコミットしつづけた点も特筆すべき点である。ただ、現実は厳しく、人気が出るにつれ「ブールのバンド」と見なされて郊外の「ブール」たちに仲間扱いされる反面、そうしたファン層から「白人」あるいは「フランス人」の悪口を聞かされるヨーロッパ系のメンバーとの間に距離が生じた。さらに、ある荒廃をきわめた郊外団地で無料ライヴをおこなった際に、フランス語が完全に通じない、つまり最低限の公教育制度からも弾かれてしまっている若者の集団に次々と石を投げられる経験をしたとき、彼らは限界を感じ、活動をいったん停止する。

とはいえ、その後、二〇一一年よりバンド活動を再開し、前述のとおりマジッドは文筆の領域にも活動の場を広げている。著書を見るかぎり、基本的な考え方は右に挙げた曲のころから変わってはいないようだ。困難を噛みしめつつも、諦めはしない、という決意が言葉の端々から感じられる。また、後述するとおり、ゼブダの姿勢は他のアーティストにも影響をあたえ、後継者を生んでいる。

3　映像とヒップホップ

こうして、郊外の団地に住むエスニック・マイノリティの集団、とりわけ一方で出身国との紐帯を断たれ、他方でフランスに生まれ育ちながら当のフランス社会から排除されている若者たちの存在は一九八〇年代に表面化し、音楽をひとつの媒介として主流社会に知られていった。しかし、今日の「郊外団地の若者」のイメージがはっきりと固定されたのは九〇年代に入ってからと言える。このとき、以前にも増して、音楽が重要な役目を担った。

犯罪の温床と見なされた郊外団地において、警察が恒常的に暴力と呼んでよい手法で青少年住民の取り締まりをおこない、その際しばしば人種差別にあたる言辞が用いられることは先に述べた。一九九三年、パリの警察署で窃盗容疑のため取調を受けていたコンゴ民主共和国（当時はザイール）出身の一七歳の少年、マコメ・ンボウォレが、刑事に頭部を撃たれて殺されるという事件が起き、これに抗議する青年集団と警察とが激しく衝突した。二年後の九五年、この事件を発想源のひとつとして、マチュー・カソヴィッツ（Mathieu Kassovitz）が脚本を書き、監督をつとめた映画『憎しみ』（*La Haine*）が公開され、話題をさらう。北アフリカ系住民の割合が高いパリ郊外の団地で、警察との小競り合いを繰り返しながら暮らす不良少年三人組（それぞれ「アラブ人」、「ブラック」、「ユダヤ人」とカテゴライズされる）を主人公とする内容はリアリティに満ち、殺伐とした団地の光景、スポーツウェアに身をつつみ俗語を多用する少年たち、彼らの目から見たフランスの姿、特に暴力的な警察のありさまが、はじめて多くの観客の目にさらされた。

五〇階建てのビルから墜落する男の物語。男は落ちながら、自分を安心させようとして、繰り返しこうつぶやいている——いまのところ大丈夫、いまのところ大丈夫。でも肝心なのは墜落じゃない、着地なんだ。

不吉なナレーションからはじまる本作は、ただ郊外の現実をそのまま差し出したものではない。乾いたユーモア、ハードボイルドな雰囲気、モノクロのスタイリッシュな映像で仕上げられた『憎しみ』によって、郊外団地はいわば、ひとつのトポスとなった。

そしてこの映画が、同時期に郊外出身のパフォーマーを続々と生み出していたラップ／ヒップホップと結びついていく。映画自体にはヒップホップが多用されているわけではないが、マチュー・カソヴィッツは制作過程で本作の台本を複数のアーティストに見せて、オリジナル曲を制作してもらい、『憎しみ　映画にインスパイアされた音楽』（*La Haine: musiques inspirées du film*）というコンピレーション・アルバムとして発表した（図３）（したがって、本アルバムの日本盤が「オリジナル・サウンドトラック」と銘打たれているのは間違いであり、映画そのもののサウンドトラックは別に発売された）。アササン、ＩＡＭ、ＭＣソラール、ミニステール・アメールなど、参加した一一組の大半が、当時第一線で活躍していたヒップホップ・アーティストで、まるでフランスのヒップホップ界が一丸となって『憎しみ』をサポートしているかの観がある。

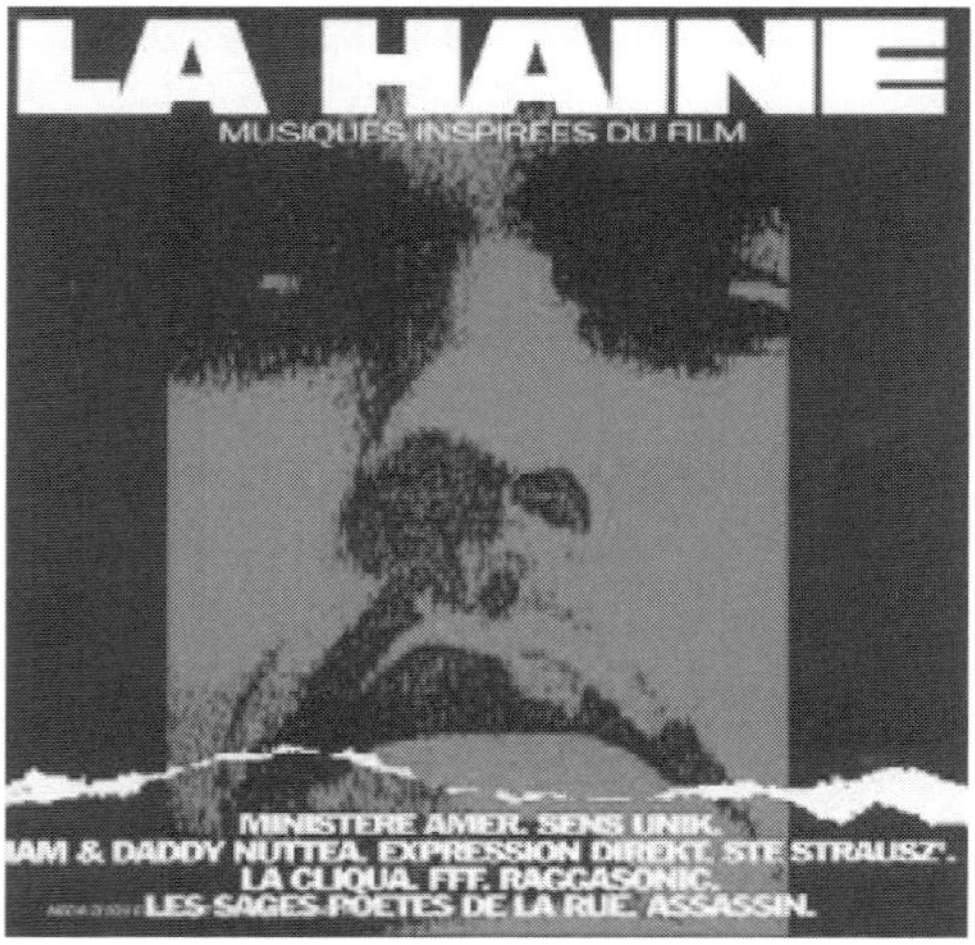

図３

実際、元々ニューヨーク郊外のアフリカ系コミュニティから生まれ、フランスでも非ヨーロッパ系の担い手が中心をなすヒップホップの世界は、映画『憎しみ』とテーマを共有する部分がある。カソヴィッツの前作の音楽を担当し、個人的につながりが深いアサシンは、このコンピレーションで唯一、オリジナルではなく既発表曲を提供しているが、その主張は『憎しみ』の内容とぴったり重なる。

警察はここの子どもたちを殺した／裁判所は庶民の期待する／判決を出さなかった／だからおれたちは憎む

／やつらのシステムを［…］／殺人国家、たとえばマレク・ウセキン／バン、バン、警察はまるでギャング
／つまり国家は殺人するんだ、マコメはその犠牲となった［…］／すべての犠牲者が安らかに眠らんことを

（「殺人国家」« L'État assassine », 1995）

マレク・ウセキンは一九八六年、学生デモに乗じた暴徒と間違われて警察にめった打ちにされ死亡したアルジェリア系の青年。マコメは前述、『憎しみ』制作のきっかけとなった、刑事に撃たれて死んだ少年。この曲は、警察による移民系の若者に対する不当な暴力を、データや例証をきちんと挙げつつ訴えている。

パリ北郊サルセル出身のグループであるミニステール・アメールは、このころアメリカを席巻していたギャングスタ・ラップにより近いスタイルを採る。俗語をまじえた日常の言葉で、自分自身の経験と思想を一人称を用いて語り、暴力を前面に出す。

肉食動物と同じでおれは夜しか外に出ない／今夜もまた敵は警察だ／おれは猟犬の群を見る、だれも眠っちゃいない／反乱の匂いがする／さあ始まる、群衆が報復をさけぶ［…］／バビロンがツケを払わないかぎり平和はない、わかるか？／ニワトリが成仏しないかぎり平和はない、わかるか？

（「ニワトリの生贄」« Sacrifice de poulets », 1995）

バビロンはラスタ思想において堕落した西洋社会、特にかつての奴隷制度をはじめ黒人から収奪することで利益を得る白人の社会を指す。ニワトリは警官のこと。ローカルな立場から発言するギャングスタ・ラップのスタイルは、自分たちの地元の地区に誇りをもちたいという欲求にも合致するもので、『憎しみ』コンピレーションでも複数のグループがこのスタイルに属する。ただ、元来、ワルであること、暴力的であることを誇示する形式

なので、歌詞はいきおい攻撃的になる。

とはいえ、バビロンへの参照にも見えるとおり、警官がしばしば人種差別をともなった暴力をふるい、「おれの地区はまるで占領された地区」になっている、という状況への怒りが根底にあることは確認しておくべきだろう。ただ暴力を肯定しているのではなく、社会に対する問題意識が表現されているのである。

だが、この曲は、警官の殺害を唆しているとの廉で警視庁職員組合に訴えられ、罰金刑を課された。また、当時の内務大臣ジャン゠ルイ・ドゥブレも、ミニステール・アメールがインタビューで殺害教唆および公共の場での侮辱をおこなったとして関連雑誌およびテレビ局を訴え、これも罰金刑の判決が出ている。

ミニステール・アメールだけではない。同じ一九九五年、コンピレーションには参加しなかったが、鋭い政治・社会批判で知られる郊外サン゠ドニ出身のハードコア・ラップ・グループ、NTMも、SOSラシスム主催のコンサートで人気曲「ポリス」を歌った際、アドリブで警官への暴力を呼びかけたとの理由で訴追され、いったんは懲役六か月、国内活動停止六か月という判決が出て、上告の末、執行猶予つき懲役刑および罰金刑が確定した。

このように、映画『憎しみ』によって郊外団地の風景が社会に共有され、さらにヒップホップという音楽ジャンルを通じて当事者の声が各地からあがりはじめたとき、国家権力の側が示した反応は、不満と怒りをもたらしている問題の根本的解決を図るよりも、警官への攻撃を呼びかけているという理由によりヒップホップ・アーティストを敵視し、場合によっては法的手段に訴えるというものだった。政治家によるラッパー提訴は右記のミニステール・アメール以降もおこなわれている。

大衆音楽の一ジャンルであるラップ／ヒップホップは、郊外・団地・移民・若者というイメージ連鎖に組みこまれて、ひとつのステレオタイプを形成し、それ自体が暴力と犯罪を産む火種として糾弾の対象となったのである。

三　分断の深まり、融和への呼びかけ

1　ラップと治安

「ブールの行進」によって、郊外団地に住むエスニック・マイノリティは「見えない存在」から脱却し、映画『憎しみ』とヒップホップ・ミュージックを通じて団地の実態、また差別の象徴としての警察暴力が主流社会に知られるようになったが、状況は好転しなかった。むしろ二〇〇〇年代に入り、アメリカで起きた同時多発テロの衝撃もあって、治安対策強化が叫ばれるとともに、イスラム原理主義への恐怖が「アラブ系」への警戒心につながった。その波に乗るかたちで、強硬な治安政策を推し進めるニコラ・サルコジが二〇〇二年に内務大臣に就任して支持を広げ、その後も要職を歴任し、五年後には大統領となる。

サルコジ内務相の下では、警察が以前にも増して攻撃的な取り締まりを頻繁におこない、その主な対象であるエスニック・マイノリティに恐怖をあたえた。また、サルコジ自身、郊外の団地に住む若者や不法移民を、フランス人の安全を脅かす存在として名指し、そうした若者を「クズ」と呼んで「片づけてやる」と吐き捨てるなど、排外主義的な暴言と見なしてよい発言を繰り返した。

そのような状況のなか、二〇〇五年、パリ北郊クリシー＝ス＝ボワで、北アフリカ系の少年三人が警官に追われて変電所に逃げこみ、感電して二人が死亡、一人が重傷を負う。溜まりに溜まった鬱憤が爆発するように、パリをはじめ全国の都市郊外で、若い世代を中心に群衆が蜂起、一部では機動隊と激しく衝突した。

このとき、あらためてヒップホップが槍玉に挙げられた。前述のとおり一九九五年にはじまった政治家によるラッパー訴追は、二〇〇二年の治安対策強化以降、連続しておこなわれており、二〇〇三年にはサルコジ内務相がパリ郊外のヒップホップ・グループであるラ・リュムールおよびスナイパーを、翌年には内務相を引き継いだドミニク・ド・ヴィルパンが再度スナイパーを起訴。そして二〇〇五年の「郊外暴動」の後には、モーゼル県議会議員フランソワ・グロディディエの呼びかけで、国会議員二〇一名が、「ラッパーの歌詞は『白人差別』や『フランスへの憎悪』をうながし」「国家の尊厳侵害である」との共同声明を発表し、特に問題があるという七つのラップ・グループの訴追を法務大臣に請願した。

日本をふくめ世界中で報道されるほどの全国規模の「反乱」が起きたにもかかわらず、郊外団地という場が象徴的に示す差別・隔離・排除の現実はここでもまた、抜本的な解決に向かうことはなく、逆に政権与党の側に属する国会議員がこぞって積極的な弱者排除の意志を掲げたと言える。そしてフランス社会は、この流れに与した。

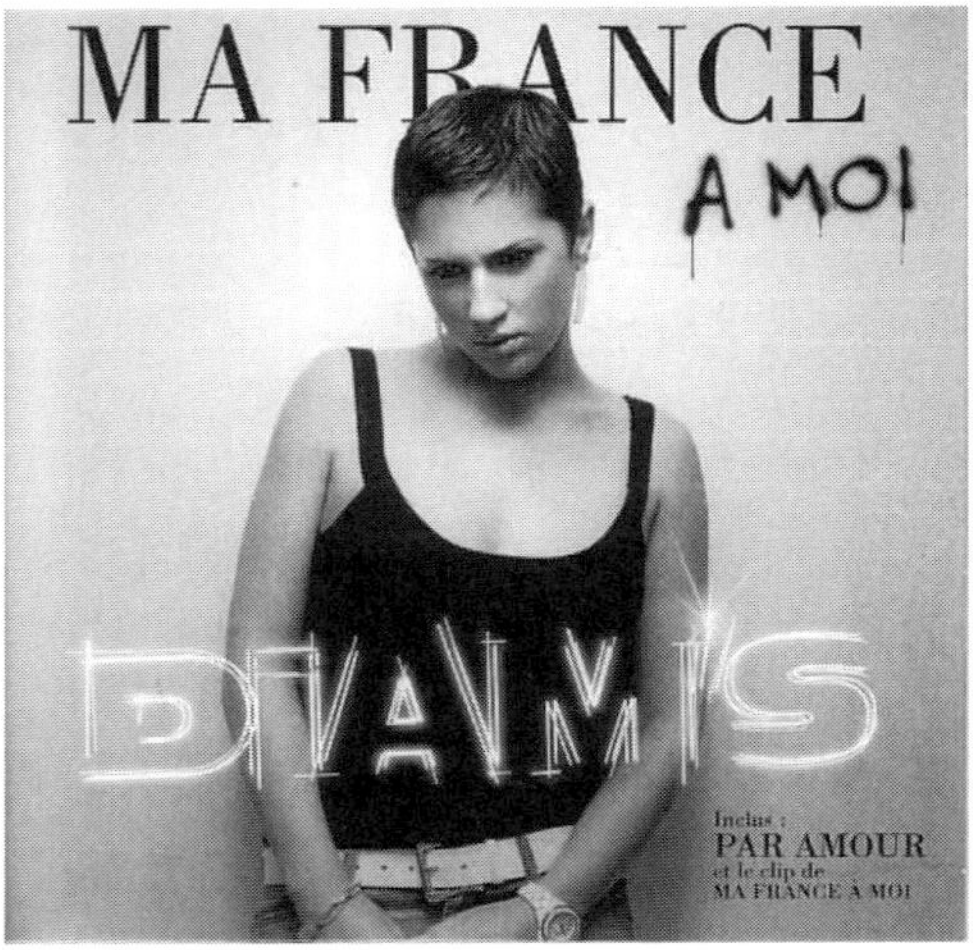

図4

こうした国の雰囲気と、その中での生活を、キプロス生まれ、パリ郊外育ちで、二〇〇〇年代に大きな成功を収めた女性ラッパー、ディアムスは次のように表現する。

> 私のフランスにはロビーもあれば閉じこもれる寝室もある／私のフランスは笑えるやつ、ジャメル・ドゥブズと兄弟なのかと思っちゃう［…］／バカなことやりすぎて死にかけたりもする／でも私のフランスは少なくとも生きてる、外に向かってる、笑ってる／私たちをどかそうとする、あんなフランスに従いはしない／私のフランスは極右に投票するあんなやつらのフランスじゃない／若者を閉め出して、ＦＭで反ラップを

やるフランスじゃない

（「私のフランス」« Ma France à moi », 2006）（図4）

ジャメル・ドゥブーズはモロッコ系の人気お笑い芸人。ここでディアムスは自分にとってのフランス、すなわち自由に生きることのできるフランスと、自分たちを排除しようとする「やつらのフランス」とを対比する。引用した最後の部分からは、「反ラップ」がマイノリティ差別と直結していることがよくわかる。自分たちのことを「フランス」の構成要素と認めない人々に対する応答として、彼女は「私のフランス」という言葉を使っているのだ。

2　共存への模索

激越な言葉で警察や政治家を批判するハードコア・ラップのグループは、多くが現行の政治システムそのものに絶望し、投票などの政治参加をおこなわないことを表明していた。その基底には、「ブールの行進」が生んだSOSラシスムの成り行きに対する失望があった。

しかし二〇〇五年の郊外暴動の後には、もう一度、政治参加によって状況を変えようとする運動がもちあがった。この流れに呼応するように、大衆音楽の世界でも、ヒップホップをベースとしながら、過激さを旨とするハードコア・ラップとは違う、政治にコミットする方向で「抵抗」を表現するアーティストが登場する。北部リール周辺出身で、アルジェリアをはじめ多様なルーツをもつメンバーからなるMAPが例として挙げられよう。

MAPというグループ名は、「外務省＝外交問題担当相」（Ministère des affaires étrangères）をもじった「庶民問題担当省」（Ministère des affaires populaires）の略である。音楽的には、ラップを用いたヒップホップでありつつも、アコーディオンやバイオリン、フランス北部の伝統音楽の要素なども採り入れ、曲調も歌詞もユーモアを湛える。

おい起きろ、そこのおまえ立ちあがれ、仲間を奮い立たせろ、動くぞって言ってこい／批評なんか要らない、闘えるやつが必要／兵士なんか要らない、闘士が必要なんだって言ってこい

（「そこのおまえ、立ちあがれ」« Debout là d'dans », 2006）（図5）

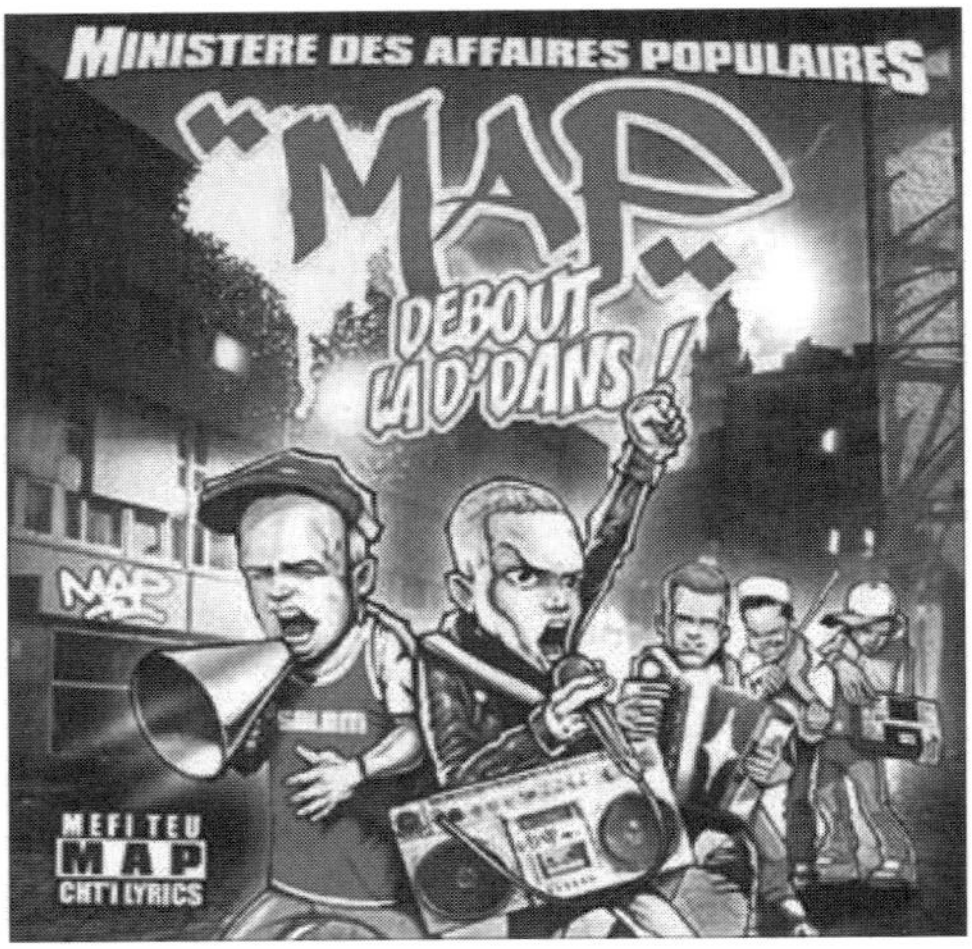

図5

プロモーション・ビデオでは、ゲーム・キャラクター風にデフォルメされたメンバーたちが出会う敵役のなかに、ニコラ・サルコジによく似たキャラクターも登場し、これが政権批判の意味合いをもつ曲であることは明らかなのだが、ただしここで呼びかけられているのは実力行使による報復ではない。コミカルな調子で放たれる「立ちあがれ」や「闘士」といった言葉は、伝統的な労働運動や社会運動で使われてきたタームで、むしろ古風な印象すら受ける。

ＭＡＰの中心人物であるアルジェリア系のカドゥール・ハダディ（Kaddour Hadadi）、別名ＨＫ（アッシュ・カ）は、文化アソシエーションから生まれた初期の郊外出身バンドとして先述したバンド、ゼブダを深くリスペクトしており、自分たちの活動がゼブダのあとを引き継ぐものだと認識している。

ゼブダはヨーロッパ系と北アフリカ系のメンバーから成り、多様な出自をもつ人々がいま・ここにともに暮らすことを重視して、南仏オクシタン音楽の要素を採り入れたミクスチャー・ロックを実践した。人気バンドとなってからも、マジッド・シェルフィをはじめとするメンバーたちは所属する文化アソシエーション「タクティコ

レクティフ」を通じた社会運動を停止せず、逆にゼブダの活動と並行して、ゼブダ・メンバーによる抵抗歌のカバー・アルバムをタクティコレクティフのプロジェクトとして発表し、資金集めに充てるなどした。

メンバーのルーツが様々である点、音楽的にも「雑種化」している点、社会運動の伝統と接続し、政治参加を呼びかける点において、確かにＭＡＰがゼブダの後継者であることは間違いない。このことは、ＭＡＰと同時期にカドゥール・ハダディが結成し、現在、活動の中心としているユニット、ＨＫ・エ・レ・サルタンバンク（「ＨＫと曲芸師たち」の意）では、いっそう明確に現れている。

図６

おれの住むＨＬＭの底から／きみの住むド田舎まで／おれたちの現実は同じ／だからあちこちで反抗の唸りがあがる／おれたちには居場所がなかった／就職できるツラがなかった／宮殿で産まれたわけじゃないし／親父のクレジットカードだってなかった／ホームレス、失業者、労働者／農家、不法移民／やつらはおれたちを分断しようとして／実際、うまくやった［…］／だが、あきらめないぞ／あきらめないぞ

（「あきらめないぞ」« On lâche rien », 2011）（図６）

この曲は、ゼブダのメンバーたちが歌って社会運動系デモの定番曲となった対独抵抗歌のカヴァー「モティヴェ」につづき、デモで頻繁に流される曲となった。この点から見てもＨＫはゼブダを引き継いでいる。そして、さらにＨＫにおい

て注目すべきは、郊外の立場だけを語るのではなく、農村まで視野に入れて、あらゆる社会的弱者の連帯に向かっていることだろう。MAPが「庶民」担当省を名乗っていたことも、この思想に対応している。

一見、クラシックな階級闘争の言語が回帰したように見えるところがあり、実際、そうした言語をHKは意識的に使っているものと考えられるが、とはいえ、これはおそらく、単なるリバイバルではない。二〇一一年と言えば、アメリカでのオキュパイ・ウォールストリート運動をはじめ、拡大しつつある貧富の差、極端な富の集中に対する抗議の声が世界各地であがった年だ。HKは、郊外のエスニック・マイノリティにまつわる問題が改善されるどころか、彼らを排除しようとする言説がまかりとおるようになってしまった現在の状況が、ごく少数の大企業・大富豪による「九九%」の搾取という構造の一部をなすものと見て、「HLM」に言及しつつも、個々の社会集団を横断した「共闘」を訴えているのではないだろうか。その意味では、HKの言葉は伝統を受け継ぐと同時に、今日的な主張を伝えていると言えよう。

3　尊厳は回復できるか

ただ、HKが「ホームレス、失業者、労働者……」と、あえて民族や宗教に触れず、経済的・社会的な面から見て弱い立場にある者の連帯を呼びかけるとき、ひとつの懸念を覚えずにはいられない。民族・宗教を不問に付すことによって自由と平等を担保するというフランス共和国のモデルこそが、今日、危機に瀕しているように思われるからだ。

実際、フランスが、あらゆる人種・民族は平等であるという建前から、人種別の統計データを取ることを法律で禁じ、したがって人種差別の実態を明確に把握しなかったことが、結局は差別の温存につながったということが今日、指摘されている。また特に近年、宗教的な規範を公共の場で守ることが共和国の理想と相容れないという理由づけでイスラムを嫌悪する層が広がり、「ムスリム」というカテゴライズが「分断」のもっとも鋭い刃となっている状況において、そのことを語らずに真の弱者の連帯を図ることは、難しいのではないか。

この点に関して、目覚ましい活動を展開しているのが、ストラスブール郊外のヒップホップ・グループNAPのメンバーであるとともに、ソロで活躍し、さらに文筆や映画の分野にも進出しているアブダル・マリック（Abd Al-Malik）である。彼は自分の軌跡を本・音楽・映画で繰り返し語っている。最初の著書『フランスにアラーの祝福あれ』（*Qu'Allah bénisse la France !*）に沿って見ていこう。

本名はレジス・ファイエット＝ミカノといい、ルーツはコンゴ共和国。幼少期をコンゴで過ごしたのち、東部の大都市ストラスブール郊外の団地のなかでも「荒れている」ことで有名なヌーオフで育った。ゼブダのマジッド・シェルフィと同じく、バカロレアを受験することなどまったく想定されない環境のなか、教師の後押しでカトリック系の学校に進学し、ストラスブール大学に入学、哲学と文学を専攻する。ただし、その間も地元の仲間たちと付き合い、スリ程度の犯罪には加わりつつ、交通事故やドラッグで同世代が次々と死んでいくのを見てきた。

仲間とヒップホップ・グループNAPを結成、人気が出てくるが、このあたりで原理主義的なイスラムに惹きつけられる友人が増えてくる。レジスも同様に惹かれ、一時は熱心に研修会に通い、布教で各地をまわるグループにも加わる。しかし、対立を煽る言説に疑問をいだき、模索の結果、内省を重んじる平和主義的・神秘主義的なスーフィズムと出会い、モロッコで修行し「アブダル・マリック」というアラビア名を名乗るにいたる（本来は「アブド・アル＝マリク」とすべきところだが、日本の音楽界ではフランス語発音を優先して「アブダル・マリック」と表記している）。

二〇〇六年に発表したソロ・アルバム『ジブラルタル』は、ラップよりは詩の朗読に近いスラムと呼ばれる形式を基本に、フランスや中東の歌謡曲もサンプリングした重厚な楽曲で、大成功を収めた。タイトル曲「ジブラルタル」において、アブダル・マリックはスーフィズムにたどりつくまでの道のりを振り返る。

図7

ジブラルタル海峡で若い黒人が夢みて涙を流す、海峡を越えれば実現する夢［…］／ジブラルタル海峡で若い黒人が「ギャングスタ・ラッパー」のバカな生き方を葬り去る、でも…／ジブラルタル海峡でもうすぐ別の男が産まれる、高層団地に阻まれてなれなかった男になる［…］／船は進む、まばゆいモロッコ王国へ／ジブラルタル海峡を越えていく、まばゆいモロッコ王国に向かって

（「ジブラルタル」« Gibraltar », 2006）（図7）

「ギャングスタ・ラッパー」であることを止め、また（この歌詞には書かれていないが）他の宗教との断絶を求めるようなイスラムの宗派からも離れて、スーフィズムを通じ、平和を絶対の使命として受け止めたアブダル・マリックは、『ジブラルタル』のあともアルバムの制作・発表をつづける一方、著書やメディア出演を通じ、自分が生きてきた郊外団地の現状、また移民・ムスリム・郊外の若者等々に対する恐怖をかかえ、その恐怖を攻撃に転化することで自らの社会をますます危険に晒しているフランスの悪循環について語っていく。メディア出演では、きわめて明晰な言葉遣いで多様な立場の知識人と渡り合い、郊外団地出身者の立場から社会に対し発言する論客の様相を呈する。

二〇一五年一月のシャルリ・エブド襲撃事件のひと月後、アブダル・マリックは『共和国広場　非宗教的な精神性のために』（*Place de la République. Pour une spiritualité laïque*）という小冊子を出版した（図8）。題名の「共和国広場」は、襲撃事件のあとに多数の人々が集い、追悼の象徴となったパリの広場の名称であるが、字義通りには

「共和国の位置づけ」という意味にもなり、著者は両方の意味合いをかけているものと思われる。

冒頭、彼は次のように語りかける。

> 当時この国で、あなた方は白人同士で暮らしていたから、フランス共和国の三つの原理、自由・平等・博愛を適用するのは、言ってしまえば楽なことだった。／だが、ポスト植民地主義の喧噪がもたらした移民出身のフランス人たちによって［…］問い直されているいま、共和国の三原理はその重み、その力、その意味を目いっぱい発揮せねばならない。効き目があること、使えることを、ほかでもない今日こそ、示さねばならない。

恐怖をいだき恐怖を煽ることを止め、お互いを敬い、フランス共和国の原理を本当に実践するならば、社会は変わる、と彼は説く。そのためには、ムスリムがフランス社会におけるマイノリティであること、社会的弱者であるはずの彼らをマジョリティの側が「言論の自由」の名の下に公然と差別しているという現実があることを直視せねばならない。「民主主義において、無制限の自由などありえない」のだから。

図 8

シャルリ・エブドの漫画家たちによるイスラム諷刺を是とする人々の多くは、共和国の原理に則って判断しているつもりでいる。宗教権力からの「自由」があってこそ、個人間の「平等」が保証されるという考え方である。しかし、この非宗教性（ライシテ）の原則は、かつて強大な政治的権力を握っていたカトリック教会から近代国家の制度を切り離すために構築されたものであって、これをフランス国内でイスラムにそのまま適用しては、ねじれが生じてしまう。強者を抑えるための概念が、弱者をいじめる道具となるのだ。これこそが今日起きていることであるとアブダル・マリックは指摘し、過激な「不敬の自由」を掲げるよりも、互いの尊厳を守る精神こそが、まさにいま必要とされていることであり、本来の共和国の原理にも見合うはずだと主張する。

このようにアブダル・マリックは、スーフィズムに帰依したといっても、スーフィズムそのものを語るのではない。平和への絶対的な信を獲得した上で、その立ち位置から、ムスリムもその一部であるはずの共和国としてのフランスについて語るのだ。

彼の言うところの精神性とは、互いへの敬意と、融和への希望とを、内面に灯しつづけること、といった意味に解釈できよう。それは個々人がいかなる宗教を信じていようと、あるいは信じる宗教をもたずとも実践しうることだから、本書の副題にあるように「非宗教的《ライック》な精神性」である。他方、信仰の有無にかかわらず、互いの尊厳を守る意志を放棄するなら、「精神性」はそこにはない。したがって、アブダル・マリックにとっては、「物質主義者と宗教原理主義者はよく似ている」。

アブダル・マリックの主張は、今日のフランスにおいて特異なものではある。人種差別的な極右陣営から揶揄されるのはもちろんだが、自分でそうと知らず非宗教性の原理を盾にムスリムを抑えつけている大多数のフランス人にとっても、耳障りのいい話ではないだろう。しかし、フランスにおいてまさに宗教に等しい束縛力をもつ「共和国」理念を、スーフィズムを経由して捉え直す試みは説得力がある。

実際、彼の言うとおり、ムスリムを異物扱いにすることを主流社会がやめないかぎり、実質的な人種差別はなくならず、排除され絶望した青少年が破壊的な宗教原理主義に向かうサイクルが止まらないことは、あまりに容易に予測される。

二〇一〇年四月一四日、ラジオ番組のゲストとして、アブダル・マリックとドミニク・ド・ヴィルパンが同席した。ヴィルパンは先述のとおり、内務大臣時代の二〇〇四年にラップ・グループを起訴したことがあったが、その後考えをあらためるため、首相を務めていた二〇〇七年には、ラッパーの発言を罰するべきだとする内務大臣ニコラ・サルコジに対し「郊外問題の原因はラップではない」と反論している。

「フランス郊外の未来　共和国の忘れられた部分」と題されたそのラジオ対談で、アブダル・マリックとヴィルパンは、二〇〇五年の蜂起以後、住民のあいだで一種の期待が高まっているにもかかわらず改善しない郊外の状況をめぐって語ったのち、いまが分岐点であること、この先もう一度、郊外に住む人々が、自分たちの声を聞いてもらえない、と政治に失望したならば、これまでと比較にならないほどの巨大な暴力が爆発する可能性があることを確認し合った。

今日の状況に目を向ければ、まさに二人の示した悪いほうの予想が的中している。郊外発の音楽を通して響いてくる、厳しい現実を訴える言葉、また融和を呼びかける言葉。耳を傾けるべきこれらの言葉に立ち止まり、鏡に映ったフランスの姿を見つめることなくして、真に平等な「共和国」は決して実現しないだろう。

参考文献

陣野俊史『フランス暴動―移民法とラップ・フランセ―』河出書房新社、二〇〇六年
ノワリエル、ジェラール『フランスという坩堝』大中一彌・川崎亜紀子・太田悠介訳、法政大学出版局、二〇一五年
森千香子『排除と抵抗の郊外―フランス〈移民〉集住地域の形成と変容―』東京大学出版会、二〇一六年
渡辺和行『エトランジェのフランス史―国民・移民・外国人―』山川出版社、二〇〇七年
『現代思想』二〇〇六年二月臨時増刊号（「総特集　フランス暴動」）
Abd Al Malik, *Qu'Allah bénisse la France*, Paris, Albin Michel, 2004

Abd Al Malik, *Place de la République. Pour une spiritualité laïque*, Montpellier, Indigène Éditions, 2015.

Achilli, Jean-François, et Fressoz, Françoise (propos recueillis par), « Dominique de Villepin : “Nicolas Sarkozy est prisonnier de lui-même” », *Le Monde*, 15/04/2010

Cherfi, Magyd, *La trempe*, Arles, Actes Sud, 2007

Cherfi, Magyd, *Ma part de Gaulois*, Arles, Actes Sud, 2016

Johannes, Franck, « Ministère de l’intérieur contre Ministère Amer. Une plainte a été déposée contre le groupe de rap », *Libération*, 31/08/1995

Zappi, Sylvia, « La Marche des beurs veut entrer dans l’histoire de France », *Le Monde*, 11/10/2013

参考音源（CDアルバム）

Abd Al Malik, *Gibraltar*, Atmosphériques, 2006（アブダル・マリック『ジブラルタル』Ｐ－ＶＩＮＥ、二〇〇七年）

Diam’s, *Dans ma bulle*, EMI, 2006

HK et les Saltimbanks, *Citoyen du monde*, Rare productions, 2011

MAP (Ministère des affaires populaires), *Debout là d’dans !*, Booster Prod/Pias, 2006

Ministère Amer et al., *La Haine. Musique inspirée du film*, Delabel, 1995（ミニステール・アメール他『憎しみ　オリジナル・サウンドトラック』東芝ＥＭＩ、一九九六年）

Zebda, *Utopie d’occase*, Barclay, 2002

動画

« Questions du mercredi », France Inter - Le Monde - Dailymotion, 14/04/2010

http://www.dailymotion.com/video/xcyb11_abd-al-malik-vs-dominique-de-villep_news

[consulté le 30/10/2016]

イスラームとの多様な「共存」

——マレーシア、イギリス、日本におけるムスリム女性——

安達智史

一　イスラームとの共存？

「イスラームとの共存」は、グローバル化が進展する現代社会のもっとも重要な課題として議論されているテーマである（森編　二〇〇八）。一九七九年のイラン革命以来、イスラームは、ラシュディ事件、湾岸戦争、テロリズム、スカーフ／ヴェール論争、ムハンマド風刺画問題、ＩＳＩＳのシリア支配といったさまざまな事件によって表象され、西欧および近代的秩序を脅かす存在とみなされるようになっている。イスラームが脅威として現れているのは、それが「世俗化」原理に抵触し、西欧社会が積み上げてきた自由・寛容・連帯といった諸価値を掘り崩すと考えられるからである。とりわけ、「女性」は、イスラームをめぐる語りの中心を占めている。ヴェールやスカーフに覆われるムスリム女性は、男性による女性の支配や抑圧、進歩的な近代的生活に対する後進的な伝統的生活、そしてときに反西欧社会や反民主主義を表象するものと解釈されている（Ahmed　1992）。その結果、西欧やその植民地下にあった地域では、国家による強制や説得、あるいはインフォーマルなサンクションを通じて、スカーフやヴェールを脱ぐことが称揚され、それが近代社会との「共存」の証とみなされた。

だが、こうした「共存」言説には、少なくとも三つの問題が存在している。第一に、「共存」言説は、イスラームを西欧や近代的価値の外部に位置づけ、差異化することによってのみ可能になっている点である（Asad 2003）。その言説のなかでイスラームは、当該社会に外在する「異物」であり、ときに「侵略者（invaders）」として措定されている。そうした認識は、イスラームやムスリムが政治的・歴史的に当該社会の一部として存在してきたという事実を等閑視するものである。本章で見るように、イスラームは西欧や近代の外部に存在したのではなく、むしろそれらとともに発展してきたと述べる方が正確である。

第一の点と関連し、第二に、「共存」言説は、イスラームを（そして、それに対置される近代や西欧もまた）、その環境から隔絶した純粋な「体系」としてみなす点で問題である。イスラームは、キリスト教に次ぐ世界第二の規模を誇る宗教集団であり、世界的に幅広く分布し、それぞれの場所でさまざまな形で定着している。ヨーロッパに限ってみても今や四千万人のムスリムが暮らしており、それぞれの信仰や社会生活のあり方は単一のイスラームの表象では代表しえないほど多様性を有しているのである。

第一・二の結果として、第三に、この言説は、イスラームとの「共存」があたかも「非イスラーム社会」や「非ムスリム」にとってのみ課題であるというバイアスを示している。だが現在、「イスラームとの共存」がもっとも喫緊の課題として立ち上がっているのはむしろ、「イスラーム社会」や「ムスリム」の側なのである。グローバル化は、一方で、近代的生活様式のイスラーム社会やコミュニティへの浸透を加速させ、他方で、一般信徒のイスラームのテクストへの接近可能性とともにイスラームの知識（ilm）を高め、また異なる社会に住む多様なムスリム同士の出会いを促している。その結果、現代のムスリムは、近代的社会システムに深く関わるとともに、イスラームをどのように理解し、自分なりに実践するのかという点を、「再帰的」に自身の責任において決めなくてはならないのである（安達　二〇一五a、二〇一五b）。

本章は、「共存」言説がもつこうした問題を部分的に解消するために、複数の国を対象に、ムスリム社会が形成される政治的・歴史的経緯を説明するとともに、そのなかで現代のムスリム女性がムスリムであることにいかなる課題を有し、それに対してどのように適応しているのかという点について議論をおこなう。具体的には、マレーシア（＝ムスリムが多数派を占めるイスラーム社会）、イギリス（＝比較的大きなムスリム・コミュニティが存在している非イスラーム社会）、日本（＝比較的小さなムスリム・コミュニティしか存在していない非イスラーム社会）という異なる社会的文脈において、ムスリム・コミュニティがどのように歴史的あるいは政治的に構築され、そのなかで、彼女たちがどのようにムスリムとして当該社会と「共存」し、またイスラーム自身と「共存」しているのかという点を検討する。その際、いくつかの先行研究に加え、筆者自身のムスリム女性への調査データを用いる。

二　マレーシア——近代化とイスラーム化——

マレーシアは、マレー系（六七％）、中国系（二五％）、インド系（七％）を主要な民族集団としながら構成される「多民族社会」であり、また同時に、——マレー系が、事実上ムスリムとして考えられていることから、——ムスリムが多数派を占める、いわゆる「イスラーム社会」でもある。そのため、この国のムスリム女性とイスラームとの関係は、イギリスや日本と比べ、問題がないように思われるかもしれない。だが、マレーシアの女性ムスリムとイスラームとの関係は、より複雑で、ある意味でパラドキシカルなものである。マレーシアのムスリムの生活は、イスラームに加え、「アダット」という伝統的なマレー系の文化規範に基づいている（Karim　1992）。アダットは、双系的親族システムを基礎としており、男女間の関係は比較的平等主義的なものである。そのため女性の労働参加は広く認められており、相続における平等も法的に担保されていた。だが、父系制をとるイスラームが近年浸透しており、そうした慣習に大きな修正をもたらし、女性の「母」としての役割が強調されるようになっている（Ong 1995）。しかし、同時にイスラーム化の原因となった経済発展は、ムスリム女性の労働力化を要請している。近年のこうした複雑なプロセスが、現代のムスリム女性に大きな影響を与えているのである。

1　植民地化と民族対立

マレーシアにおいてイスラームが伝わったのは、一三世紀よりも早い時期だと考えられている。とりわけ、一五世紀のマラッカ王国の国王イスカンダル・シャーがイスラームに改宗して以来、イスラームはマレー半島に広がった。だが、一六世紀初頭、マラッカ王国はポルトガル人によって占領され、以後、オランダの統治を経て、一七八六年にイギリスの植民地となった。イギリス統治以前、中国系およびインド系は、マレー系に比してその数は微々たるものであった。だが、イギリス植民地政権は、工業化の推進のため、中国およびインドから大量の移民流入を促進する政策を実施した。その結果、一八三五年にマレー系住民の人口は八五・九％に対して中国系七・七％であったが、一九三一年にはマレー系四九・二％、中国系三三・九％となり、その他の民族を含めると、マレー系は数的にマジョリティとはいえなくなった（Ishak 2014［二〇一五：五〇］）。

移民の増加とそれによるマラヤ社会の変貌は、マレー系住民とその他住民との間に深刻な対立をもたらした。その対立は、イギリス流の分割統治政策の下で表面化しなかったが、一九四二―五年の日本統治下で顕在化し、一九五七年の独立後もくすぶり続けた。一九五七年の独立に際して、マレー系政党の「UMNO（統一マレー国民党）」を中心とした多民族党連合である「国民戦線」が政権を担うこととなったが、同党は、世界銀行の要請や、中国系および外国資本の利益にかなうため、自由主義に基づく経済政策を採用した。それは、既存の社会における民族的地位、すなわち「政治はマレー系、経済は中国系」あるいは「農業はマレー系、工業は中国系」という区別を温存するものとなった。その結果、多数派を占めるにもかかわらず経済的に周縁化されているマレー系の不満は消えることがなかった。その一つの帰結が、一九六九年に生じた「五・一三事件」と呼ばれる人種間衝突であった。それは、マレー系優先政策に反対する中国系の野党政党が大幅な議席を獲得したことを祝っていたクアラルンプールの中国系の集団に対して、不満を募らせていた多数のマレー系住民が襲撃するという出来事を指している。この事件は多数の死者を出し、マレーシア社会に深い傷跡を残すこととなった（Frisk 2009: 30-32）。

2　ブミプトラ政策と女性

事件後、政府はマレー系の貧困や格差を是正すべく、「新経済政策（NEP）」を実施した。NEPの目的は、すべてのマレーシア人の貧困を減少させることであったが、実際は、マレー系に対する積極的差別是正措置であった。それは、「ブミプトラ（土地の子）」政策と呼ばれ、もともとの土地の住民であったマレー系（＝ブミプトラ）が、植民地主義政策の結果、マレーシアの社会経済の底辺へと追いやられている状況を改善することを企図するものであった。当時、マレー系の多数は農業に、それに対して中国系は工業および商業セクターに従事していた。NEPは、農業を工業へと転換させることで、マレー系の経済的地位の向上を図るものであった。そのために、自由貿易地帯を設定し、工場を誘致し、農村部にいたマレー系を工業地域へと移転させるようになった。

NEPの一つのターゲットが女性であった。一九七五年から一九八〇年までの『第三次マレーシア計画』は、民族的に分断された経済システムをバランスのとれたものとするため、マレー系へのテコ入れをおこなった。当初、政策の対象はマレー系の男性であったが、より安い賃金で雇える女性の雇用が工場などで広がるようになった。一九八五年から一九九〇年までの『第五次マレーシア計画』では、「貧困解消」政策の要に女性が位置づけられ、農村にいる女性を都市や工場に向かわせ、経済発展とともにマレー系の経済的地位の向上を図った。それは、伝統的な性的役割分業への国家による侵略を意味した（Ong 1995: 171-174）。一九九一年の『第六次マレーシア計画』以降の政策文章では、「開発における女性」という独立した章が設けられるようになり、女性が一層、経済発展の重要な要因として、とりわけ情報通信産業などの高度知識を有する労働力として位置づけられるようになった（鴨川 二〇〇八：一二四―一二五）。その結果、女性の進学率は高まり、領域に不均衡をともないつつも、多くの分野で高等教育への女性のアクセスが実現されるようになっている。

3 経済発展とイスラーム化

だが、マレーシアの近代化をもたらしたNEPの意図せざる結果が、イスラーム復興運動の活発化である。NEPは女性を含め、マレー系の若者を取り巻く環境を大きく変化させた。たとえば、労働や教育のために農村から都市へと移動をおこなわせ、伝統的な家族役割からの若者たちの離脱をもたらした。また、都市部の資本主義的な生活や、留学による非アジア的／非イスラーム的生活を経験する機会を得る者も出てきた。その結果、農村で過ごしてきた多数の若者は、ある種の「文化的ショック」を受け、西欧的価値をともなうマレーシアの経済発展とそれによる伝統的社会関係の解体を危惧する人々が増大する。そうした若者は、当時影響力が高まりつつあった「ダッワー（dakwah）運動」というイスラーム復興運動に傾倒するようになったのである（Frisk 2009: 48-49）。

マレーシア、とりわけマレー系社会の近代化と発展を標榜としてきた政府は、自らの政策がもたらした帰結に応答せざるを得なくなった。一九八二年には、イスラーム復興運動の一翼を担っていた「マレーシア・イスラーム青年運動（ABIM）」の代表であったアンワル・イブラヒムがUMNOに参加し、政府の重要な構成員となった。これは、政府によるABIMの内部化であると同時に、政府の「ABIM化」を意味した（Frisk 2009: 48-49）。その結果、社会のイスラーム化が進展した。たとえば、イスラーム銀行、イスラームに関する大学教育機関、布教をめぐる公式な組織が設立され、テレビではイスラームに関する番組が増大することとなった。

これは、女性の身体をめぐるポリティクスにも大きな影響をもたらした。たとえば一九八四年に発表された『第四次マレーシア計画中間報告―一九八一―一九八五年―』では、新たな「家族発展計画」が提案され、マレーシア人口を今後一〇〇年で、一四〇〇万人から七〇〇〇万に増大させることが提唱された。この計画の実現性は疑わしかったが、そこに込められたメッセージは明確であった。一つは、この計画は、事実上、マレー系を対象にしているということである。つまり、マレー系を増大させることで、その政治的影響力を強化するとともに、非イスラーム系のマレー系に対する社会的・文化的影響を減少させることが企図されていた。もう一つが、(特にマレー系の)女性は子どもを産み育てるために、家庭における役割に従事することが求められたことである。つまり、この計画には「家庭における妊娠した身体は、仕事場における女性の身体よりも、より愛国的である」(Ong 1995:183) というメッセージが込められていたのである。こうした社会のイスラーム化やそれに基づく家族形成に関する法律は、一方で、女性の社会進出とそれによる権威の失墜を懸念する男性に、他方で、男性が家族に対する義務の履行(例えば、家計の維持)をおこなわないことに不満を感じていた一部の中流女性に支持されることとなった(Frisk 2009: 48-56)。

「次期首相」と称されたアンワルが政争のなかで逮捕され失脚し、ＡＢＩＭの影響力は弱まったものの、社会のイスラーム化は今なお進行している。一九九九年には「幼児後見法」が改正され、女男に平等の権利が付与されるようになったが、そのなかにはムスリム女性は含まれていなかった。また、二〇〇〇年には、すべての女性に、パスポートや学校への見送りに関する書類にサインするよう強制する法律が成立している。さらに、ムスリム女性には、離婚、ポリガミー、親権、扶養費、夫婦財産において完全なる平等は存在していないのである。イスラーム政党が政権を担っている北部の都市コタバルでは、リップスティクやハイヒールの使用を慎むよう求めるパンフレットが発行され、女性は、体のラインが出ない長ズボンとともに、胸までカバーされた透明でないスカーフを着用することが要請されている。このようなムスリム女性に課せられている法律は、女性活動家から「アパルトヘイト」として批判されている（Ida　2009: 239-242）。

4　マレーシアにおけるムスリム女性の適応

このようにマレー系の女性は、「二重の役割」、すなわち近代マレーシアの発展を担う労働力としての役割、そして社会のイスラーム化の要たる母としての役割を課されている。それは、マレー系女性の教育や社会進出にとって複雑な結果をもたらしている。たとえば、一方で、マレー系の高等教育資格を有する者の女男比は、一九八〇年にはおよそ三対七であったが、一九九〇年には四対六、そして二〇〇〇年には五対五とほぼ並び、現在では女性の方が男性の進学率を上回っている。だが他方で、女性の労働参加率は、一九八五年（四五・九％）から二〇〇八年（四五・七％）にかけて、ほとんど変化がないのである。

ただし、都市部の、あるいは高い学歴をもつムスリム女性は、ブミプトラ政策の恩恵をより強く受けている。クアラルンプールなどの都市部では、先端サービス企業が多数存在しており、高度な技術や資格をもつ女性は重要な労働力として雇用されている（三木　二〇一二）。そのなかで女性が高い地位につくようになっている。マレーシアの会社で、上位職の三〇％以上が女性である企業はほぼ五割に達しており、マレー系を含め多くの女性が働きやすい環境が存在しつつある（Manjur　2015）。また、マレー系は政府機関などの公務員として採用されやすく、私企業同様に、高い地位を女性が多数を占めている。高度能力をもった女性はマレーシアではいまだ貴重であり、政府を挙げて女性の社会進出を促し、多くの女性がその機会を利用している。

マレー系女性は、こうしたイスラーム化と労働力化という部分的に相矛盾する要請に対して、ある種の適応をおこなっている。教育学者の鴨川明子の研究によると、マレー系の女子学生は、一方で大学進学への高い意欲を有し、それが女性役割と矛盾しないと考えているが、他方で、男性が「家長」の役割を演じ、女性はあくまでも

「夫を助ける」補助的役割として位置づける傾向にある。さらにこうした女性は、一方で働きに出ることを当然視しているが、結婚や出産後、家庭における役割を担うことを何よりも重視している。また、彼女たちは、教師、秘書、看護師が、「活動的ではなく気持ちがやさしい女性」にふさわしい仕事と考えており、「力強く困難に耐えられる」男性には、エンジニア、建築家、軍隊、指導者といったリーダーシップを握る仕事が適していると考えるなど、伝統的なジェンダー観を保持している（鴨川　二〇〇八）。こうした反応は、ブミプトラ政策とイスラーム化という部分的に矛盾する社会的期待に対する、マレー系女性の適応を表している。

三　イギリス——コロニアリズムとイスラーム——

イギリスにおいてイスラームは、キリスト教に次ぐ第二の規模を誇り、過去三〇年の間、もっとも急速にその数を伸ばしている宗教集団である。二〇一一年の国勢調査では、ムスリム人口はおよそ二七〇万人に達しており、それは二一人に一人（四・七％）が、ムスリムであることを意味するものである。またその数は移民や出産を通じて増え続けており、二〇三〇年にはムスリム人口は五五〇万人を超え、人口比八・二％に達すると予測されている（Pew Research Center　2011: 124）。イギリスにおけるムスリムの増大は、その他のいくつかのヨーロッパと同様に、植民地主義の結果である。したがって、イギリスとムスリムの関係やイスラーム化は、ある意味で、イギリス社会内部で生じた歴史の帰結であるといえる。

1　インド亜大陸と植民地主義

イギリスとイスラームとの関係は、大英帝国の歴史のなかにその起源を有している。とりわけ、一六世紀に始まるインド亜大陸への侵略と統治は、現在まで続くイギリスへのムスリム移民のチェーンの礎を築くものであった。それは、ムスリムを含めるインド亜大陸の人々が、「被植民地者」としての身体を獲得する過程でもあった。彼女／彼らは、イギリス領インド軍の「兵士」として、世界大戦を含む多数の戦争に従軍し、東インド会社や一九世紀以降の「自由貿易帝国主義」（Nadel and Perry 1964）の末端として、たとえば、工場労働や貿易を担う蒸気船の船上労働者（Lascar）として従事し、またインドで駐留するイギリス人の使用人やメイド（ayah）として働いた。その一部がイギリスへと向かい、そこにとどまり、現在のムスリム・コミュニティの基盤となった。

このようにイギリスとインド亜大陸とのつながりは深かったが、ムスリム人口の急速な増大は、一九四七年、とりわけ一九六〇年代の一連の移民制限法を原因としている。第二次世界大戦後の労働力不足の結果、イギリスは、（旧）植民地諸国から移民を多数受け入れた。その後、人種対立が生じるなかで非白人系移民の受け入れをめぐる議論がなされるようになり、一九六〇年代以降に相次いで制限が課されるようになる。だが、一九六二年の移民制限法は、皮肉なことに、これらの地域からの移民を急増させた。この法律の内容は、パキスタンの旅行会社によって広められ、「最後のチャンス」を求め、さもなければイギリスへの移住を決意しなかったであろうインド亜大陸の男性を移住へと駆り立てたのである（Anwar 1996［二〇〇二：一四―一五、二一―二二］）。

2　女性移民とイスラーム化

一九六〇年代以降の一連の移民制限法は、移民の主役を、これまで「パイオニア」として経路を切り開いてきた男性から、その妻、フィアンセ、子どもへと移すことになった。それは、「家族呼び寄せ（family reunion）」が原因であった。一九六二年の移民法でバウチャー制度が整備され、移民数は制限されるようになったが、すでにイギリスに居住する者の扶養家族に対する制限は存在しなかった。そのため、家族呼び寄せの数は、意図せざる結果として、一九六〇年代を通じて増加した。たとえば、一九六二年七月から一九六八年一二月の間、新英国連邦諸国からの労働バウチャー所有者の入国は七七、九六六人であったのに対して、扶養家族によるものは

二五七、二〇〇人にまで達していた（Anwar 1996［二〇〇二：二四］）。

とりわけアジア系の女性は、「ビラーダリ（＝親族コミュニティ）」の（再）構築を可能にし、結果としてムスリム・コミュニティがイギリスに根づくことに寄与するものであった。呼び寄せられた妻あるいはフィアンセは、多くの場合、英語が十分に話せず、家の外で働くことができなかった。彼女たちは、アジア系コミュニティの内部で関係を発展させた。これらの女性たちは、親族を結びつける儀礼やイベントの担い手となった。たとえば、結婚、誕生日、割礼、子供の初めてのクルアーンの独唱、海外から到着する、あるいは海外へと出発する親族のためのパーティなどである。これらのイベントには、数多くの親族や近隣の人々が参加し、その準備のために女性が動員された。彼女たちは、パーティのための食事、贈り物、衣服などを準備する役割を担った。逆に言うならば、女性が存在することなしに、こうしたイベントは可能ではなかった。イベントを通じた儀礼と「交換関係（lena-dena）」によって、ビラーダリの再構築が可能となったのである。また、コミュニティにおけるそうしたつながりは、母国で同じビラーダリに必ずしも属していない者同士を、——同じ地域で、同様の階層に属していると考えられている場合、——擬似親族システムの一員として関係を発展させることができた（Shaw 1994: 41-48）。その結果、コミュニティの実質的担い手の女性たちは、西欧的ライフスタイルから成員を守るとともに、ムスリム・コミュニティの構築・維持に貢献することとなった（Shaw 1994: 48-50）。たとえば、ヒジャブや民族的衣装は、可視的な宗教的／民族的コミュニティをその地域にもたらし、また、家族や親族でとる食事は、文化的ルーツを継続させるための重要なメディアとなった（Rayaprol 1997: 68）。

3　ムスリム女性と社会参加

移民としてイギリスにやってきた多くのムスリム女性の生活は、一方で言語的な制約や教育資格の相対的欠如により、他方でホスト社会の制度的人種主義の結果、コミュニティ内部に限定されるものであった。だが、世代が進み、移民第二、三、四世代のムスリム女性の状況は大きく変化している。ムスリム女性、とりわけ学校においてアジア系の成績は大きく向上し、部分的に白人系と遜色なくなっている。また、大学進学率も近年急速に上昇し、一部のエスニシティでは男性をも上回っている（安達　二〇一六）。

だが、このことはムスリム女性のイギリス社会への同化が進んでいることを必ずしも意味するものではない。モスクや宗教的テキストといった数多くの宗教的インフラがイギリスには揃っており、また近年ではインターネットを通じた「イスラームの知識」の習得が可能となっている。またフランスと異なり、イギリスの学校ではスカーフ着用は禁じられておらず、その社会空間においてムスリム・アイデンティティを維持することを妨げられることは少ないのである。この点は、ムスリム女性はイギリスの多文化主義の恩恵を得ているといえる。イギリスは、いくつかの大陸ヨーロッパ諸国のように近代化と世俗化がゼロ―サムで発展したわけではく、イングランド国教会を中心としながら、宗教を国民国家形成に利用してきた歴史がある。それが、多様な宗教への寛容さを高め、公的補助への道を開かせ、その結果、モスク建設への補助や、イスラームの宗教学校の公的資金を用いた開校が可能となった（安達　二〇一三）。そうしたなかでムスリム女性は、イギリス社会という環境においてムスリムであることの多様なあり方を模索し、実践している。

ただし、教育機会の向上にもかかわらず、イギリスのムスリム女性の実際の労働参加率は、依然として低いのもまた事実である。一六歳以上の女性で仕事に就いている割合は、イギリス全体で五一％であるのに対して、ムスリムではわずか二八％である。また、一六―二四歳で働いている女性は、全体が五〇・七％であるのに対してムスリムでは二八・八％、二五―四九歳では、全体が八〇・三％であるのに対してムスリムでは五六・七％となっている（Muslim Council of Britain　2015）。これは部分的には、ムスリム女性の進学率の上昇がごく近年の現象であること、そして特に教育資格を有していない多数の女性が、ムスリムやアジア系女性に対する制度的差別と相まって労働市場への参加が困難であることによる。だが、他方で、イスラームあるいは（アジア系の）文化的規範が有する、女性の家族役割をめぐる価値が彼女たちの選択に影響を与えている。

では、彼女たちはどのようにムスリムであることと、イギリス人であることを両立させているのだろうか。この問題を解決するにあたり、重要な点が「宗教（＝イスラーム）の文化からの区別」である。これは、若者が自身のエスニックな文化的慣習や伝統から切り離す形で、イスラームを（再）定義するという事態を指している。より正確には、文化を否定的な準拠点として設定することで、イスラームを積極的なものとして、自己および他者に示すものである。たとえば、筆者による調査によると、若者ムスリムは、イスラームを語る際、「文化と宗教は違うわ」、「それは文化であって、宗教じゃないんだ」というフレーズを頻繁に用いていた。そして、大概の場合、イスラームは肯定的なものとして、文化は否定的なものとして位置づけられていた（安達　二〇一五ａ）。〈宗教／文化〉の区別は、実に幅広いテーマ――食事、礼拝の仕方、儀礼、服装、教育、結婚、女性の社会進出など――のなかで目にすることができる。とりわけ、結婚をめぐる問題において、この区別は必ずといっていいほどもち出されている。イギリスのムスリムの多数派を形成しているアジア系の家族において、結婚は個人的な問題ではなく、家族の名誉と関わる重要なイベントである。そのため、結婚の時期やパートナー選びに、両親からの介入やプレッシャーが存在している。そうした状況に対して、若者は〈宗教／文化〉の区別を活用しながら対応している。たとえば仕事をもつ多くの女性は、早い時期に結婚することへの家族の期待に直面している。それに対して、彼女たちはキャリアを維持・追求するために、結婚をめぐるいくつかの社会的な期待やプレッシャーは、イスラームとは関係がないということを強調しているのである。そして彼女たちは、イスラームを「平等主義」の体系として定義することで、労働や教育といった点で男性と同等の権利を主張し、社会参加への足がかりとしている（安達　二〇一五ｂ）。

ただし、上記で見たように進学率が上昇している若い世代においても、労働参加率はいまだ低くとどまっている。インタービューでも、結婚あるいは出産後は就労をおこなう場合、男性による家計維持機能を補完する補助的役割として、パートタイムでの就労を選択する傾向にあった。これは、マレーシアのムスリム女性と似通った適応パターンである。彼女たちは、イスラームの観点から教育の重要性をとらえつつ、就労はライフステージに応じてより選択的なものとしてとらえているのである（安達　二〇一六）。

四　日本――イスラームとの制度的つながりの欠如――

日本のムスリム人口を正確に測るデータは存在していない。いくつかの幅があるものの、その数は現在、およそ一一万人に達していると推定されている。結婚、留学、大学の授業、大学や職場におけるムスリムなどの交流を通じて、ムスリムになる日本人も徐々に増えており、日本人ムスリムの数は一万一〇〇〇人程度と見込まれている。（店田　二〇一五：八―一六）。日本とイスラームとの関係は、これまで論じてきた二つの国とは大きく異なっている。以下で見るように、その関係は、開国がなされた明治期以前は本格的なものではなく、戦前・戦中においては国策としてイスラームは政策的に組み入れられたが、戦後は、国家とイスラームとの制度的つながりは失われ、その人口規模の過小さも相まって、ムスリム女性の身体の政治化は日本では果たされないままであった。それは、マレーシアとイギリスに比べ、ムスリム・コミュニティが社会において明確に地位を与えられることがなく、そのことが、新たにムスリムとなった日本人女性がイスラーム的生活を組織化することに困難を感じる原因となっている。

1　国策としてのイスラーム

日本とイスラームとの出会いは古く、その記録は平安時代にまでさかのぼることができる。だが、それはあくまでも外交上の交流・接触にすぎず、多くの日本人にとってイスラームは未知の存在であった。日本とイスラームとの関係が開始するのは、鎖国が終焉した一九世紀末以降である。例えば、西欧諸国からの外交圧力が高まるなか、日本はトルコとの友好関係を強化し、相互の訪問を開始した。とりわけ一八九〇年のエルトゥールル号座礁事件におけるオスマーン帝国の乗組員の救出と、一八九一年におこなわれた生存者の帝国への送迎をきっかけに、両国の間には長年に渡る信頼関係が生み出された。その送迎の際、乗船した時事新報社の野田正太郎がオスマーン帝国に残り、同年五月にイスラームに改宗し、日本人最初のムスリムとなった（小村 二〇一五：四二—四三）。

二〇世紀に入ると、複雑化する国際情勢を背景として、外交政策を通じてイスラーム理解やムスリムとの交流が活発化した。たとえば、ロシア帝政内の不満分子であるタタール人との連携、中国におけるイスラーム研究、そして世界中のイスラーム国が集まるメッカでの情報取集などが挙げられる（坂本 二〇一三：二一—三、小村 二〇一五：三九—四四）。また国内では、一九〇六年四月に「宗教信仰研究会議」が開かれ、世界中のムスリムが日本を訪問し、そのなかで多数の日本人がムスリムへと改宗したと言われている（ヌーフ 二〇一五）。その結果、一九三〇年代には、神戸モスクを始め、名古屋モスク、東京モスクが開設されることとなる。そのうち東京モスクは、ロシアのタタール人や中国のウイグル人などに影響力を確保するため、日本政府、軍部、財閥などによる「回教政策」の一環として建設されたのである（坂本 二〇一三：三—四、店田 二〇一五：二四）。そのなかで、多くの日本人がムスリムとなり、中国や東南アジアの統治における宣撫工作員として派遣され、大東亜共栄圏の拡大に寄与することとなった。それと関連し、一九三八年には、「大日本回教協会」が設立され、一九三九年の宗教団体法案が通過したことで、イスラーム（回教）は、仏教やキリスト教と並び、宗教集団として事実上の公認を受けるようになった（樋口美作 二〇〇七：一五五—一五六）。

だが、国策としてのイスラームは第二次大戦後、終焉することとなる。戦後、アメリカの占領軍によって、それまで収集された資料は廃棄され、イスラームの研究機関は解体されることになった。その結果、日本でイスラームは政治的地位を失うことになり、日本社会からの支援を受けることはできなくなった。

2　経済とイスラーム

その後、日本人ムスリムによる団体や、インドネシアやサウジアラビアなど海外からの資金を得たモスクや関係団体、あるいは海外からの留学生による団体などが徐々に組織されるようになる。一九五二年には、日本における代表的なイスラーム団体である「日本ムスリム協会」の前身「イスラーム友の会」が設立され、同団体も一九六八年に宗教法人として認可された。日本ムスリム協会を中心に、一九六〇年代以降、多数の日本人ムスリムがエジプトやサウジアラビアなどのイスラーム諸国に赴き、日本のムスリム社会の中核になっていった（樋口美作　二〇〇七：一五七）。

だが、戦後日本のムスリムの社会的・経済的状況は芳しいものではなかった。日本はアメリカや欧米との関係を深める一方で、いまだ中東諸国とのつながりは十分ではなかった。ところが、一九七三年の第四次中東戦争とそれを契機としたオイルショックは、日本経済に大きな影響を与え、その結果、中東諸国への社会的・経済的・政治的関心が高まることとなった。そこで中東諸国とつながりがあり、また言語や宗教に習熟している人材に対するニーズが、日本の政府、企業、大学の間で高まった（樋口美作　二〇〇八：一五八―一六二）。そのなかで、イスラーム諸国との人材やビジネス上の交流も増え、徐々に日本にもムスリムが増大していった。だが、一九八〇年代後半まで、日本におけるイスラームの浸透は緩慢であったといえる。一九八〇年代までに建設されたモスクは五棟に満たず、また一九八四年末の滞日ムスリム人口はわずか八千人と見積もられている（店田　二〇一五：一二、二四　三七）。

日本においてムスリムやモスクが急増するのは、一九九〇年代のことである。円高およびバブル経済を背景として、一九八〇年代後半におけるビザの相互免除協定を通じた、イラン、パキスタン、バングラデシュからの

「デカセギ」移民が大量に流入したことがその原因である（樋口直人　二〇〇七：一三―一八）。バブル崩壊後、これらの国との協定は一時停止されたものの、すでに訪日していた外国人の定住化は進み、それらの人々を起点とした移民が増大したのである。それに呼応してモスクの数も増え、二〇一四年七月現在、八〇棟存在し、今なお増えている（店田　二〇一五：八―一六、三四―七）。

3　日本人ムスリム女性

イギリスとマレーシアに比べ、日本人ムスリム女性の社会状況を示す一般的な統計データはほとんど存在していない。その多くが外国人ムスリムと婚姻関係にあると考えられている一方で、それ以外の社会的背景はあまり知られていない（駒井　二〇〇四：二一〇―二一一）。ただ、二〇〇〇年代以降、相次いで出版されているムスリム女性についての書籍、そして筆者自身の調査から、彼女たちのいくつかの共通した課題を知ることができる。

とりわけ日本人ムスリムが課されているのは、「日本においていかにしてムスリムであることができるのか」という問題である（樋口美作　二〇〇七、河田　二〇一一）。ムスリムが多数住むインド亜大陸との歴史的なつながりをもつイギリスや、ムスリムがマジョリティであるマレーシアと比べて、日本ではムスリムの数はきわめて少なく、イスラーム的生活が社会一般にもコミュニティにおいても制度化されていない。そのなかで、ムスリムであることを維持することは並大抵のことではない。それにはいくつかの理由がある。第一に、日本人としてイスラームに馴染みなく暮らしていた彼女たちは、イスラーム的生活を組織立てる知識を欠いており、ムスリムとしてふさわしい実践や行動ができているかに関して不安を有している。それは、ムスリムが集住せず、イスラームの宗教的インフラが整備されていない地域に住むムスリム女性たちにとってより深刻な問題である。とりわけ子育て期の女性が子どもにイスラーム的生活や教育を施す際、彼女たちを大いに悩ませる点である。それに付随し、第二に、イスラームの実践は、多くの場合、外国人ムスリムである夫から学習することになるが、その知識が正当なものであるかが不明であることや、夫が日本社会の理解を欠いているため、女性たちが実際にそうした信仰実践が社会的に困難である際に夫との間に摩擦が生じるという点である。第三に、日本社会においてイスラームへの理解や配慮が欠いていることから、ヒジャブ着用やハラールといった信仰実践が社会的コンフリクトをもたらすというものである。

だが、こうした状況は少しずつであるが改善しつつある。東京を中心に、関西や東海地方で女性ムスリムによる学習会が徐々に組織化され、またオンラインでの講習会などが開催されるようになっている。たとえば、人類学者の工藤正子は、一九九〇年代に、学習会に参加していた、在日パキスタン人の日本人妻であるムスリム女性への調査をおこなった。その調査によると、イスラームに関する学習会が、女性たちのムスリム・アイデンティティ、そして夫婦関係や親族ネットワークへの意識に大いに影響を与えていた。学習会への参加を通じて女性たちは、改宗者としての経験や苦労を共有し、教義や実践をめぐる日々の疑問を議論するなかで、イスラームの知識を習得するとともに、「改宗ムスリム」としてのアイデンティティを養うこととなる。境遇を同じくする他の日本人ムスリム女性からの支援や学習会で得られた知識が、夫の親族ネットワークに巻き込まれている彼女たちの地位を変化させ、家族との交渉に優位に働いていたのである（工藤 二〇〇八）。

ただし、そうした学習会に定期的に参加し、イスラームの知識の習得やその実践を忠実におこなっている日本人ムスリムは必ずしも多くはない。むしろ改宗ムスリム女性の多くの部分は、日々の課題やこれまで抱いてきた価値や志向と折り合う形で、イスラーム実践を選択的におこなっているのである。たとえば、筆者の調査で出会った、ある日本人ムスリム女性は、職場でスカーフ着用の実践をおこなう際、結婚以前に改宗していたにもかかわらず、「（外国人ムスリムである）夫の希望」をその理由として、周りに彼女の信仰を受け入れさせるといった工夫をおこなっている。別の女性は、かつてモデルの仕事をしており、ときに肌をさらすこともあった。彼女は、生活のために、外国人ムスリムとの結婚の後にもモデルの仕事を続けていた。これは、私的な部分をさらしてはならないというイスラームの規範に抵触するが、彼女は仕事内容を外国人ムスリムである夫に伝えないことで、ムスリムとしての生活を守っていた。また別の女性は、介護職で働く際、夫からの要請にもかかわらず、衛生面を理由にスカーフ着用を拒否していた。あるいは、何人かの日本人女性ムスリムは、それ以前に有していた家族の信仰との連続性のなかで信仰内容や神の存在を捉え、イスラームを受容していたのである。

このように日本人ムスリム女性のイスラームとの関係や、ムスリムであることのあり方には多様な形があり、それは単一の表象で語られるものではないのである。

五　イスラームとの多様な共存

以上、マレーシア（＝ムスリムが多数派を占めるイスラーム社会）、イギリス（＝比較的大きなムスリム・コミュニティが存在している非イスラーム社会）、日本（＝比較的小さなムスリム・コミュニティしか存在していない非イスラーム社会）という異なる社会のムスリム女性について分析をおこなってきた。そこから見えてきたことは、ムスリム・コミュニティやムスリム女性のあり方は、それぞれの国の政治的・歴史的過程において形成されるものである、という点である。

イスラームが支配的なマレーシアでは、イスラームの浸透やその影響力の増大は、ブミプトラ政策と結びついた工業化を基にした経済政策に由来するものであった。イギリスのムスリム・コミュニティは、イギリス帝国主義と不可分に結びつき、また移民政策の帰結としての女性や子どもの増大を通じて、規範的な意味でのムスリム・コミュニティが形成された。それはまた、イギリスの（帝国主義的）多文化主義のもと、拡大することとなった。日本では、近代化が始まった明治期から第二次世界大戦まで、政策的観点からイスラームと関係をもち、そのなかで日本人ムスリムがある程度増大した。戦後においてそうした政治的な介入や支援は一時的に消失したが、オイルショックの後、中東諸国とのつながりが強くなり、また円高（＝プッシュ要因）とバブル経済における移民労働力の必要性（＝プル要因）を背景に、多数のムスリム（特に男性）が日本にやってくるようになった。彼らの一部が日本に定住し、日本人と結婚することで、日本人ムスリムが再び増加しつつある。以上のことは、「共生」が求められるイスラームやムスリム・コミュニティが、その実、ホスト社会の政策的な要請のなかで形成されているということを示している。このことは、「共生」の義務や責任の多くの部分が、ホスト社会にあることを意味している。

また、それぞれの社会で、ムスリム女性が直面する課題やそれへの対処法は異なっている。イスラーム社会であるマレーシアでは、アダットというマレー系の文化規範が、工業化や近代化の促進政策がもつパラドキシカルな帰結であるイスラーム化によって徐々に侵食されることになった。それにより、マレー系女性の「母」としての役割が強調されるようになる。それに対して、多くの女性は、経済成長を背景とした労働への参加とともに、結婚後、家庭における役割へとシフトすることに満足している。また、彼女たちは、教育が労働だけでなく、母としての役割を遂行するために重要な要因と考えている。イギリスの第二、三世代のムスリム女性は、その社会的背景が異なりつつも、マレーシアの女性と似通った状況にあり、また同様の志向をもっている。彼女たちは、一方でイギリスの教育を受け、ホスト社会の人々と共通の価値や将来像を抱いている。そのため、教育への高い意欲を有し、また労働に従事することを当然視している。だが、マレーシアのムスリム女性のように、彼女たちはまた、教育が子どもの養育という家庭での役割にも寄与するととらえている。ただしイギリスのアジア系のムスリムは、ビラーダリに基づくコミュニティからの結婚や家族における役割への期待を強く受けている。実際、イギリスのムスリム女性の労働参加率はかなり低くとどまっている。それに対して、若者は、イスラームの知識を動員し、文化と宗教の区別と後者の強調を通じて、社会への参加をおこなおうとしている。日本のムスリム女性は、イスラームが社会にもコミュニティにも整備されていない環境で、ムスリムとして生きるという困難な状況にいる。それは部分的には、イスラームの学習会への参加と知識の習得を通じて対処されているが、そうした組織的なイスラーム団体や活動に参加していない女性も多数存在している。彼女たちは、さまざまな戦術（例えば、方便、情報のコントロール、生活に基づくイスラームの解釈）を通じて、夫や職場、あるいはイスラームとの関係を管理し、日本でムスリムとして働き、社会への参加をおこなっている。

以上から見えてくることは、「イスラームとの共存」には問うべき多様な側面が存在している、ということである。そのなかには、「西欧や近代とイスラームは共存可能か」という問いだけではなく、「西欧や近代とイスラームはどのように共存してきたのか」、そして「現代のムスリム（特に女性）はどのように西欧や近代社会とともにイスラームと共存しているのか」という点が、むしろ問われなくてはならないのである。

参考文献

安達智史『リベラル・ナショナリズムと多文化主義―イギリスの社会統合とムスリム―』勁草書房、二〇一三年
安達智史「多文化社会における女性若者ムスリムのアイデンティティと社会統合―イスラーム、文化、イギリス―」『社会学研究』九六：一三九―一六四、二〇一五年a
安達智史「情報化時代における若者ムスリムの社会統合―イスラームの〈知識〉に着目して―」『社会学評論』六六（三）：三四六―三六三、二〇一五年b
安達智史「イースト・ロンドンの女性ムスリムの教育意識―家族・主体性・信仰―」『白山人類学』一九：三三―五五、二〇一六年
鴨川明子『マレーシア青年期女性の進路形成』東信堂、二〇〇八年
河田尚子「日本人ムスリマのイスラームの知識獲得」河田尚子編『イスラームと女性』国書刊行会、二〇一一年
工藤正子『越境の人類学―在日パキスタン人ムスリム移民の妻たち―』東京大学出版会、二〇〇八年
駒井洋「日本のムスリム社会を歩く」片倉もとこ・梅村坦・清水芳見編『イスラーム世界』岩波書店、二〇〇四年

小村明子『日本とイスラームが出会うとき—その歴史と可能性—』現代書館、二〇一五年

坂本勉「戦前期日本のイスラーム政策と東京モスク建設問題」『世界史のしおり』帝国書院、二〇一三年（https://www.teikokushoin.co.jp/journals/history_world/pdf/201302g/03_hswhbl_2013_02g_p02_04.pdf, retrieved 14 September, 2016）

店田廣文『日本のモスク—滞日ムスリムの社会活動—』山川出版会、二〇一五年

ヌーフ、サミール「戦前の日本におけるイスラム交流」Nippon.comm、二〇一五年（http://www.nippon.com/ja/features/c01304/, retrieved 14 September, 2016）

樋口直人「滞日ムスリム移民の軌跡をめぐる問い」樋口直人・稲葉奈々子・丹野清人・福田友子・岡井宏文『国境を越える—滞日ムスリム移民の社会学—』青弓社、二〇〇七年

樋口美作『日本人ムスリムとして生きる』佼成出版社、二〇〇七年

三木敏夫『マレーシア新時代—高所得国入り—』創生社、二〇一一年

森孝一編『ユダヤ教・キリスト教・イスラームは共存できるか—一神教世界の現在—』明石書店、二〇〇八年

Ahmed, Leila, *Women and Gender in Islam: Historical Roots of a Modern Debate*, Connecticut: Brevis Press, 1992

Anwar, Muhammad, *British Pakistanis: Demographic, Social and Economic Position, Coventry*: University of Warwick, 1996（ムハンマド・アンワル『イギリスの中のパキスタン—隔離化された生活の現実—』佐久間孝正訳、明石書店、二〇〇二年）

Asad, Talal, *Formations of the Secular: Christianity, Islam, Modernity*, Stanford: Stanford University Press, 2003（タラル・アサド『世俗の形成—キリスト教、イスラム、近代—』中村圭志訳、みすず書房、二〇〇六年）

Frisk, Sylva, *Submitting to God: Women and Islam in Urban Malaysia*, Seattle: University of Washington Press, 2009

Ida, Lichter, *Muslim Women Reformers: Inspiring Voices against Opposition*, New York: Prometheus Books, 2009

Ishak, Mohamed, *The Politics of Bangsa Malaysia: Nation-Building in a Multiethnic Society*, Kuala Lumpur: Penerbit Universiti Utra Malaysia, 2014（モハメド・ムスタファ・イスハック『マレーシア国民のゆくえ—多民族社会における国家建

設—』岡野俊介・森林高志・新井卓治訳、日本マレーシア協会、二〇一五年）
Karim, Wazir, *Women and Culture: Between Malay Adat and Islam*, Boulder: Westview Press, 1992
Manjur, Rezwana, "More Women Are Taking Leadership Roles in Malaysia's Marketing Industry," 20 August, 2015 (http://www.marketing-interactive.com/women-bosses-rise-malaysias-advertising-scene/, Retrieved in 23 November, 2016)
Muslim Council of Britain, 2015, *British Muslims in Numbers: A Demographic, Socio-economic and Health Profile of Muslims in Britain Drawing on the 2011 Census*, London: Muslim Council of Britain
Nadel, George and Perry Curtis, *Imperialism and Colonialism*, New York: Macmillan, 1964（ジョージ・ネーデル、ペリー・カーティス編『帝国主義と植民地主義』川上肇・住田圭司・柴田敬二・橋本礼一郎訳、御茶の水書房、一九八三年）
Ong, Aihwa, "State Versus Islam: Malay Families, Women's Bodies, and the Body Politics in Malaysia," in Aihwa Ong and Michel Peletz eds., *Bewitching Women, Pious Men: Gender and Bod Politics in Southeast Asia*, London: University of California Press, 1995
Pew Research Center, *The Future of the Global Muslim Population: Projections for 2010-2030*, Washington: PRC, 2011
Rayaprol, Aparna, Negotiating Identities: Women in the Indian Diaspora, Delhi: Oxford University Press, 1997
Shaw, Aloson, "Tha Pakistan Community in Oxford," in Roger Ballard ed., *Desh Pardesh: The South Asian Experience in Britain*, London: Hurst & Company, 1994

追記

本稿は、科研費「若者女性ムスリムの信仰と社会参加をめぐる質的調査に基づく国際比較研究」（二〇一五年度、研究課題番号：一五H〇六七五一）、および科研費「情報化時代におけるムスリム女性の信仰と社会参加——質的調査に基づく国際比較研究」（二〇一六—九年度、研究課題番号：一六K一七二五〇）の支援による研究成果の一部である。

共存の歴史として描かれたもの
――ポーランドのユダヤ人の歴史博物館――

加藤久子

二〇一四年、ワルシャワ市に四二一七平米にも及ぶ常設展示を行う巨大な博物館が正式に開館した。ポーランドのユダヤ人の歴史博物館――つまり、千年にわたりこの地でポーランド人と共に暮らしてきたユダヤ人たちの歴史を展示する博物館である。ユダヤ博物館と言えば、「ショアー」や「ホロコースト」という言葉を連想する人も多いだろう。確かに、第二次世界大戦前には人口の一割がユダヤ人であったポーランドは、ナチス・ドイツによるユダヤ人虐殺の舞台となった。また二〇〇〇年頃からは、戦時中にドイツとソ連に分割占領されたポーランドで、独ソのスパイであるなどの嫌疑を掛けられたユダヤ人がポーランド人によって集団的に殺害された事例があること、社会主義政権下での共産党内での権力抗争などにより、多数のユダヤ人が公職を追われ、事実上、国外に追放されたことなどが明らかにされている。二一世紀を生きるポーランド人にとって、ポーランドのユダヤ人の歴史とは、もはや「気の毒な隣人」の話ではなく、むしろ後ろめたさやきまりの悪さを突きつけられる話題になったと言ってよい。

しかし同博物館は、ポーランドのユダヤ人の歴史がその「最後の百年」において過酷な運命をたどったことを

写真１　博物館外観

告発するものでもなければ、ポーランド人とユダヤ人が共に暮らしてきた歴史は凄惨な終末を迎えたと断じるものでもない。もちろんその時期に関する展示はあるが、他に類を見ない同博物館の価値はそれまでの九〇〇年間の歴史を濃密に描き出したことにあるだろう。ポーランド人とユダヤ人が平和裏に共存するために法や制度を積み上げてきた歴史。それは裏を返せば、小競り合いがあり、騙し合いがあり、喧嘩があったということであるが、同時にそれは、互いに商いをし、衣服や家具などの技術やデザインを真似し合い、ともに公共工事などに従事し、日が暮れたら同じ酒場で酒を飲む——そういった関係の中から生じてきたものであるとも言える。

以下まずは簡単にヨーロッパにおけるユダヤ人の略史を示した後、博物館の展示を通して、異なる宗教を信じる人々が一つの国の内側で共存する有りようがどのように描かれているかを見ていきたい。

一　ユダヤ教徒はどのようにポーランドに辿り着いたのか

国境を接する隣国の民が自国内に一定数居住しているのは多くの国に見られることであるが、遠いイスラエルの地を起源に持つユダヤ人は、なぜポーランドにやって来たのだろうか。そして、なぜその地に長らく住みつき、戦前には主要各都市の人口の四分の一から三分の一をも占めるほどにまでなったのだろうか。

ユダヤ人は、現在のイスラエルやパレスチナにあたる「カナンの地」を故地とするが、虜囚や隷属などの憂き目を繰り返し経験する中で、かなり早い時期から商人などとして国外への移住を始めていたと考えられている。

ヨーロッパへの移住が本格化したのは、ローマ帝国の占領下で六六年と一三二年に起こした二度の民衆反乱が鎮圧されてからである。ユダヤ人はイェルサレムを追放され、一九四八年のイスラエル建国まで国家なき民として離散することとなった。三世紀までに北アフリカや小アジアのほか、現イタリア、ギリシャ、クロアチアにあたる沿岸部やドナウ川沿いの諸都市にユダヤ人の居住地が形成され、四世紀には現スペイン、フランスなどへと広がりを見せるようになった。

歴史学者のレオン・ポリアコフは、ローマ帝国におけるユダヤ人は極めて多様で、帝国を構成する民族のモザイクの一部として特段の迫害は受けず暮らしていたと記述する。その後、キリスト教が西ローマ帝国内で地歩を固め、教皇を中心とするヒエラルキーが確立されていくにつれ、キリスト教とユダヤ教の差異が明確に認識されるようになった。カトリック教会は、キリスト教徒がユダヤ教徒と同じ食卓につくことや異教徒との結婚を禁じ、キリスト教徒がユダヤ教に由来する戒律を守ることや、ユダヤ教徒が復活祭に参加することを禁じるなど、差異を可視化していった。九世紀に至っては、復活祭の日付を変更し、それまで行われていた「キリストを十字架につけた罪深いユダヤ人のために祈りを捧げる」という儀式も取りやめてしまった。ただし、これは裏を返せば、教会が禁じなければ一般のキリスト教徒とユダヤ教徒は平和裏に共存していたことを示唆している。裕福なユダヤ教徒の家庭でキリスト教徒が使用人として働く例もあった。

このような状態に終止符を打った出来事は十字軍であった。一〇九五年、教皇ウルバヌス二世はクレルモンの宗教会議で、ヨーロッパの諸民族に向けて聖地イェルサレム奪還のためのキリスト教徒による遠征軍の結成を呼びかけた。これを契機に、ヨーロッパにおいてキリスト教徒としての自己理解が形成されたと考えられている。当時、聖地を占領していたのはセルジューク朝（トルコ）であったが、人々が「敵」とみなしたのは決してそれだけではなかった。年代記によれば、ルーアンの十字軍参加者が「われわれはオリエントにいる神の敵どもを打ち負かしに行きたいと願いつつ、日々、間近にほかのいかなる種族にもまして神の敵とみなされるべき種族、ユダヤ人どもの姿を目にしている。これではすべてが本末転倒である」と述べたとされる。その後、十字軍の呼びかけがおきるたびに、ヨーロッパ各地でユダヤ教徒が襲撃された。虐殺は数百～数千人規模とされている。

当時、ドイツやイングランドにおいては、カトリック教会がミサの際に「キリストの身体」として扱う「ホスチア（パン）」をユダヤ教徒が汚した、またはユダヤ教の宗教儀礼のためにキリスト教徒の子どもを殺害して血を手に入れるという「儀式殺人」が行われたという告発が見られるようになる。これらは、ユダヤ教徒を攻撃する際のいわば典型的な流言として、近代まで影響力を持った。

その後も、一二一五年の第四ラテラノ公会議で、ユダヤ教徒は一目でそれと分かるような目印を着用することが一方的に義務付けられ、ユダヤ教の聖典は禁書とすることが決定された。また、一二世紀頃にはキリスト教徒が商工業に従事するようになり、最大のライバルとなるユダヤ教徒の国際商取引を禁じたり、同業組合への加盟を拒んだりしたことから、ユダヤ教徒は金融業に従事するようになり、これを「罪」とみなすキリスト教徒との軋轢はさらに深まった。一四世紀半ば、ペストの流行を受けて、ユダヤ教徒が井戸に毒を投げ入れたという流言が広まり、ストラスブールで九〇〇人のユダヤ教徒が虐殺される事件が起きている。イングランド、ウェールズでは一三世紀末に、フランスでは一二～一四世紀末にかけて、ドイツでは一四～一六世紀にかけて、オーストリア、スペイン、ポルトガルでは一五世紀にユダヤ教徒追放令が出された。このように欧州各地を追われたユダヤ人たちが辿り着いたのがポーランドであった。

二　ポーランドのユダヤ人の歴史博物館

なぜ彼らはポーランドを行先として選び、どのようにそこで暮らしたのだろうか。博物館の展示物は多彩であり、ポーランドで高度に発展したユダヤ神学やシナゴーグなどにみられる建築・美術、イディッシュ文学など興味は尽きないが、ここでは、ポーランド人とユダヤ人の「関係史」の部分に焦点を当てつつ、博物館の常設展の内容や手法を順に見て行きたい。

1　森

博物館の常設展は、美しい森の画像が投影されるパネル群から始まる。パネルの森を抜けて、見学者はユダヤ人が始めて辿り着いたポリン（ヘブライ語でポーランド）へと入っていく。パネルには、主にヘブライ語で創作を行ったノーベル文学賞作家のシュムエル・ヨセフ・アグノン（一八八八～一九七〇年）の詩の断章が映し出される。イスラエルでの苦難を逃れた避難民たちは、「世界中の道の中から、魂の安らぎを見出すための正しい道を横切って、ポリンの地に辿り着いた」。この句は、ヘブライ語の「ポ・リン」が「この地に留れ」という意味であることを踏まえており、詩人は「イスラエルの地に帰ることが許されるまで、私たちはこの地に留まろう」と綴っている。詩は東欧の地でシオニズムが隆盛を見せていた一九一九年に書かれたもので、アグノン自身も早期にパレスチナに移住している。展示の導入部のインスタレーションとしてはメッセージ性の強いものとなっている。新聞報道によれば、当初の予定では、木の幹に鉄製の葉を取り付けることで森を再現する予定であったのが、このようなデジタル展示に変更されている。

2　最初の邂逅（九六〇～一五〇〇年）

中世の展示は時代を追って三つのパートに分けられている。ヘブライ語の打刻された少数のコインを除けば、オリジナルの展示品はわずかで、展示の大部分が複製品（画像）とイメージ化されたもの（イラスト）によって表現されている。またタッチパネルで遊ぶクイズやゲームなどの端末（英語とポーランド語の二言語から選択）が各所に設置されているのも中世展示の特徴となっている。「ホロコースト博物館」のつもりで入館した人々は、

写真2　イラストを多用した中世展示

カラフルなイラストに溢れた展示の中で笑顔でゲームに興じる人々の姿に呆気に取られるに違いない。これも、先入観を打破する演出として「展示」の一部を構成しているように思われる。展示責任者はハンナ・ザレムスカ氏（ポーランド科学アカデミー）であるが、図録には同氏の「博物館展示は、過去に関する事実のみならず、歴史のプロセスを示すべく、調査結果を表現するための新しい手法を取り入れるべきである」との方針が示されている。

一〇～一二世紀の展示室は、中央に中世都市を表現した大きな模型が置かれ、壁一面にユダヤ人が居住した都市図が描かれている。模型には家畜や家禽が駆け回るかわいらしいイラストも描かれ、中世人の生き生きとした暮らしぶりを伝える。また、壁画にはロバを引いて到来したユダヤ人商人の姿が描かれている。一見、社会科見学などに訪れた子どもの関心を引くためかと思われるインスタレーションであるが、図録には「ユダヤ人は自らの歴史について語る」との解説が設けられている。曰く、会場には主にカトリック教会が所蔵している彫刻や聖体皿、門扉のレリーフなどに描かれたユダヤ人の姿が展示されている。そのような中には磔刑図なども多く、ユダヤ人は第四ラテラノ公会議で定められた「一目でユダヤ人とわかる衣服」（奇妙な形状の帽子など）を身に着け、青黒い顔料などで着色した禍々しい姿に描かれている。このような絵画からは、キリスト教徒がユダヤ教徒にどのようなまなざしを向けていたかということを知ることができるが、一方、ユダヤ人が描いた当時の図像はポーランドには残されていないため、展示にアンバランスが生じる。そこでユダヤ人による記述の中からくみ取れる当時のポーランドの様子や、定住を始めたユダヤ人たちの日常生活を可能な限り視覚化し、カトリック教会が描いてきたユダヤ人像の相対化を試みたということである。

このようなインスタレーションは、ポーランド人とユダヤ人が共存する歴史を描き出すという強いメッセージ性を発しており、また画期的な展示手法であることは間違いないが、歴史を展示する手法として問題がないわけではないだろう。しかし、展示は決して「共存」の良い面だけを抽出しようとしているわけではない。ポーランドの地におけるユダヤ人とポーランド人の交流を示す記録は、九六五〜六年に初めてポーランドに足を踏み入れたユダヤ人商人の旅日記から始まる。イブラヒム・イブン・ヤクブは、コルドバ（スペイン）のカリフから神聖ローマ皇帝オットー一世に差し向けられた使節に加わり、チェコやポーランドを旅しているが、イスラム教徒やユダヤ教徒の商人たちがイスラム帝国で売りさばくため、錫や毛皮などとともに奴隷（兵士や家内奴隷）を買い付けていたことなども展示されている。そして、キリスト教の受容を根拠にポーランドの建国と謳われる九六六年という年号は、このユダヤ人がアラビア語で書いた旅日記に残された記録を論拠としていることをポーランド人は目の当たりにするのである。

まとまった数のユダヤ人がポーランドに移住を開始した一二世紀末から一四世紀初頭の展示の目玉となるのは、「カリシュの法令」のレプリカである。これは、ポーランド中部のカリシュという都市でボレスワフ敬虔公によって一二六四年に発布された「ユダヤ人の自由に関する一般憲章」の通称であるが、ユダヤ人の基本的人権や信教の自由のほか、居住と移動、営業の自由を認め、キリスト教徒とユダヤ教徒の法的平等を定めている。その中には、シナゴーグを愚弄するなど、キリスト教徒によるいわゆるヘイトスピーチ（憎悪発言）に対する罰金刑などの条項も含まれるほか、ユダヤ教徒がキリスト教会の備品やキリスト教徒の血などを自らの宗教儀礼に用いたという訴えがあった場合、三人のユダヤ教徒と四人のキリスト教徒の証言によって審理を行い、有罪とみなされればユダヤ教徒は死刑に処し、無罪が確定した場合、訴え出たキリスト教徒は罪に問われるとの条項もある。一三三四年にポーランドを統一したカジミェシュ大王は、この「カリシュの法令」をポーランド全土に適用することを定めたが、その後も歴代の王により繰り返し承認されることで、一八世紀にポーランドが地図上から姿を消すまでこの法令は効力を持った。

一四～一五世紀の展示では、一五〇〇年にユダヤ人が居住していたと考えられる一〇〇のポーランドの都市を示した地図やその暮らしぶりに関する展示が中心となる。この時期になると、地方の考古学博物館が所蔵している一三世紀初頭の墓石、国立公文書館に所蔵されている一五世紀末に作成されたユダヤ人街の設立に関する協定書、収税に関する帳簿など、現存する（または戦災で焼けたものの、戦前に撮影された写真画像が残っている）原典の複製展示が目立つようになる。

3　ユダヤ人の天国（一五六九～一六四八年）

「黄金の自由」とも称される宗教的寛容を謳ったポーランド・リトアニア共和国の下で、ユダヤ人ばかりでなく、プロテスタント諸派など、多くの宗教的マイノリティが庇護を求めて共和国へとやってきた時代にあたる。宗派間の平等と信教の自由を謳った「ワルシャワ連盟協約」が調印されたのも、この時期（一五七三年）である。展示室が掲げるテーマ「ユダヤ人の天国」とは、このような背景から生み出されたものであるが、その出典に眼を向ければ、それはユダヤ人に「特権」として付与された寛容や自由を手放しで謳うようなものではないことがわかる。黄金色に輝くインスタレーションに刻まれた、一六〇五年に詠まれた風刺文には次のように記されている。「ポーランド王国とは、ユダヤ人の天国、農民の地獄、町人の煉獄、官吏による統治」。展示を監修したアダム・テレル氏（ブラウン大学）とイゴル・コンコレフスキ氏（ポーランド科学アカデミー）は、「現実はどうだったのだろう？」と問いかける。

当時、共和国はシュラフタと呼ばれた貴族によって統治されていた。彼らは人口の七％を占め、一五七三年以降は王を選出する権利さえも有し、国王自由選挙が行われていた。ユダヤ人はユダヤ人のままでは貴族になることはできなかった。キリスト教に改宗し、土地を得る必要があった。また、それまで享受していた「カリシュの法令」に基づく特権についても、この頃になると幾つかの不確定要素をはらむようになる。都市に住むキリスト教徒の町人たちは、「目の上のこぶ」とも言うべき商売敵、ユダヤ人に対し、徐々に恨みを募らせるようになっていた。そのような中で生まれたのが「ユダヤ人に対する不寛容の特権」である。これは、都市としてユダヤ人の居住を拒否する特権で、数十の都市がこの特権を有していたとされる（ルブリン、グダンスク、ワルシャワなど）。このような都市に居住していたユダヤ人は不寛容特権の域外に移住し、そこから毎朝、都市に通って商いを行い、夜になる前に都市を離れるという生活を強いられるようになった。結果として、大都市近郊には「ユダヤ人町」が出来、そのような町では意趣返しとも言える「キリスト教徒に対する不寛容の特権」が掲げられたのである。

写真3　模型や画像で再現した「ユダヤ人の天国」

このような状況下で実現された「ユダヤ人の天国」の一例が、展示室の中央に設置されている模型である。そこには、キリスト教徒の都市「クラクフ」と、川を挟んで建設されたキリスト教徒とユダヤ教徒が共に暮らす都市「カジミェシュ」が再現されている。二つの都市はほぼ同じ程度の大きさをした双子の都市として表象されている。クラクフには古くからユダヤ人が居住し、商業に従事していたが、一五世紀末頃にキリスト教徒の商人との係争が続き、死傷者も出るようになったことから、川の対岸に移住するよう命じられたという経緯があった。この時期、カジミェシュは共和国を代表するユダヤ文化の中心となっていった。数々の礼拝堂が建設され、偉大な指導者を生み、学問・学校制度（神学、法学、文法）、文学、美術（礼拝堂や墓地などの石細工、壁画など）、経済・行政機構などが独自の発展を遂げた。展示室にはこれらの文書や美術品の図像があふれんばかりに展示されており、傍らにはイタリアに遊学したポーランドのユダヤ人、ダルシャンが作成したカバラ（ユダヤ神秘主義思想）の写本（大英図書館蔵）のデジタル画像をモニターで読むことができる「ダルシャンの図書館」が付設されている。

対岸のクラクフについては、キリスト教徒とユダヤ教徒との関係を示す二種類の図像が示されている。一六五五年に作成された木版画には、ある男の死を悼む町人の姿が描かれているが、そこには当時のあらゆる職業（仕立屋、靴職人、ハム職人、商人、薬剤師、音楽家、絵描きなど）の男女に加え、「ユダヤ人」「アルメニア人」という二つの民族集団の名が記されている。ユダヤ人はクラクフを構成する公式の住人ではなかったが、目と鼻の先に居住し、毎日クラクフに通ってきて商売を行っている人々として、心理的には都市の一員のように扱われていたことがうかがえる図である。対照的に、一六二六年に作成されたパンフレットは、ユダヤ人に対する嫌がらせの痕跡を示すものとして展示されている。そこには、クラクフ大学の学生たちが、クラクフ市内に荷馬車で入ろうとするユダヤ人の前に集団で立ちはだかり、不当に通行税を取り立てている図が描かれている。クラクフの同業組合はユダヤ人の入会を認めていなかったが、これは事実上、ユダヤ人側に大きく有利に働いた。組合の取り決めに従わなければならないキリスト教徒とは異なり、ユダヤ教徒は価格設定や営業時間、サービスの形態などを自由に決めることができ、多少の営業努力によって大きな利益を上げることができたためである。カジミエシュの学術・文化の栄華を築いた財源は、まさにこの利益にあった。これはキリスト教徒の町人たちの妬みの原因ともなり、対立の火種は「天国」の足元でくすぶり続けていたことを示している。

さて、次の展示室には、この時代に特徴的なもう一つの「ユダヤ人の天国」の姿が描かれている。壁には古地図が掲げられ、当時、ユダヤ人共同体が存在していた地名が記されているが、それは万遍なくポーランド全土を覆っている。一五六九年にポーランドは現ウクライナ西部を併合するが、この地域は農村地帯であり、商工業が未発達であったため、国王や地元の貴族たちはユダヤ人の東方への移住を推奨し、また喜んで招き入れたためである。そのような貴族の一例として、展示室の中央にザモシチ領主のヤン・ザモイスキのパネルが立てられ、彼の書簡から、「ザモイスキ家のユダヤ人、モイジェシュ」という呼びかけや、「ユダヤ人を私の使用人として迎え入れたことを申告する」「ユダヤ人は王国のあらゆる市場で商売をする権利を得ることになる」などの文言が抜き書きされている。旧来の居住地域において、「ユダヤ人に対する不寛容の特権」が広がる中、ユダヤ人自身も東方に活路を見出していた。ザモイスキの手紙の送り先であったモイジェシュは、自らの兄弟にザモシチに来るように勧める手紙を出しており、そこには「あらゆる自由が享受できる」と記されている。周辺国では、三十年戦争に代表されるプロテスタントとカトリックの宗派間戦争が続いていたこともあり、当時、ポーランド産の穀物は国外でも飛ぶように売れた。東方ではユダヤ人は農村に居住し、穀物や毛皮・皮革の輸出などに従事することが期待されたほか、領主より水車小屋や製材所、醸造所、酒場などを借り受け、その経営・管理を任されることも多かった。

農村でユダヤ教徒がキリスト教徒と共に暮らすことは、都市におけるそれとは全く様相を異にしていたと言ってよい。独立した町が形成できるほど多くのユダヤ人が集住していた都市とは異なり、水車小屋や醸造所などは、一つの都市に多数あるものではない。したがって、ユダヤ教徒たちは、ごく少数の家族に分かれ、キリスト教徒に囲まれて暮らすこととなった。そのような環境で、ユダヤ教徒が自らの宗教的慣習を維持して行くのには困難が伴った。キリスト教徒とユダヤ教徒は安息日が異なる。ユダヤ教徒が金曜日の夜から土曜日いっぱい店を閉めたとしたら、酒場の経営には大損害を及ぼすであろうし、キリスト教徒の不興を買うことは疑いない。また、豚を不浄の生き物と考えるユダヤ教徒にとって、現地のキリスト教徒たちが好んで食べる豚肉料理を提供するかどうかという問題も持ち上がった。これについては、ユダヤ人は金曜日の日中に在庫をまとめてキリスト教徒に売り払い、土曜日の安息日に金銭を取り扱うことを避けることで安息を守り、豚肉については酒場のオーナーである領主が作成した契約書に記載されている場合には、キリスト教徒に対して豚肉料理を提供することが通例とされた。結局のところ、ユダヤ人は領主に多額の賃借料を払って店を経営していたのだが、大酒を飲み、酒代を厳しく取り立てられた農民たちの恨みはユダヤ人に向かうことになる。ユダヤ教徒はキリスト教徒を酔いつぶし暴利を貪っていると考えられるようになっただけでなく、カトリック貴族の領主に雇われて働くユダヤ人は、カトリック貴族によるウクライナの民衆（多くが正教徒）に対する迫害や虐待の片棒を担いでいるとの流言が広がるようになっていった。

そして展示は一六四八年で唐突に終わる。誘導に従い、狭い通路に入り込むと、赤黒い炎のライティングとともに、当時ユダヤ人が記した「タタールとコサックが両面から攻めてきた」との文字が浮かぶ。被支配民族であったウクライナ人の武装蜂起として語られるフメリニツキーの乱は、ポーランド人貴族やポーランドに同化したウクライナ人貴族を対象とした蜂起であったはずだった。しかし、その刃が真っ先に向けられたのは、貴族の「手先」として働くユダヤ人であった。昨今の研究においては、ポーランド東部に居住していたユダヤ人は三分の一が殺害されたと推計されている。ポーランド人とウクライナ人の戦乱は一〇年続いた。機に乗じて共和国に攻め込んできたロシア軍やスウェーデン軍によって、またポーランド国王軍による反攻のなかで、さらに多くのユダヤ人の血が流された。

4　ユダヤ人集落〈シュテットル〉（一六四八〜一七七二年）

戦乱が平定された後に復興の担い手としての白羽の矢が立ったのはまたもユダヤ人であった。王は、ウクライナ軍によって強制的にキリスト教に改宗させられたユダヤ人がユダヤ教に再改宗することを認め、諸侯は再びユダヤ人の東方への入植を促した。一八世紀になってからは共和国のユダヤ人口の三分の一が農村に居住することになり、住民の大多数がユダヤ人である集落が多数形成された。これは世界的に見ても珍しい現象である。そのような村々では、東欧ユダヤ人の言葉であるイディッシュ語やユダヤ暦が用いられ、独自の生活文化が構築されていた。引き続きアダム・テレル氏が監修した展示室には、当時のそのような典型的なユダヤ集落が再現されている。市場の模型を中心に、農村の風景や酒場の様子を描いた絵画が壁一面に引き伸ばされて展示されているほか、ユダヤ人の一般的な家屋の様子も再現されている。建物自体はポーランド人の家と変わらないが、家の入口に護符が取り付けられ、室内には金曜日の夜に灯される一対の燭台、そして祝日用と平日用の少なくとも二つの食器セット、祝祭のためのランプなど、ありとあらゆる道具が展示されている。

他方で展示室の目玉となるのは、町のもう一つの核となるシナゴーグの再現展示である。当時、カトリックの教会堂よりも大きく華美なシナゴーグを建設することは禁じられていたため、多くのシナゴーグは中央広場よりもやや奥まった場所にあり、都市部などでは石造りの民家などに紛れて立っている場合が多かった。展示されているグヴォジジェツ（現ウクライナのリヴィウ近郊）の一七世紀に建造されたシナゴーグは木造で、丸天井とシナゴーグの中央に設置された朗読壇が八五％の縮尺で復元されている。オリジナルは第一次世界大戦中に破壊されたが、復元は戦前のモノクロ写真や絵画などに残されたデザインや色彩を手掛かりに行われた。水色、緑、海老茶色などを基調としたカラフルな天井には象、鹿、猛禽類、魚などのほか、一角獣や半獣半鳥の不思議な生物も描かれ、その余白は花や蔓草の文様で埋め尽くされている。復元プロジェクトは米マサチューセッツにあるNGO「ハンドハウス・スタジオ」と博物館の共同で進められたが、彩色には天然の染料が使用され、材木の組み方なども建造当時の技法が用いられた。ポーランド八都市で一二の教育ワークショップが行われ、数百人の青少年が歴史家や建築家の指導を受けながら材木に彩色を施し、二五トンの屋根を葺く再建作業は完成まで二年を要した。この様子は、同NGOにより八五分のドキュメンタリーにまとめられ、販売されているほか、技術の詳細がウェブサイトなどでも紹介されている。

共和国のユダヤ人口は一六七五年には二〇万人だったが、一七六四年には七五万人にまで増加し、人口の六～七％を占めるようになった。もはやユダヤ人のネットワーク抜きで共和国を考えることは難しかったが、人口比率が高まるにつれ、キリスト教徒の間では反ユダヤ主義が広まりを見せるようになった。ユダヤ教徒による儀式殺人の噂が再び流布され、嫌疑を掛けられたユダヤ人が逮捕され、時には拷問にかけられたり処刑されたりした例もあった。また、キリスト教の聖職者の間ではユダヤ教徒に対する改宗熱が高まった。ユダヤ教徒向けにキリスト教の教義を解説する教則本なども作成され、イスラム教を含む三つの「アブラハムの宗教」を擬人化した図像や、三位一体について図示したイエズス会作成の教本なども展示されている。

5　近代の挑戦（一七七二〜一九一四年）

最初の展示室には、ポーランドが列強三帝国によって分割されたことを示すインスタレーションが行われている。ポーランドとともに、その地に住むユダヤ人たちも必然的に三つの領土に分割されていったのだが、そもそも国を持たずにポーランド人の只中で生き延びてきたユダヤ人は、独自のネットワークをさらに発達させつつ、分割期を生き抜くこととなる。展示室はマルチン・ヴォジンスキ氏（ヴロツワフ大学）とサミュエル・D・カッソー氏（コネチカット州トリニティ・カレッジ）が共同で監修し、図録の解説はアントニー・ポロンスキー氏（ブランディス大学）が執筆している。

展示の一つの核となるのは、緩やかながらもポーランドで産業革命が始まったこの時期にユダヤ人企業家が果たした役割である。その象徴として、イズラエル・ポズナンスキ氏らの繊維工場が大成功を収め、「約束の地」と称された都市ウッチの鉄道駅の待合室が再現されている。このような都市では、ユダヤ人企業家に雇用されたユダヤ人労働者が出現し、ポーランド人労働者とともに働くこととなった。また、従来、家事の一切を担い、多産であったユダヤ人女性が家の外で働く例も増加したことから、伝統的な生活様式や家族形態には大きな変化がみられるようになった。ドイツで興った啓蒙主義運動（ハースカーラ）の影響や国民教育制度の広がりと相まって、ユダヤ人子弟の教育にも近代化の波が押し寄せた。現在博物館の立つナレフスカ通りには、ドイツ語で礼拝を行うシナゴーグとならび、ポーランド語で礼拝を行うシナゴーグが建設されたが、展示室にはその写真が掲げられている。このようなユダヤ社会の変化をヴィジュアルに伝えるものとして、婚礼の習俗の変化に関する展示がある。毛皮の帽子を被り、黒い長衣を身に着けた人々が楽団に先導されて婚礼行列を作る伝統的な村の結婚式を描いた一八五八年の絵画の傍らに、一八九〇年代の絵画に基づくインスタレーションが行われている。そこでは、シルクハットに蝶ネクタイ姿で髭を短く刈り込んだ男性と伝統的な黒衣を身にまとった男性、色とりどりのワンピースで着飾った未婚の少女たちと、白と黒のシンプルなワンピースを着た既婚女性などが入り混じる様子が描かれ、同化の程度やプロセスは決して単線的ではないことが示されている。事実、東部地域で一八世紀に興った、神学や知識よりも祈りや身体経験を重視するカリスマ主義運動「ハシディズム」は、一九世紀を通じて爆発的な広がりを見せた。

分割統治下で、ポーランド人の間では独立と国家の再統合の機運が幾度となく高まり、蜂起が繰り返された。そのような中で、一部のユダヤ人の間では民族意識が喚起され、ユダヤ「民族」の独立が具体的なイメージを帯びるようになった。そのような中には、イスラエル建国を目指し、国語としてのヘブライ語の復興などを目指すシオニズム運動へと身を投じた人々とならび、歴史的にポーランド国家を形成してきた民族集団の一つとしてのユダヤ「民族」という意識を持つようになった人々も存在した。彼らはポーランド人とともにポーランド独立運動に身を投じた。さらには、このような「民族」間の障壁を乗り越え、社会主義運動に参加するユダヤ人たちも多数出現した。しかし、民族独立や自己決定権が最大の争点となる時代において、ユダヤ「民族」が多数派民族と共にその地で幸福に暮らすというシナリオは、いかなる形においても成立し得なかった。シオニストは同化し得ぬ存在として排除され、社会主義者はスパイの嫌疑を掛けられ、同化ユダヤ人はポーランド人の社会・経済的利益を脅かす存在として警戒された。そして一八八一年以降、ロシアの支配下にあった地域を中心にユダヤ人に対する襲撃が始まった。展示の最後は反ユダヤ主義雑誌や、襲撃により殺害されたユダヤ人の遺体の写真で締めくくられる。この後、観客は一旦、ロビーに出ることになる。ロビーや上階に設置されたソファなどで休むことなども可能であり、また退出することも可能となる（以後、戦時中の虐殺などに関する展示室は、一二歳以下の児童が保護者の付添なしで見学することは認められていない）。

6　ユダヤ人通り（一九一八～一九三九年）

展示を監修したサミュエル・D・カッソー氏は、この時期のユダヤ人が直面した三重苦――内部分裂、経済的困窮、反ユダヤ主義について言及しつつも、「これらの問題にもかかわらず、いや、だからこそポーランドのユダヤ人は、他のどこのユダヤ人とも比べようのないバイタリティと豊かさを示した」と説明する。都市に住む多くのユダヤ人は、仕事が終わればダンスホールに通い、ジャズやラジオ、映画を楽しみ、ハイキングやスキーに出かけ、サッカーチームを作り、英米仏などの新刊小説を心待ちにして暮らしていた。展示室は二層になっており、一階には石畳が敷かれ、ガス灯や店の看板など、当時のユダヤ人街の通りが再現されている。映画館では映画や演劇の断章が放映され、新聞社には風刺画や、当時出版されていた夥しい数のイディッシュ語の新聞が展示され、ダンスホールの床には当時流行したダンスのステップが舞踏譜のように刻まれている。

しかし、大都市に住む者と農村地帯に住む者、ユダヤ学校に通いイディッシュ語を話す者とポーランド語を話す世俗化した者、パレスチナへの渡航費用を稼ぐため厳しい労働に耐える者とポーランドにおける生活水準の改善を求めて労働運動に身を投じる者――独立を回復したポーランドにおいて、ユダヤ人の間での差異は深まっていた。この時期にはポーランド人口の一割を占めていたユダヤ人であったが、この多様性がユダヤ人の紐帯を弱め、社会的影響力を限定的なものに留めていた。一九二一年に制定された憲法により、ニダヤ人を含む少数民族の権利は保証されたが、雇用や大学入学に際しての差別などには変わりなかった。国会議員となったユダヤ人の写真と並んで、「ポーランド人よ！カトリック信者よ！」との呼びかけとともに、ユダヤ人候補者を誹謗したビラが展示されている。ユダヤ人襲撃も断続的に続いていた。

シオニズムに関しては、マルチメディア展示が充実している。展示室には、世俗的なヘブライ語学校の教室が再現されているほか、シオニストのボーイ&ガール・スカウト活動や青年向けサマーキャンプなどの写真、ポスターや宣伝映像など、父祖から伝えられた伝統を断ち切り、同世代での自助活動により新時代を築こうとした若者たちの生き生きとした様子を伝えている。ポーランド人との関係という点について、カッソー氏の指摘によれば、シオニストたちは一時期、長い亡国の時代を経て国家を再興したポーランドの愛国主義者のロマン主義的なパトスやヒロイズム、自己犠牲の精神などに大いに憧れを抱いていたという。この「愛」は報われることなく、互いに憎悪を深める結果に終わったが、思想面での影響関係という点で興味深い視点を提示している。

写真４　プロパガンダ映像を用いた展示

7　虐殺（一九三九〜一九四五年）

第二次世界大戦の歴史を扱った展示室であり、「虐殺」とのタイトルが示す通り、ホロコーストが主題となるのは言うまでもないが、展示の大部分はワルシャワ・ゲットーに関するものである。つまり、そこで表現されるのは死の記録ではなく、人口の九割を失っていく筆舌に尽くしがたいプロセスの中で、ユダヤ人たちがそれに抗おうと紡いだ確かな生の記録ということになる。展示を監修したバルバラ・エンゲルキンク氏とヤツェク・レオチャク氏（ともにポーランド科学アカデミー）は、展示のキーワードを「孤立」と説明する。ユダヤ人のゲットーへの隔離は最も具体的に目に見える「孤立」であるが、それだけではなく、世界の中でポーランドのユダヤ人たちが置かれた孤立状況、倫理的義務を負う一般的な世界からの断絶、神の不在などといった抽象的な主題も内包しているという。

ゲットーの壁の建設が布告され、その内側での「日常」が始まる様子が、写真、新聞、張り紙、肉筆の日記から、配給切符、予防接種のアンプルに至るあらゆる生活の痕跡によって示されている。そこには、ユダヤ人を助けたポーランド人およびその家族を死刑に処すとした一九四二年九月二四日付の告知が展示される一方で、ユダヤ人のゲットーからの逃走に手を貸したポーランド人による「ユダヤ人救済委員会（ジェゴタ）」の活動、女子修道会に匿われたユダヤ人少女が修道女と共に撮影した写真なども展示されている。ワルシャワ・ゲットーから強制絶滅収容所への移送が始まり、終末に瀕していることを察知したユダヤ人らは一九四三年に武装蜂起を起こすが、これについてもワルシャワから三〇キロ離れたスタヴィスコの村に住んでいたポーランド人作家ヤロスワフ・イヴァシュキェヴィッチによる日記が、燃え盛るゲットーを撮影したカラー写真とともに展示されている。収容所に関する史料についても、一九四四年にアメリカで発売されたヤン・カルスキによる収容所を告発する書籍とともに展示されるなど、細い糸で辛うじてつながったユダヤ人とポーランド人の関係性を際立たせる展示が行われている。

8 戦後（一九四四年以降）

最後の展示室を監修したヘレナ・ダトネル氏（社会活動家、社会学博士）とスタニスワフ・クライェフスキ氏（ワルシャワ大学）は、「国外から来たユダヤ人は不審げに『戦後のポーランドにユダヤ人がまだいたの』と尋ねるだろう」と記す。ともにユダヤ系の出自を持つ、戦後生まれの二人の答えは、もちろん「いた。そして、いる」ということになる。

しかし、彼らが最初に取り上げた展示の主題は、ホロコーストを生き延びたユダヤ人たちに突き付けられた問い「留まるか去るか」である。戦後の混乱の中で続いたポーランド人による虐殺や嫌がらせにより、ほとんどのユダヤ人がポーランドを去ったが、残ったユダヤ人はあらゆることを差し置いて巨大なワルシャワ・ゲットー蜂起の記念碑を作り上げた。一九四八年に行われた碑の除幕式には三〇万人を超えるユダヤ人が集まったと報じられたが、単純に考えれば国内に残ったユダヤ人全員が参列したことになる。写真には未だ手つかずの廃墟と瓦礫が果てしなく続く中にそびえる碑の威容が写し出されている。社会主義ポーランドの建設に参加した、このわずかに残ったユダヤ人さえ、共産党内での勢力争いから一九六八年に起こった公職追放などの迫害により、国を離れるか、出自を隠してポーランド人の中で生き延びるかを選ぶしかなかった。その後、一九八〇年代までのポーランドのユダヤ人の歴史は初めて「不在」と表象されている。

展示の最後は、現代におけるユダヤ文化・芸術に関する活動、史料の発掘やアーカイヴ、博物館活動を紹介するほか、出口近くに置かれたイヤホンに耳を当てれば、現在ポーランドに暮らす二〇人の若いユダヤ人たちが自らの生活や文化、ポーランドのユダヤ人の未来について語るメッセージを聴くことができる。

写真５　瓦礫のジオラマの中に記念碑建設の写真パネルが展示される

三　博物館展示の可能性と限界

博物館の創設は、もともとはワルシャワのユダヤ史研究所を運営するＮＰＯ法人によって発案されたものである。一九九三年、同ＮＰＯの代表を務めていたグラジナ・パヴラク氏は開館したばかりのワシントンＤＣのホロコースト記念博物館を訪問した際、ポーランドのユダヤ人の千年の歴史を展示するという着想を得たという。すなわち、ワシントンの死の博物館に対する、ワルシャワの生の博物館ということである。ここからも分かるように、ワルシャワの博物館は「ホロコースト」に集約されがちなユダヤ教への関心を千年という時間の中で描くという明確な目的を持ち、その目的に基づいてオーガナイズされたものである。

博物館がいつの時代もイデオロギーをめぐる闘争の最前線に置かれていることも、歴史が遂行的なものであることも、アライダ・アスマンらによって既に提起されているので、ここでは繰り返さない。時に抽象的に時に具象的に、時に東部地域に時に西部地域に、時に政治現象に時に文化現象に焦点を当てるなど、視座を大きく揺らしながら、博物館は自ら物語ろうとしていることを物語っている。読者の中には、例えば「ホロコースト」の時代の描き方などにいびつさを感じる向きもあるかもしれない。ユダヤ人に差しのべられた、極めて僅かの救いの手に過度に光を当てているように見えてもおかしくはない。これは「ホロコースト博物館」に対するアンチテーゼと受け取れるし、全体を通して、「生」の歴史を伝えるという意図が全面に押し出されているように思える。

ポール・コナトンは「過去のイメージや過去の回想された知識は（多かれ少なかれ儀礼的な）パフォーマンスによって伝達され、維持されるのだと主張したい」と述べる。コナトンが着目するのは、式典などの儀礼であるが、学生などの博物館見学もある種の儀礼と解釈することができるだろう。戦後、国民の九割以上がポーランド民族かつカトリック信者となったポーランドにおいて、学校行事として「ポーランドの」と冠された「ユダヤ人の歴史」を見学すること、クラス全員で見学し、またそれを学校で振り返ること、その「儀礼」により、次世代のポーランド人の歴史認識が構築されることになる。つまり、歴史を共存の歴史として描き、その「共存の歴史として描かれたもの」を見学するという行為こそが、共存の歴史を構築すると言うことができるだろう。

四　共に博物館を作るということ

さて、最後に現実的な問題として、スポンサーシップの問題に触れておきたい。博物館の資金面での目途は既に一九九五年には立ったとされている。資金はポーランド政府とワルシャワ市、ユダヤ史研究所が共同で出資しているが、建物の建設費用や設備・備品については行政側が負担し、展示についてはNPO側が責任を持つこととなった。後者については、主に米国、ドイツ、英国、ポーランドの個人および各種団体に寄付を募っている。

また、展示は二〇〇六年以降、バーバラ・カーシェンブラット＝ギムブレット氏（ニューヨーク大学）を長とする多国籍（ポーランド、イスラエル、アメリカ）で学際的な（歴史学者、社会学者、社会心理学者、文学者、人類学者、学芸員を務める美術史家）一二〇人による国際グループによって企画された。展示のマスタープランは、博物館のマルチメディア展示を専門とする英国のデザイン会社と歴史学者チームが共同で作成し、文中で取り上げたシナゴーグの復元展示もアメリカの団体の指導の下で行われた。

このような博物館の建設プロセスには、多数の主体が関わることで客観性や公平性を担保するという長所があるものの、そもそも、このように多数の主体が関与する国際プロジェクトに参加する研究者の属性（言語能力とそれに由来する国籍、宗教的立場）は限定され、均質になっていると考えられる。開館してから間がないため、今回はさまざまな宗教的立場のユダヤ教徒の見解、多様なバックグラウンドを有する歴史学者や学芸員による批評、一般のポーランド人の感想などを収集するには至らなかったが、今後の研究課題としたい。

特に、開館一年での入場者は三五万人でポーランド人が八六％を占めたと報じられている。今後、ポーランド人の只中で、ポーランド人とともに「博物館」がどのように歴史を紡いでいくのかという点について注視したい。

参考文献

アスマン、アライダ『記憶のなかの歴史―個人的体験から公的演出へ―』松籟社、二〇一一年
加藤久子「ポーランド人にとっての〈アウシュヴィッツ〉：アウシュヴィッツ＝ビルケナウ ナチス・ドイツの強制絶滅収容所一九四〇～一九四五」『季刊民族学　第一三九号』二〇一五年

コナトン、ポール『社会はいかに記憶するか―個人と社会の関係―』新曜社、二〇一一年
ティフ、フェリクス『ポーランドのユダヤ人』みすず書房、二〇〇六年
野村真理『ガリツィアのユダヤ人』人文書院、二〇〇八年
パーモンティエ、ミヒャエル『ミュージアム・エデュケーション―感性と知性を拓く想起空間―』慶應義塾大学出版会、二〇一二年
ポリアコフ、レオン『反ユダヤ主義の歴史　第一巻』筑摩書房、二〇〇五年
Fundacja Centrum Badania Opinii Społecznej, ”Zmiany w zakresie podstawowych wskaźników religijności Polaków po śmierci Jana Pawła II,” 2015.1.9
Kłoczowski, Jerzy (ed.), ”Zarys dziejów koscioła katolickiego w Polsce,” ZNAK, 1986
Muzeum of the History of Polish Jews, “Polin: 100 Year History of Polish Jews,” Muzeum of the History of Polish Jews, 2014
Sienkiewicz, Witold, ”Atlas Historii Żydów Polskich,” Demart, 2010
Urzykowski, Tomasz, ”Wystawa muzeum polin kończy dziś rok,” Gazeta Stołeczna, 2015.10.28

台湾の多文化共存から「歴史」を考える

——文化財保存の現場から——

武知正晃

一　台湾における「本土化」、「多元化」

近年、台湾と日本との交流が目覚ましい、と言われる。『台湾観光月刊』によると、台湾から日本を訪れる観光客（ここで言う、観光客とは、入国カードに記載する旅行目的の項目に観光と記載した者）の数は、二〇一五年で三七九万四八七九人とされている。二〇一六年の一月から六月までは、合計二二三万一九人、この数字は、前年二〇一五年の一月から六月までの合計一八四万九一七〇人と比較すると二〇・六％の増加となる。これに対して、日本から台湾への観光客は、二〇一五年が、一六二万七二二九人、二〇一六年一月から六月までは、八七万九八七三人で、二〇一五年の一月から六月までの七四万六四二四人と比べると一七・八八％の伸びとなる。台湾・日本人観光客双方とも大きな伸びを示しているが、二〇一五年の観光客の総数を比べると、日本へ行く台湾人観光客の数は日本から台湾へ行く観光客の倍以上である。右の数字を見ると、台日の交流は活発だと言えるかもしれない。日本の各地方空港と台湾とを結ぶ直行便も増設されている。このような現象は、周知のごとく二〇一一年の東日本大震災の際の台湾からの援助が契機となっている。ここ数年で、メディアなどで台湾が紹介されるケースは確実に増えていると言えよう。

筆者は二〇〇六年に初めて台湾を訪れ、二〇〇七年二月から生活を始めた。実のところ、二〇〇七年以前は台湾にはほとんど関係する機会がなかった。そのため大した知識もなく台湾に渡ることになった。台湾に行く前に読んでいた本は、片倉佳史の『観光コースでない台湾―歩いて見る歴史と風土―』（高文研、二〇〇五年）程度であった。近年では、雑誌などでもさかんに台湾特集が組まれるが、当時は、まだまだ情報量が少ない時代であった。

台湾に来てからは時間がある時に台湾の史跡などを見て回った。台湾南部の台南市に居住することになったので、これまで訪れた史蹟は台湾南部のものが多い。しかし、史跡を見て回ると、来台前とは異なる印象を持つようになった。片倉氏をはじめ、日本人向けの本はどうしても日本統治時代の話が中心となる。初めて台湾に来た時、桃園空港には民族衣装を着た原住民アミ族の写真が数多く貼られていた。台湾における原住民の人口比率は約二％台だ。決して多いわけではない。そのアミ族の写真がなぜこれほど多いのか当時は違和を感じた。さらに、生活するにつれ色々なことがわかってくる。台湾には、いわゆる「族群」と呼ばれる用語がある。清朝時代に大陸から台湾に渡ってきた人々の子孫、戦後大陸から渡って来たいわゆる外省人、それに原住民と呼ばれる人たち。近年はこれに加え「新住民」と呼ばれる東南アジアからの労働者が加わる。日本と比べれば、はるかに多民族な社会だ。

こういった台湾の現象を見ていくために必要な概念がいくつか存在している。「本土化」、「多元化」という言葉である。「本土化」の本土とは、台湾を指す。第二次世界大戦終結後、中国大陸では中国国民党と中国共産党との間で内戦が勃発する。この内戦に敗れた国民党は、台湾へ撤退し台湾を支配することになる。台湾を支配した国民党政府は一貫して自らを、中国大陸を支配する正当政権と位置づけた。そのため、教育現場においても、中華民国が中国大陸全土を支配しているという「フィクション」に基づいて教育が進められ、台湾に関する知識などは教育から排除された。やがて、一九七〇年代に入り中華民国が国連での議席を失い、世界から孤立した状態となる。もはや誰の目にも、中華民国が支配している地域は台湾とその周辺の島のみであることが明らかになる。さらに七〇年代・八〇年代になるといわゆる「台湾独立派」が台頭し、台湾を中心とする「本土意識」が高揚してくる。八七年の戒厳令解除以後、民主化とともに「本土化」が急速に進行する。だが、先に見たように、台湾には一九四五年以前から台湾に居住していた原住民、本省人（河客人・客家人）、戦後大陸から渡って来た外省人など複数の民族が存在する。ともすると数的に多い本省人を中心とする文化が優位を占めるということになりかねない。このような各民族間のアイデンティティの対立を防ぎ、バランスを取るために生まれてきた概念が「多元化」と呼ばれるものである。戒厳令解除後の台湾は、「本土化」と「多元化」が同時並行で社会に浸透していく過程であったといってもよいであろう。二〇一一年に開館した、台南市にある台湾を主題にした歴史博物館「国立台湾歴史博物館」のコンセプトも、「共に台湾を守り、多元化と調和のとれた社会を共に創造する」とされている。現在、台湾で生活していると、この「多元化」という言葉をいたるところで見ることができる。

さて、本書のテーマである「共存」、「共生」という言葉も、「多元化」という言葉とは無関係ではないであろう。「多元化」とは単に個別バラバラであればよいというわけではない。違いを認めながらも「共存」していくことが重要である。ただし、台湾において「多元化」という言葉が使われながらも、問題がないわけではない。二〇一六年に大統領に就任した蔡英文が原住民に対する過去の政策について謝罪を行ったことは記録に新しいが、各族群の中でも原住民の進学率や社会的な地位は低い。ただし、台湾の場合は、少なくとも「本土化」と「多元化」という概念が、問題を議論する一つのプラットホームの役割を果たしていることは間違いない。本論で扱う文化財や史跡についても同じである。林崇熙は「もし外来者日本人が生み出したものがすべて「毒」であるとするならば、国民党政府がもたらした中国文化もまた「毒」である。戦後、親米的な性格がもたらしたアメリカ文化も毒であろう。現在さかんに強調される「国際化」によって、もたらされた各国の文化も毒であろう。とうぜん、原住民にとっては、原住民文化を破壊した漢文化はもっとも「毒」である」と主張する。林は文化財を保存する根拠は、その文化財が持つ「歴史的な意義」、「価値」が重要であり、その価値は常に民主的な議論の中で決定されると主張する。林の主張は、八七年の戒厳令解除、その後の台湾の民主化の進展の中で「議論をつくす」ということが社会の中に定着していることを示している。

さて、本論では、台湾の各地域に残る文化財や史跡の保存という活動をテーマにして、台湾の地域社会における文化や歴史意識の「共存」ということを考えてみたい。現在の台湾には多様な出自・歴史を持つ人々が存在している。当然それらに関わる文化財や史跡が存在する。さらに、過去において台湾を支配していたオランダ、スペイン、日本などに関する物を含めれば、その数はさらに増加する。それらが保存されるということは、その文化や歴史をなんらかの形で評価するということである。当然、素材によっては軋轢や対立を生み出す可能性も存在する。そういった問題が台湾ではどのように処理されているのであろうか。

なお、本論では日本にまつわる文化財や史跡を主たる対象とする。これは、筆者の力量の問題もあるが、台湾においてはしばしば日本の台湾支配をめぐる文化財や史跡の保存をめぐる問題が政治問題にまで発展する可能性があるからであり、「共存」ということを考える際には格好の素材となるからである。

二 「発掘」がブーム

前節では台湾における「本土化」、「多元化」について触れた。しかし、日本から台湾を見た場合、この「多元化」といった部分が必ずしも理解されているとは限らないようである。

二〇一三年九月八日のMSN Japanに「日本統治時代の〝発掘〟がブーム　若年層に親日　台湾」という記事が掲載された。記事の冒頭は、「台湾の若い世代が、日本統治時代を題材にした作品を次々と生み出している。政治的状況から、この時代は学校教育では詳細には触れられないが、日本のポップカルチャーの影響を受けた世代が歴史的資料を基に自由な発想で作品に仕上げている」という出だしで始まる。

この記事は、「鼓動」というタイトルの連載記事で、これまでも八田与一などの記事を掲載したことがある。この記事では、三〇代から四〇代の若手クリエータや漫画家たちが日本時代をテーマとする作品を発表していることが取り上げられており、その背景として「中国との関係改善が急速に進むなかで、現在の台湾社会の文化的背景のひとつとして日本時代への興味が強まっているようだ」と主張している。この記事で取り上げられている漫画が、台湾師範大学台湾史研究所蔡錦堂准教授が監修した『台北高校物語』である。記事では、この漫画の作者である陳中寧氏の言葉を「『当時の教育のユニークさを、漫画の発信力で多くの人に紹介したい』という陳さんは現在、東京の専門学校でアニメーションについて勉強している。『台高の戦中や戦後も描きたい』と続編制作にも意欲的だ」と、紹介している。

この「鼓動」の連載記事の特徴は、基本的には「台湾＝親日」という点を再認識することである。特に注意しておきたい点は「若年層」である。いわゆる日本語世代はあと数年で台湾から消滅する。台湾から日本語世代が消滅した後、「親日」を受け継ぐ「若年層」世代が台湾に出現している、という点がこの記事が一番主張したいことであろう。記事の後半では、当時の馬英九政権成立後、中国との関係改善が進む中、逆に「自分は台湾人だ」という意識が高くなっている点を紹介している。さらに、日本の出先機関である交流協会のアンケートの結果などを引用して、台湾では「親日路線が健在である」という点を主張する形となっている。記事の最後では、映画「ＫＡＮＯ」（戦前甲子園に出場した嘉義農林を題材にした映画）の魏徳聖プロデューサーの言葉で終わる形になっている。魏の発言は、「台湾で自分たちの足下を見つめ直すとき、日本時代は避けられない」というもので、その後記事は「〝発掘〟は今後も続きそうだ」という言葉で終わる。

さて、この記事で取り上げられている「漫画」の一つが、『Creative Comic Collection』とよばれる全二〇巻のシリーズである。第二集（二〇〇九年刊行）が「日本時代的那些事」というタイトルで、日本統治時代をテーマにした号である。この第二集には、「時代的巨輪」というページがあり、そこでは歴史学者朱徳蘭の記述を編集が適宜引用して日本統治時代の解説を行っている。その内容を見て見よう。まず、日本統治時代における日本の台湾支配の方針について述べられている。方針の第一は、台湾総督は専制統治をおこなった。第二は、統治の方法は飴と鞭の使い分け、具体的には台湾人に対する懐柔政策による協力者の掌握、一方では武力による抗日運動の弾圧。第三として、各種族の分断統治方式をあげている。統治方針の説明の後、日本の台湾統治全体については、「同化と改造」という言葉で説明される。日本は、台湾を母国への食糧生産基地、日本の過剰人口の解決先、さらには南方への南進政策の基地として位置付け、台湾に近代的な交通制度、金融制度、衛生制度などをもたらした。日本時代の後半、一九三七年以降になると「皇民化政策」が進展し、戦争末期の空襲などが台湾人の生活に大きな打撃を与えたと述べている。この説明を見るかぎり、特に日本統治時代を高く評価しているわけではない。

個別の作品を見て見よう。第二集の中に、「陽炎少女丹陽」という作品がある。これは、第二次世界大戦中の旧日本帝国海軍の駆逐艦ユキカゼを主題にした軍艦を少女に擬人化した作品である。この作品では、まずユキカゼの戦歴が順に語られる。問題は、戦後のユキカゼである。ユキカゼは、戦後中華民国海軍に接取され、「丹陽」と名前を代え、一九五六年の大陸封鎖作戦、一九五八年の八二三海戦、九二海戦に参戦する。この作品の最後には、「陽子型駆逐艦数位典蔵研究計画」について紹介されているページがある。文章の文責は「海軍軍艦学校通識教育中心人文組」である。ここの解説では、「丹陽」について、第二次世界大戦終結後の非常に厳しい時期において、アメリカの援助による新型駆逐艦が来るまで、中華民国海軍の主力として活躍した。主力を外れたあとは沿岸防備の任務についた。丹陽に関する記録は非常に貴重で、台湾における中華民国発展の証明であり、国民共有の海洋文化資産である、といった趣旨のことが述べられている。ここでは、「台湾における中華民国」という言葉に注目しておきたい。旧日本海軍の駆逐艦について触れているが、そこで対象とする時期は日本時代のみならず、戦後の時代まで含まれているのである。

『Creative Comic Collection』の第四集である「異人的足跡」では、歴史上台湾において活躍した人物が取り上げられている。この第四集の冒頭には「異人座台湾」と題する台湾における「異人」の定義がなされ、取り上げる「異人」が紹介されている。その内訳を見ると、中国大陸二名、日本八名、オランダ一名、ドイツ一名、カナダ一名、英国三名なる。そして、「異人座台湾」のなかほどでは、日本統治時代と戦後の国民党時代について触れられている。そこでは、両者の政権とも統治を始めた段階では問題が生じたと記されている。日本に関しては、領台初期の武力弾圧、国民党支配については二二八事件や白色テロのことを指しているのだろう。ただし、事件の固有名詞は出さず婉曲的に記述している。この点は、政治的な配慮であろうか。締めくくりでは、台湾の現状について述べられている。そこでは、国際化の進展で、台湾には色々な形で各国から多くの人が来台し、様々な仕事に従事している。台湾に暮らす人々は徐々にこの台湾に根を下ろし、時間がたてば、「他郷」は「故郷」となり、台湾の「一分子」となるとしている。この第四集などは、「多元文化」といった枠組みに最も適合した号といえよう。

『Creative Comic Collection』の「七月半聴故事」というタイトルの第七集では、表紙には、オランダ・スペイン時代、鄭成功時代、清朝時代、日本統治時代の服装をした人物、さらに各原住民の民族衣装をきた人物が描かれている。この表紙が象徴的に示しているのは台湾において歴史的に展開した「多元的な世界」であると言えるだろう。

このように、『Creative Comic Collection』シリーズはあくまでも「台湾」を主体とし、そこにおける歴史や文化を題材にした作品である。日本統治時代を素材とする作品も登場する。しかし、シリーズ全体を見渡せば、日本統治時代は台湾において展開した多元社会の一部である、という立場である。「鼓動」に登場する「〝発掘〟は今後も続きそうだ」という指摘はそのとおりである。しかし、その「発掘」とは、あくまで「台湾」についての発掘なのである。「鼓動」中で紹介されている陳中寧氏の「台高の戦中や戦後も描きたい」という発言もそれを物がたっているといえよう。このシリーズは、あくまでも「本土化」と「多元文化」という枠組みの上に成立しているのである。

ただし、本節でも見たように、しばしば日本からは、台湾人が「日本統治時代」の出来事を取り上げることを「特化」して理解する傾向がある。一つ事例を紹介しよう。「中央社フォーカス台湾」二〇一六年一月九日に「神風特攻隊の宿舎残る「眷村」、進む保存活動 政府も支援／台湾」という記事がでた。この記事内容は、雲林県虎尾にある「眷村」の保存活動に関するものである。「眷村」とは、終戦後、日本人が去った後に残された日本式官舎などに大陸からやってきた外省人が居住した村のことである。この眷村には二二八事件の痕跡や戦後の外省人の生活の後が残されており、それらが住人の高齢化や建築物の老朽化で失われる恐れがあるため、「眷村の文化に興味を持つ地元の若者が新たに団体「自然生活」を立ち上げ、保存活動を行っている」という内容を紹介した記事である。この記事では、この場所には戦争末期「神風特攻隊」の隊員が居住していたと紹介されている。FB上でこの記事をシェアしたある日本人は、「神風特攻隊に関係する宿舎を保存してくれて感謝します」と書き込みを残している。しかし、この記事で紹介されているのはあくまでも、戦後外省人たちがもたらした「眷村文化」を台湾の「多元文化」の一つとして保存する活動であり、仮に特攻隊員の宿舎が保存されたとしても、それは戦後「眷村」となった場所にかってあった文化（歴史上、台湾に存在した多元文化の一つ）の一つという位置付けにすぎないのである。

三 「台湾製」の「台湾人」の歴史

台南市麻豆区に、總爺芸文センターと呼ばれる施設がある。この施設は、一九一一年に操業を開始した明治製糖株式会社の總爺工場である。九〇年代に操業を停止した後、一九九九年に「紅樓」、「招待所」、「紅レンガ食堂」、「社長宿舍」の四つの建物が台南県（当時）の古跡に指定された。この古跡指定の背景には地元の人々の保存活動や歴史の掘り起しという動きがあった。その動きを見ていくと、一九九六年には「麻豆文史工作室解説」が作成され、翌年一九九七年には、麻豆代天府五王廟文物館において「麻豆芸術家三人展」が開催される。

写真１　總爺芸文センター

一九九八年には、第一回保護総爺糖廠座談會が開催される。翌年ボランティ組織である「志工寒訓及文史営隊」が組織され、二〇〇一年には「麻豆文化観光導覧手冊」が完成する。また、二〇〇〇年には、麻豆耆老口述歴史座談会が開かれ、当時の歴史を知る人々を集め、口述筆記の作成が行われた。

こうして、二〇〇一年に再利用が開始された。總爺芸文センターには、「芸術家進駐交流」、「曽文区芸文交流平台」、「生活工芸文化園区」という三つの機能がある。「曽文」とはこの文化中心がある付近の地域名称である。いずれも芸術活動や生活に密着した芸文活動を中心とし、地域住民の交流、芸術家への活動場所の提供といった役割を担っている。イベントなどがある日には、周辺に車が路上駐車されるほどの賑わいを見せている。かつて存在した工場の建物の大半は撤去され、跡地は草地となり、週末などには家族づれの憩いの場となる。

写真２　總爺芸文センター

筆者はこの芸文センターのある町に住んでいるため、台湾に来た時から何度もこの施設を訪れている。訪れるうちに気が付いたことは、日本統治時代に建てられた施設であるにも関わらず、その歴史を示す展示などがほとんどないということである。わずかに、第二次世界大戦中の空襲の際に銃撃を受けた樹木の説明板があるだけである。園内で行われる活動も大半は芸術系のもので、歴史展示に関する活動などほとんど記憶にない。歴史と関わるような展示で唯一記憶しているのは、地域住民が持つ写真展示があり、その際に戦後の製糖工場の写真などが展示されていた程度である。

その状況が少し変わったのが、二〇一三年である。この年の秋に、園内に写真パネルによる製糖工場の歴史展示が作られた（この活動は期限付きの活動で現在は撤去されている）。その展示の内容は、日本統治時代に台湾南部にあった製糖工場の写真、日本統治時代に作られた神社跡の写真、戦後工場が操業していた時期の工場内部の写真などである。

それと同時にこの時園内では、防空壕を使ったアート展示が行われていた。台湾の製糖工場は、第二次世界大戦後半、米軍の爆撃目標となっていた。そのためほとんどの製糖工場には防空壕が残されている。ただ、この時の防空壕跡地を利用したアートは、防空壕からイメージされる「戦争」、「空襲」といったものとはまったくかけ離れたアートであった。「戦争」、「空襲」といった記録が脱色されると同時に、製糖工場の歴史がクローズアップされる、そのような傾向を感じたのである。

その後、園内に残されている日本式の招待所の中に台湾における製糖の歴史展示が設けられた。展示の内容は、古文献に見る台湾の製糖の歴史、近代の台湾の製糖の歴史、台湾南部の各製糖工場について、總爺製糖工場で働いていた元工員の口述記録などである。その口述記録の一つを見て見よう。

わたしが製糖工場で働き始めた時、先輩の工員はみな日本の教育を受けた世代であった。工場の器械の名称はすべて日本語だった。教官の新人に対する態度は厳格で、失敗すると「馬鹿」と怒鳴られた。彼らは自分達を日本製といい、台湾製である我々と区別した。

この記述を見ると、日本統治時代の教育を受けた世代とその次の世代との間に断絶があったことが伺える。この口述筆記を残した工員は、自分たちは「台湾製」と述べているが、実はこの展示で紹介されているのは、みな「台湾製」の工員たちの口述記録なのである。理由として考えられるのは、もはや日本語世代の工員は高齢化が進み、聞き取りができる人が少ないという問題があると予想される。だが、それよりも重要な問題は、この展示で紹介されている内容が、かつてこの工場を動かしていた「台湾製」の台湾人の記録に重点を置いているという点である。現在残る工場の建築物は日本時代の建物であるが、展示の内容は日本統治時代の記録だけではないのである。この施設の始まりは、たしかに日本統治時代である。日本時代の建築物や日本式宿舎も台湾で展開した歴史の一部だ。そして、それらの建物は修復され、現代の台湾人の生活水準の向上に貢献している。こういう点では多元的な文化が「共存」している、とも言える。しかし、この招待所の展示は、この施設を自力で運営させてきたのは、あくまで戦後の「台湾製」の「台湾人」なのである、と物語っているのである。この展示からは、そういう意識を感じた。この点は、我々日本人が台湾に残る日本統治時代の建築物や史跡などを見る際に注意しておかなければならない点である。

四　「発掘は続く」

近年、台湾では日本統治時代の宿舎などが各地で修復・再利用されていることはすでに日本でもよく知られている。最近では、雑誌『東京人』の「東京人的台湾散歩」などで主に近代建築を中心とする特集が組まれた。『Pen＋』の「台湾　カルチャークルーズ」では現代台湾の文化について特集が組まれた。その付録のページには、台湾の歴史について年表がある。

だが、台湾ではこういった動きに対する反発もある。なぜ日本時代の史跡ばかり修復するのか、しかも好意的な取り上げ方をするのかという批判である。ただ、近年はやや異なる傾向も生まれつつある。

写真３　タパニ事件記念館

台南に玉井という場所がある。ここはマンゴーの産地として有名な場所である。二〇一五年、この玉井にある製糖工場の日本式建築の招待所が修復され、タパニ事件記念館としてオープンした。タパニ事件とは、かつては西来庵事件、指導者の名をとって余清芳事件とも呼ばれた、一九一五年に起きた大規模抗日事件である。この時の日本軍による鎮圧により、数百人規模の台湾人が戦死、九〇三人が死刑判決を受け、一三二名が実際に処刑となり、残りは無期懲役となる。二〇一五年は、この事件が起きてから一〇〇周年にあたり、一一月二七日に記念館の開館に至ったのである。この事件については、国民党時代にも顕彰されており、一九八一年に当時の台南県長らにより虎頭山上に「抗日烈士余清芳記念碑」が建立された。二〇一五年の記念館開設は、日本時代に建てられた文化財が抗日運動を記念する施設として再利用されたケースということになる。展示では、事件の起きた背景、経過などを詳細に説明している。さらに、野外に展示されている「タパニ事件研究年表」は、この事件がいつから、どのような経緯で振り返られ研究されてきたのか、その過程をわかりやすく伝えている。

二〇一六年三月二三日の「中央社フォーカス台湾」には、民進党の桃園市長が桃園市龍潭区にある「七十三公忠義廟」の修復・保存を宣言した、という記事が紹介された。日清戦争の終結後、下関条約の結果を受けて、日本軍が台湾に上陸する。桃園では、上陸した日本軍に対して客家人たちが激しく抵抗した。戦争終結後、明治二九年（一八九六）に、胡玉山や地理師卓雲松らが墓碑を作り、祭祀をおこなった。祭祀を行った場所が、現在の「七十三公忠義廟」がある場所である。この「七十三公義士」について、『桃園郷土資料　耆老口述歴史叢書一三』には、「もし、この七十三公墓を改築したならば、義士の霊を鎮魂できると同時に、中華民族の精神の発揚にもつながる」と述べられている。この記述から察するに、一九九六年前後の段階においても墓の整備などがなされていなかったことが伺える。『桃園郷土資料　耆老口述歴史叢書　一三』には、墓の整備が進めば、観光客が増えて、観光の発展にも寄与すると述べられており、単に「中華民族精神」の発揚だけが目的ではなかったようである。

一般的に、台湾で取り上げられる日本統治時代の文化財や史跡は、日本が安定して統治を進めた日本統治時代後半のものが多い。現在台湾各地で日本式宿舎などが改修・整備され、観光地となっているが、その大半が日本統治時代後半のものである。日本統治時代の前半においては、日本は台湾の治安を安定化させるために武力を使った弾圧を行う。先に見た、タパニ事件などは大規模反乱の事例で、日本側は徹底した弾圧を行い、この事件以後、台湾における日本への反抗は武力から文化の力を利用した運動へと転換するとされる。

桃園の「七十三公義士」の話を取り上げたが、読者の中には、なぜこの墓が現在まで整備されなかったのかと疑問を持つ方もいるだろう。特に、戦後の国民党政府から見れば格好の素材である。二〇一五年は、一八九五年の日本軍による台湾接取から調度一二〇年目であった。台南市にある国立台湾歴史博物館では、「鉅變一八九五︰台湾乙未之役一二〇週年」が開催された。この展示の最後に極めて印象に残る内容が展示されていた。それは、一八九五年の臺灣乙未之役について、戦後の台湾の歴史教科書には記述がほとんどなく、九〇年代になり歴史教科書『認識台湾』になって初めて記載されたという内容だ。戦後の中華民国史観にたてば、中華民国は大陸の正統政権であり、教えられる内容は中国大陸の歴史であった。台湾人民が独自に行った抵抗運動は対象外なのである。「七十三公義士」の墓が放置されていたのも中華民国の歴史観が影響している可能性がある。しかし、「本土化」の立場に基づくなら、「七十三公義士」は台湾人民の主体的活動と評価されるのである。こういった事件に関わる展示が整備され始めている点は重要ではないだろうか。今後「発掘」が進めば、いわゆる「台湾を主体とする抗日」に関わる史跡なども整備・顕彰が進んでいく可能性は充分にあるのではないだろうか。

五　共存は可能か

前節では、台南市と桃園市の事例を見てみた。台湾の文化財の保存では、日本時代の文化財が肯定的に評価され保存されている事例がよく紹介されるが、「本土化」の下では、「抗日」運動などの史跡も保存の対象となっていく可能性があることをみた。

ただし、すべての問題がこの枠の中に収められるわけではない。次の事例を見て見よう。台中市では、二〇一五年、民進党の台中市長が旧台中神社の鳥居（現在台中公園内に横倒しになっている）を、再建すると主張した。これに対して、二〇一五年途中まで大統領選挙の国民党候補であった洪秀柱がアイデンティティの混同であると批判した。その後、鳥居は再建されていないが、二〇一六年一〇月二三日に聯合新聞網に「鳥居重建?台中市府：還在調査階段（鳥居の再建　台中市政府：現在調査段階）」という記事が掲載され、この鳥居の再建反対運動について報じている。この事例のように皇民化政策における神道の強制を連想させる鳥居などについては、その評価の差は大きいといえる。近年、台湾では台湾東部を中心に、日本時代の小規模神社の社殿が修復される動きがあるが、台湾の西部、とりわけ台中市のような大都市においてはまだまだ政治的な問題へと発展する可能性が残っている。

二〇一五年は、第二次世界大戦の終結から七〇周年目であった。この年の夏に、台湾おいても第二次大戦終結に関わる展示が行われた。筆者が見た展示は、台南市にある台湾歴史博物館で行われた「二戦下的臺灣人」、台湾中部の彰化で行われた「二次世界大戦終戦七〇周年紀念展」(彰化県政府主催)、桃園市の文化センターで行われた「戦争・血涙　台湾兵　終戦七〇周年紀念展」(桃園市政府文化局主催)、そして台北市中山堂で行われた「大時代的故事」(台北市文化局主催)の四つである。

四つの展示の内容を比較すると興味深い。彰化・桃園の展示は「終戦」という言葉を使う。台南での展示は「終戦」という言葉こそ使わないが、内容ほぼ台湾人を主体とする展示であり、空襲、台湾籍日本兵などが展示の中心であった。彰化での展示では、三部に分かれ、一部がアメリカ軍の航空写真を使った台湾各地の空襲の展示、第二部は、警報機、軍帽、水筒など台湾人の家庭に残っていた日本時代の文物の展示。第三部が、不発弾の展示となっていた。

桃園での展示は、かなり詳しく台湾籍日本兵と従軍看護婦などについて紹介した内容になっていた。台湾籍日本兵については、台湾人が日本兵として戦争に参加したことは日本でも知られているが、日本敗戦後は、中華民国国軍兵士として国共内戦に参加する。だが、台湾籍日本兵の場合、戦後国軍兵士として参戦した経験がある場合でも、それを正当に評価されないケースがある。この他には、台湾での空襲などについて触れられていた。

これに対して、台北で行われた展示では、台湾籍日本兵の問題や、近年台湾で注目されている「湾生(日本統治時代に台湾で生まれた内地人子弟)」といった問題も取り上げているのだが、中華民国史観の立場からの展示も多い。そのため「抗日」、「光復」という言葉が登場する。そして「慰安婦」の展示が加わる。特にこの点は他の三か所とは大きく異なる特徴である。このような事例を見ると、同じ台湾国内の、台湾人を対象とした展示であっても、そこから読み取れる歴史観の相違は大きい。

ただし、「抗日」という言葉が出ないからといって、台北以外の展示がかつて日本の台湾支配を肯定しているわけではない。桃園での展示では、従軍看護婦であった廖淑霞のエピソードを紹介していた。廖は、戦後未支払いの給与一五六六円をめぐって日本政府と交渉する。一五六六円という額は当時の台北で家が買える額であったとされる。しかし、返還されたのは貨幣価値の変動を理由に、アメリカドルで一七六〇ドルほど、台湾ドルに換算して約六万元の金額であったとする。廖はこの金額で高級便座を二つ買った、と展示では紹介されている。台湾籍日本兵の補償の問題や、戦時中の積み立て貯金の返還問題などは、九〇年代から二〇〇〇年あたりまでは社会的にも大きな運動であったが、高齢化の進行とともに下火になり、現在の台日間では問題の存在すら忘れられつつある。この展示は、台湾人を読み手と想定しているが、こういった事実は我々日本人も無視できない問題である。

日本の支配を象徴する物や、台湾籍日本兵のように戦後の中華民国史観と正面から対立する問題となると、「本土化」、「多元化」といった枠組みをもってしても、認識の溝を埋めることは、容易なことではない。

六　共存にむけて

「本土化」、「多元化」という枠の下での文化財保存の現状を見てきた。二つの概念に基づいて、「台湾の歴史や文化」に対する発掘が進み、文化財の再生利用が進んでいる現状をみてきた。その一方で、神社の鳥居のように日本の支配を象徴するような文化財については、大きな溝があることも事実だ。さらに両岸関係に関わる問題もその溝は大きい。しかし、小さいながらも様々な努力が積み重ねられていることも事実だ。その例を紹介して結びとしよう。

先ほど「眷村」の事例を見たが今度も「眷村」にまつわる事例である。先ほどの例は雲林の事例だが、次は高雄の事例である。二〇一六年六月二五日、「歴史場域X拘禁空間—従黄埔新村到鳳山招持所」という活動が行われた。指導単位は「国家人権博物館」、主たる主催単位は高雄歴史博物館である。この活動は、二〇一六年の人権系列活動の一つである。まずタイトルにある「鳳山招持所」の説明から入ろう。日露戦争後、各国の海軍は無線技術の開発競争に突入した。日本軍も無線開発を進め、千葉の船橋が無線電信所の所在地に選ばれる。台湾は、日本の南方進出の拠点であるため、台湾にも無線電信所の建設が進められる。一九一六（大正六）年に鳳山無線電信所の工事がはじまった。工事は、一九一九（大正八）年に完成した。鳳山への無線電信所の設置にともない、周辺に軍関係者が居住する宿舎が作られていく。特に、一九四〇年代、日本が南進政策を進めていくと、その重要性が増していくことになる。

写真４　鳳山招待所

戦後、日本軍がいなくなった後に、この無線電信所は、中華民国海軍の無線所として利用されていく。さらに、周辺には大陸から来たいわゆる外省人が居住し、「眷村」として発展することになる。その一つが、黄埔新村である。黄埔新村の黄埔の名前は、中華民国陸軍軍官学校の創設地である広州の黄埔からとったものである。

さて、戦後の台湾では「白色テロ」の時代が訪れる。「白色テロ」の被害者はもともと台湾に居住していた本省人のみならず、外省人の中にも無実の罪でその対象となった人々がいた。その「白色テロ」の時代に、容疑者を収監していた場所が、鳳山無線電信所の中に作られた「鳳

写真５　黄埔新村

山招持所」である。つまり、この企画にある「従黄埔新村到鳳山招持所」という言葉は、日本の台湾支配、戦後の国民党による「白色テロ」、戦後台湾に移り住んだ外省人の生活、という歴史をすべて体験するという活動であった。この活動は、基本的に自由参加で、参加者は約二〇名、五〇歳以上と思われる年配の参加者は二人ほどで、後は三〇代から四〇代と比較的年齢層が低いのが印象的であった。

当日の活動は、黄埔新村の見学から始まった。黄埔新村では、二軒の建物を見学した。見学したのは「以住代護人才基地」と呼ばれる活動に参加し、「眷村」にある日本式宿舎を改修して居住している人々の家である。「以住代護人才基地」とは、高雄市文化局が進めているプロジェクトの一つである。「以住代護人才基地」のホームページにある黄埔新村の歴史によれば、黄埔新村は初期の眷村の一つとされている。しかし、現在では大部分の元住民は近くのマンションに移り住んでおり、眷村は無住となり、荒れるだけの状態となっている。そこで、高雄市文化局が、眷村に居住し、一定の補助の下、日本式住宅を改装して居住する人を募集し、黄埔新村に残る日本式宿舎群を再生・保存すると同時に、眷村に新たな価値を付与しようとするものである。この日見学した二軒のうち、一件は台湾北部で生活していたがこの計画を知り高雄に戻って来た家族、もう一軒は若いカップルである。二軒の家を見学した後、鳳山無線電信所に移動し、そこで台東専科学校研究発展處主任顧超光氏の公演、その後に鳳山無線電信所にある旧日本軍時代の施設および招待所を見学した。

さて、現在の台湾で日本統治時代の日本式住宅などが修復・再利用されるケースが多いが、日本に紹介されているケースは、やはり観光地化されているケースが多く、ここ黄埔新村のような取組はなかなか知られる機会がない。さらに注意しておきたい点は、黄埔新村が「眷村」という点である。戦後、日本人が去ったあと、日本式建築には大陸から来た外省人が居住するケースが多い。実は、日本式建築と「眷村」、外省人との間には歴史的に密接な関係がある。しかし、日本では紹介されるケースは少ないのではないだろうか。筆者自身、台湾に長らく居住しているが、初めて眷村に行った時は非常に緊張した経験がある。台湾には数か所眷村博物館があるが、訪れる機会はやはり少ない。どうしても、日本人から見ると、日本人にまつわる歴史だけを、ピンセットでつまみ出して眺めるがごとき行動をとってしまうのである。

本論で、「本土化」、「多元化」という概念を紹介した。一般的に、「多元化」という概念の登場により、初めて「外省人」、「外省人文化」というものが、族群の一つとして定義されることになったとされる。現在、台湾ではこの眷村をめぐる活動が盛んにおこなわれている。先に紹介した雲林県虎尾では、今年の夏に「眷土重来」と題する眷村文化を知る活動が行われた。桃園でも、一〇月には眷村文化節と呼ばれる活動が行われた。

高雄での活動では、黄埔新村、鳳山無線電信所、鳳山招持所という三つの異なる歴史的背景を持つ場所を回った。黄埔新村は外省人の歴史を、鳳山無線電信所は日本の台湾支配の歴史を、鳳山招持所は戦後の台湾人が経験した苦難の歴史を。このような場所は何もしなければ、本来ばらばらの歴史的な空間となったはずである。それを一つに束ねることができたのは、この活動が人権系列活動の一貫として行われたように、「人権」という普遍的な価値により包接されていたからであろう。「人権」を考えるという目的があってこそ、歴史的な背景の異なる場所を結びつけることができたのである。「本土化」、「多元化」という概念が一定の定着を見たあと、さらなる普遍的な概念や価値を社会的に作り出す必要がせまられているのではないだろうか。

さて、ここまで台湾で現在進行している状況を事例にして、分析を行ってきた。最後に一つ見解を述べる必要がある。台湾研究者である松永正義は「戦後台湾における『日本』は、日本時代からの残存のみでなく、戦後の日台関係の中で普段に補充、更新されていったのではないか」と述べている。松永の指摘に従えば、我々も様々な国際交流を通じて台湾における文化財や史跡の保存や歴史的評価に間接的に影響を与えている、ということになる。筆者は、台湾の大学の授業で、旧嘉義神社に残る社務所を訪れ日本式建築などの日本文化の授業をしたことがある。その際に参考としたのが、植民地建築研究者西澤泰彦の次の言葉である。

植民地建築と向かい合うことは、日本人にとって日本の支配と向かい合うことである。台北、ソウル、大連を訪れて、残存する植民地建築を見ることで実感する事実があり、植民地建築は日本の支配を改めて考え直す機会を与えてくれる。植民地建築を使い続けることは、支配を受けた人々にとって、支配を受けたという事実を後世に伝えながら、その歴史を乗り越える糧である。植民地建築の過去と現在を歴史教育の題材として使うことができるなら、歴史認識をめぐる東アジア諸国の軋轢は解消されるであろう。そこに植民地建築の新たな存在意義が生まれ、未来が開けるはずである。（西澤泰彦『植民地建築紀行　満洲・朝鮮・台湾を行く』二六九―二七〇頁）

授業を行った際には、自分なりには日本の台湾支配の問題にも触れたつもりでいる。ただ、今になってふりかえると、自分の授業が果たしてどこまで有効であったのかと疑問に思うこともある。もはや、われわれ日本人は台湾の「多元化」の外に居る。しかし、台湾に残る文化財や史跡の保存という問題を通じて見れば、いまだに少なくない影響を与えているのである。そう考えると、けっして我々は、台湾に残る日本時代の建築物を「消費する」だけではすまないのではないだろうか。我々が、台湾に残る日本統治時代の文化財や史跡にどう向き合うのかということも、台湾における文化財や史跡の保存、そしてそれにまつわる人々の「共存」に影響を与えるのではないだろうか。

参考文献

片倉佳史『観光コースでない台湾―歩いて見る歴史と風土―』高文研、二〇〇五年
數位典蔵與數位學習國家型科技計劃編『Creative Comic Collection』第二集「日本時代的那些事」、蓋亞文化有限公司、二〇〇九年
數位典蔵與數位學習國家型科技計劃編『Creative Comic Collection』第四集「異人的足跡」、蓋亞文化有限公司、初版二〇一一年筆者は第二版（二〇一二年）を参照
數位典蔵與數位學習國家型科技計劃編『Creative Comic Collection』第七集「七月半聴故事」、蓋亞文化有限公司、二〇一一年
菅野敦志『台湾の国家と文化―「脱日本化」・「中国化」・「本土化」―』勁草書房、二〇一一年
西澤泰彦『植民地建築紀行―満洲・朝鮮・台湾を歩く―』吉川弘文館歴史文化ライブラリー、二〇一一年
松永正義「戦後台湾における日本語と日本のイメージ」所澤潤・林初梅編『台湾の中の日本記録―戦後の「再会」による新たなイメージの構築―』三元社、二〇一六年
林初梅『「郷土」としての台湾―郷土教育の展開にみるアイデンティティの変容―』東信堂、二〇〇九年
林崇熙「文化資産詮釋的政治性格與公共論壇化」『文化資産一号』、二〇〇七年
『總爺芸文中心　園区導覧』台南市總爺芸文中心、刊行年未記載
『台湾観光月刊』中華民国交通部観光局、日本語版　五七九号、二〇一六年
『桃園郷土資料　耆老口述歴史叢書　一三』台湾省文献委員会採取組編校、一九九六年
『東京人』三四二号、都市出版株式会社、二〇一四年
『二〇一六年人権系列活動　Civil Rights 指引自由城市的光　歴史場域X拘禁空間―従黃埔新村到鳳山招持所　活動手冊』高雄市歴史博物館、二〇一六年
『龍潭郷志（増補版）』桃園県龍潭公所、二〇一四年
『Pen ＋』「台湾カルチャークルーズ」株式会社ＣＣＤメディアハウス、二〇一五年

参考ウエブサイト

「以住代護人才基地」ホームページ http://khvillages.khcc.gov.tw/home02.aspx?ID=$4002&IDK=2&EXEC=L（二〇一六年一〇月二三日閲覧）

MSN Japan「日本統治時代の〝発掘〟がブーム　若年層に親日　台湾」（二〇一三年九月八日ネットからは、すでに削除）

自由時報二〇一五年四月一九日「重建台中公園内日神社鳥居 洪秀柱：文化認同錯亂」http://news.ltn.com.tw/news/politics/breakingnews/1291930（二〇一六年一〇月二二日閲覧）

中央社フォーカス台湾　二〇一六年一月九日「神風特攻隊の宿舎残る「眷村」、進む保存活動 政府も支援／台湾」http://japan.cna.com.tw/news/asoc/201601090003.aspx（二〇一六年一〇月二〇日閲覧）

聯合新聞網　二〇一六年一〇月二三日「鳥居重建?:台中市府：還在調査階段」http://udn.com/news/story/7325/2042098#comments_body（二〇一六年一〇月二三日閲覧）

中国ナシ族の過去と現在
――急速な観光地化にゆれる生き様と「共存」――

黒澤直道

中国西南部、雲南省の高原に住むナシ族は、周囲の様々な民族の影響を受けながらも、独自の言語と文化を保って生きてきた。現在、ナシ族の住む土地は急激な観光地化のただ中にあり、彼らの生活には大きな変化が起こっている。筆者は、一九九〇年代の後半、ナシ族の居住地域に三年間滞在し、その後も折に触れて現地を訪れてきた。ここでは、過去から現在に至るナシ族の生き様と、最近二〇年間に現地に起こった大きな変化について述べてみたい。

一　ナシ族の概要

ナシ族（漢字では「納西族」と表記する）は、中国雲南省を中心に居住する少数民族である。二〇一〇年時点での人口はおよそ三二万人である。中国の少数民族は、人口最大のチワン族が一七〇〇万人に迫る一方、最も少ないタタール族は三〇〇〇人ほどしかいない。これらの中では、ナシ族はおよそ中規模の集団であると言えよう。

彼らは雲南省の西北部、海抜二四〇〇メートル前後の高原に位置する麗江市を中心に分布し、一部はその北の迪慶チベット族自治州や四川省に住み、また、これらの地域に接するチベット自治区にも住んでいる（図1）。ただし、個別に移住した例を除き、国境を越えて隣接する他国に居住しているナシ族はいないとされている。

人口三二万人のナシ族は必ずしも均質的な集団ではなく、その中はいくつかの集団に分けられる。最も簡略化

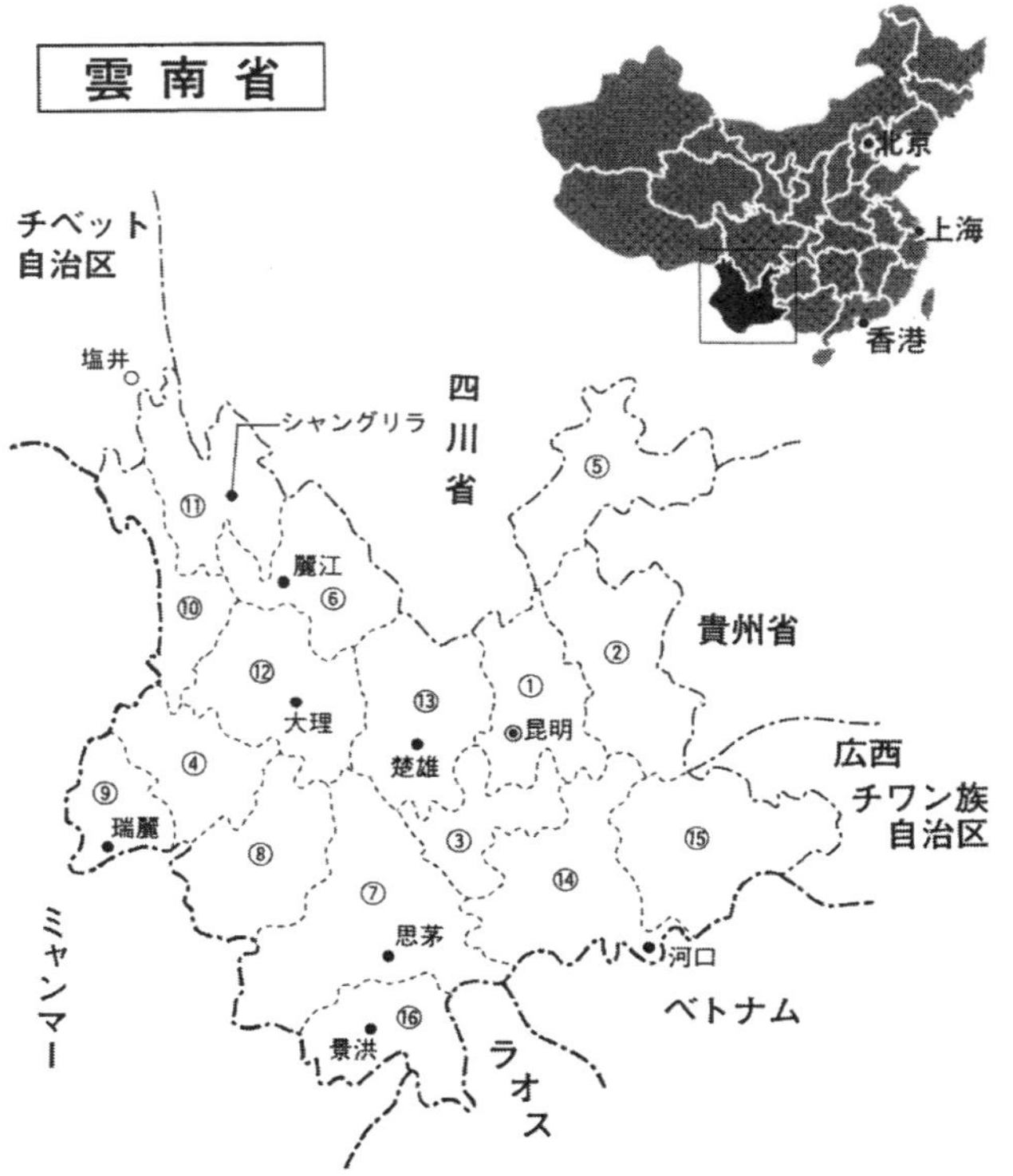

①昆明市　②曲靖市　③玉渓市　④保山市　⑤昭通市　⑥麗江市　⑦普洱市　⑧臨滄市　⑨徳宏タイ族ジンポー族自治州　⑩怒江リス族自治州　⑪迪慶チベット族自治州　⑫大理ペー族自治州　⑬楚雄イ族自治州　⑭紅河ハニ族イ族自治州　⑮文山チワン族ミャオ族自治州　⑯西双版納タイ族自治州

図1　雲南省の位置と行政区

して見ても、麗江市古城区および玉龍ナシ族自治県に分布する人口の大多数を占める集団（自称は「ナシ」）と、麗江市寧蒗イ族自治県永寧郷を中心に分布する集団（自称は「ナ」だが、しばしば「モソ」とも称される）とでは、その言語もかなり異なり、文化的には大きな差異が存在する。特に後者は、その一部に母系社会や男性が夜だけ女性の家を訪れる訪妻婚の習俗があるとして、しばしば注目されてきた。また、これら以外にも、現在「ナシ族」と分類されている人々の中には、さらに小さないくつかの集団が存在する。このうち、本稿で主に論述の対象とするのは、麗江市古城区および玉龍ナシ族自治県に分布し、人口の大部分を占める「ナシ」と呼ばれる人々である（行政区名については図2を参照）。

ナシ族の話す言語はナシ語である。ナシ語は、言語系統上、漢・チベット語族チベット・ビルマ語群に分類され、その中のイ語支と呼ばれるグループに含まれる。これからも分かるように、ナシ語は漢語（中国最大の民族集団である漢族の話す言語）とは全く異なる言語だが、現在ではその影響を大きく受けている。現時点においては、ほとんどのナシ族は、漢語とナシ語のバイリンガルであると言ってよい。漢族の影響は、言語だけでなく、彼らの住居や食文化、さらに年中行事をはじめとする風俗習慣など、文化の各面に深く浸透している。麗江の中心部にある旧市街の瓦屋根の続く風景は、漢族地域の典型的な古い街並みそのものでもある（写真1）。

一方、ナシ族の文化には、チベット文化の影響も多く見られる。多くの家庭では、朝食にしばしばバター茶を飲む。また、麗江にはチベット仏教の寺院がいくつかあり、ナシ族も参拝することがある。さらに、ナシ族独特の文化とされる「トンバ教（東巴教）」も、その経典や道具など随所にチベット文化の影響が見られる。

麗江市古城区の名称の由来ともなっている「麗江旧市街」（漢語で「麗江古城」という）は、ユネスコの世界文化遺産に指定されている。また、トンバ教の儀礼で用いられる「ナシ族文字文献」は、同じくユネスコの世界記録遺産（世界の記憶）に登録されている。さらに、麗江市が隣接する「三江併流」地区は世界自然遺産である。「三江」とは、金沙江（長江上流部）、瀾滄江（メコン川上流部）、怒江（サルウィン川上流部）を指し、これらが南北に並行して流れるこの地域には、独特の自然環境が残されているとされる。

ナシ族には知識人が多く、その人口規模から考えれば、中国の少数民族の中ではかなり多い方であると言えるだろう。六歳以上の人口に占める大学等高等教育機関の在籍者数を見ると、大学専科（二～三年、日本の短期大学相当）では六・八一％で、五五の少数民族の中で一三位、大学本科（四～五年、日本の学部相当）では四・六五％で一五位、大学院では〇・二六％で一五位である（『中国二〇一〇年人口普査資料〔上冊〕』のデータより計算）。上

図2　麗江市を中心とする地図

写真1　瓦屋根の続く麗江旧市街

位を占める集団のほとんどは中国北部に居住する民族であり、雲南省に居住する二五の少数民族の中で見ると、ナシ族の順位はそれぞれ一位、二位、三位となる。このうち、ナシ族と順位を争う満州族と回族も、雲南だけでなく全国的に分布し、漢民族化が進んでいることを考えると、雲南省におけるナシ族の順位は突出していると言えるだろう。『納西族人物簡志』という本には、中華民国期以降だけで二一六人が名を連ね、その活躍する分野は理系から文系まで多岐にわたる。政治の世界では雲南省の省長を務めた人物もいる。先に挙げたトンバ教の経典がナシ族の「百科全書」であるとしばしば言われることとも重なって、雲南省の少数民族の中では、ナシ族は「知恵の民族」のイメージで語られることが多い。

ナシ族に知識人が多いことは、ナシ族に関する研究の隆盛にもつながっている。ナシ族を対象とする研究は「ナシ学」と呼ばれ、麗江市のほか、雲南省昆明市、北京市、四川省成都市など中国各地に在住のナシ族を中心として立ち上げられた「ナシ学会」が存在する。また、北京には「国際ナシ学会」という組織もある。二〇〇九年、雲南省昆明市で開かれた国際人類学・民族学連合（IUAES）第一六回昆明大会では、「ナシ学研究の新たな視野」という分科会が開かれ、世界十数か国から百名以上のナシ族研究者が集まった。これらナシ学会の研究テーマは、言語・文字、歴史、民族、宗教、社会、生態環境、文化遺産保護、観光開発問題など、極めて多岐に亘っている（写真2）。

写真2 「ナシ学研究の新たな視野」開会式典

二　ナシ族の歴史

ナシ族のルーツは、古代の中国西北部で遊牧生活を営んでいた羌《きょう》人に遡るとされている。紀元前四世紀頃、当時強大になりつつあった秦の圧迫から逃れて南下した羌人は、その移動の過程で一部がそれぞれの土地で定着し、現在のチャン族（羌族）、イ族（彝族）、リス族（傈僳族）、ペー族（白族）、ハニ族（哈尼族）など、チベット・ビルマ系諸民族の祖先となったという。これらの人々には、言語の近親性や父の名前の最後を子の名前の始めに受け継ぐ「父子連名制」など、共通の文化的特徴が見られるとされる。ただし近年では、現在のナシ族に見られる農耕民的な特徴などから、南下した羌系の牧畜民と土着の農耕民との融合によってナシ族が形成されたという見方も示されるようになった。

中国の古典籍では、四世紀半ばに成立したとされる『華陽国志』に、「摩沙夷《モーシャー》」という人々についての記述がある。「摩沙」は「モソ」とも音が近く、「モソ」はかつてナシ族全般を指す呼称であった。その後、唐代の九世紀に記された『蛮書』には、「磨些《モソ》蛮」の名が見える。唐代の初め、ナシ族の地域は唐の影響下にあったが、その後、東と南に拡大してきた吐蕃（すなわちチベット）に支配されるようになる。また、この時期、雲南北部にはチベット・ビルマ系の「六詔《りくしょう》」と呼ばれる六つの国があり、その一つ、「越析詔《えつせき》」は磨些の王によるものであったという。六詔のうち最も南に位置した「蒙舎詔」は、越析詔などを吸収しながら六詔を統一し、「南詔」という強大な国になってゆく。この南詔の主体となっていたのは、現在のペー族やイ族の先民であったと言われている。このように、この時期、ナシ族の祖先と考えられる人々は、唐、吐蕃、南詔という強大な勢力の狭間で生きていたのである。

一〇世紀、雲南では南詔が滅び、そのしばらく後に大理国が成立する。大理国は、現在のペー族の先民が中心となっていた国である。この時期、ナシ族の住む地域は大理国の勢力下にあったものの、そこには複数の「摩沙」の酋長が一定の力を保っており、大理国も彼らを完全には支配できなかったという。

一三世紀、宋末の時代、モンゴルのフビライは軍を派遣して大理国を征服する。この時、ナシ族の首領、麦《マイ》良《リャン》（阿琮《アツォン》阿良《アリャン》）は蒙古軍に投降し、その功績を認められて「土司」に任命された。土司制度は、モンゴル時代以降、中央王朝が異民族地区のリーダーを役人に任命し、現地を統治させた間接支配の一形態である。これにより、ナシ族の先民は、中央王朝の支配下に入ることになった。そして一四世紀、時代は元から明に変わる。洪武一五年（一三八二年）、麦良の子孫、阿甲阿得《アジャアテー》は明軍に帰順し、やはり土司の官職を与えられる（写真３）。さらに彼は漢族風の「木」という姓を下賜され、「木得」となる。阿甲阿得という名は父子連名制によるものであり、「阿甲」は父の名前、「阿得」が本人の名前である。さらに「阿」は名前などにつく接頭辞であるため、本来の名前は「得」のみである。以降、この家系は「木氏」と称され、麗江の支配者として権力を振るう。

写真３　阿甲阿得。『木氏宦譜　影印本』（雲南美術出版社、2001 年、110 頁）

漢族風の姓を下賜されたことにも見えるように、明代のナシ族の土司は漢族の文化を積極的に受容していった。歴代の土司は漢詩や漢文を倣い、多くの作品を残しており、これらを指して「土司文学」と言うこともある。一方、近年の山田勅之氏による研究では、明代のナシ族の土司は、チベット人の居住地域にも軍事的な勢力を延ばし、また、チベット仏教の転生ラマと積極的に交流していたことも分かってきた。過去に見られた強大な勢力との巧みな距離の取り方は、この時代のナシ族の行動にも垣間見える。

一七世紀半ば、中国各地に起こった暴動によって明朝が滅ぶと、満州族の清朝の軍が北京に入り、中国全土への支配を進めてゆく。一六五九年、清軍が雲南に入ると、ナシ族の土司、木懿《ムーイー》は清軍に帰順し、やはり土司の官職を与えられる。しかしその後、清朝は南方の少数民族地域に対し中央政府による直接統治を目指すようになり、ナシ族の地域では雍正元年（一七二三年）に「改土帰流」が行われる。これは土司を廃し（改土）、その統治を流官と呼ばれる中央から派遣した役人に帰する（帰流）もので、以後、木氏は「土通判」と呼ばれる役職に格下げされた。

改土帰流の後、中央から派遣された官僚は様々な施策を行い、明代のような統治階級だけでなく、一般民衆をも含めたナシ族の漢民族化を進めてゆく。木氏の荘園は廃止され、治水事業が行われ、農業生産力の向上が図られた。服装、結婚、葬礼など、当時のナシ族が持っていた風俗習慣も、漢族式のものに改められていった。また、中国の中心部と同様の教育の普及も進められ、科挙の合格を目指す学生に対しては「麗江府学」が設けられ、また、一般民衆に対しては「義学」と呼ばれる学校が設けられた。これ以降は、子供を学ばせない親を罰するなど、強く勉学が奨励された。これにより麗江には勉学を尊ぶ気風が生まれたという。先にも述べたナシ族の知識人の多さや、勉学を重んじる雰囲気はこの時からのものと言われている。

三　ナシ族の言語と信仰

ナシ語はチベット・ビルマ系の言語であり、漢民族の話す漢語（すなわち漢語の標準語とされる「普通話《プートンホァ》」や、雲南省各地の漢語方言）とは、基本的な語順が異なるなど差異が大きい。ナシ語の音節は、基本的には子音と母音で構成され、声調もある。ただし、漢語に見られるような音節末の子音はなく、ほとんどの声調は平板な調子で、漢語に比べると音調の起伏が少ない。また、文法上は最も基本的な語順がＳＯＶであり、動詞が目的語の後に置かれることや、名詞を修飾する形容詞が名詞の後に置かれるといった特徴が、漢語と大きく異なっている。以上の発音と文法上の特徴は、ナシ族の人々が話す漢語にもその影響として表れることがあり、しばしば現地では「ナシ族なまりの漢語」として話題になることがある。

現在、ナシ族のほとんどは漢語とナシ語のバイリンガルとなっており、ナシ語しか話すことのできないナシ族は、かなり交通の不便な農村部に住んでいる高齢者（主に女性）に限られ、しかもその数は次第に減ってきている。また一方では、都市部においてはナシ語を話せない子供たちが増えてきており、近年では、遠くない将来にナシ語が消失するのではないかと危惧されている。

漢語も日常的に使用される言語環境の中で、ナシ語はナシ族の家族内での会話や、家庭外のナシ族とのコミュニケーションにおいて用いられている。家族の中にナシ族以外の成員（漢族、ペー族、チベット族など）がいる場合は、状況に応じて使用する言語が選択されるが、全員が理解できる言語は漢語であるため、ナシ語の使用頻度は低くなる。また、文章を記すには漢語が用いられ、一般のナシ族がナシ語の文字を読み書きすることはほとんどない。後述するように、ナシ語には文字がないわけでないが、現状ではナシ語は事実上「無文字言語」に近い状況にあると言える。

ナシ語を記す文字としては、過去に複数の案が作られているが、その中で最も有力なものに「ナシ族文字規則」による現代ローマ字がある。これは、一九五七年に草案が作成され、一九八一年に雲南省民族事務委員会で批准されたものである。この方式を用いて、一九八〇年代以降、ナシ語による新聞や各種の出版物が作成された。ナシ語による新聞は LILJIA NAQXI WEIQBAL（麗江ナシ文報）と題され、一九八二年に試験的に発行され、その後一九八五年に正式に創刊されたが、新聞と言っても発行は年に一、二号を数えるだけで、一号のページ数も四頁と短いものである。二〇〇三年には事実上の廃刊となり、正式発刊から廃刊まで、合計八二号が発行されたのみである。

写真4　ナシ語による教科書、『語文 補助読本』

また、一九八〇年代以降に、ナシ語のローマ字を用いて出版された刊行物はおよそ五〇数種類あるが、それぞれの発行部数はやはりごく少量である。それらは小学校用の教科書（科目はナシ語と算数のみ）、ナシ語で歌われる民謡、トンバ経典の言語をローマ字で記したもの、農業技術・科学知識に関する書籍、憲法や条例、共産党指導部の文書などである。これらの書籍は発行部数が少ないため、現地の書店で売られることはなく、ほとんど流通していない。そのため、一般のナシ族には、その存在自体があまり知られていない（写真4）。

一九八四年から九〇年代の初めにかけて、一部の農村ではナシ語による教育が試みられた。それ以前には、教育現場での教授言語は基本的に漢語であり、ナシ語は正式には用いられていなかった。この時期に農村部で行われたナシ語の教育は、小学校低学年を対象としたものと、成人を対象としたものがあり、ナシ語の現代ローマ字の使い方を教えるものであった。ただし、これはナシ族の母語としてのナシ語に価値を見出すというよりは、農民を対象とした識字運動として行われたもので、その実施地域は麗江の中心部から離れたごく一部の地域に限られていた。このような運動の性格から、当時漢語が比較的普及していた多くの地域では、そもそもこれを実施する必要はないと判断された。また、実施された農村部でも、その後、漢語が普及するに従ってその必要性は失われ、次第に廃れていった。

ナシ語による放送は、一九九〇年代の不定期のラジオ放送に始まり、二〇〇三年からはテレビでの放送が行われている。しかし、その放送時間は一週間のニュースのまとめ（土曜日に放送され、時間は約十分）など、ごく短いものである。また、アナウンサーは中心地から離れた農村の出身であり、ニュースの中で使われるナシ語には、やや古めかしい凝った言い回しが多用され、現在の都市部のナシ族の若者には、その全てを理解することができないという。これは、そのような辺鄙な農村にこそ、漢語の影響の少ない「正統的な」ナシ語が残っているという彼らの意識の反映でもある。以上、文字、出版物、放送などの状況から窺えるように、ごく最近まで、ナシ族の自民族の言語に対する意識は希薄であったと言えよう。

ナシ族には、「トンバ教」と呼ばれる独特の信仰があるとされている。トンバ教には、天の神を祭る儀礼や、「ス」（漢字では、「術」や「署」などと表記する）と呼ばれる自然神を祭る儀礼、祖先を祭る儀礼、各種の葬送儀礼など様々な儀礼があり、それらは「トンバ」（漢字では「東巴」と表記する）と呼ばれる祭司によって執り行われる。トンバはこれら各種の儀礼において独特の文字で書かれた経典を朗誦する。その経典が「トンバ経典」や「ゴバ経典」である。特に、一見して目を引く象形文字で書かれたトンバ経典は、一九世紀後半から西洋の学者に着目され、その後も広く関心を集めてきた。トンバ経典に書かれる文字は「トンバ文字」と呼ばれ、その特徴的な形状だけでなく、文字と言語の要素との非対応性もその際立った特徴である。すなわち、トンバ文字の一つの文字は、一つの音節を表す場合もあれば、一語や一句、あるいは一文、さらには一段落を表す場合もあり、また、同じ言語の要素が書かれる場合もあれば、書かれない場合もある。このような性質から、書かれている内容をある程度暗唱していないと、トンバ文字は正確には読めない。おそらくこの文字は、儀礼に用いる経典としてトンバが書き、それを儀礼の中でトンバが「読む」という行為自体に意味があるのであろう（写真5）。

現在では、四川省の一部の地域を除き、本来の形のトンバ教の儀礼が、ナシ族の生活の中で活きた形で行われ

写真５　独特の文字で書かれたトンバ経典の一部分

ることはほとんどない。二〇〇〇年代に入ると、麗江では多くの経典を読み書きしたり、多くの儀礼を執り行うことができる有名なトンバ（このようなトンバを「大トンバ」と呼ぶ）が高齢化し、次々と世を去っていった。信仰は薄れゆき、人々の目を引く象形文字は、今では観光物産にデザインとして使われるといった形でしか活きていないのである。

現在では大トンバがほとんどいなくなり、農村部においてどれほどのトンバが存在するのかも非常に見えにくい状態にある。そこで現地では、二〇一二年四月から、主に若い世代のトンバの能力を評定するために、「トンバ学位資格試験」が開始された。この試験は、麗江市のナシ・トンバ文化伝承協会が行うもので、初回は四〇数人が受験し、一定の能力を持つと認められたトンバに、「トンバ大法師」や「トンバ法師」といった学位が与えられた。

四　麗江市とナシ族の現在

１　急激な麗江の観光地化

多様な自然を擁し、二五の少数民族が暮らす雲南省では、一九八〇年代末には、その自然や民族文化を生かした「観光大省」を目指して、観光開発を大々的に進めてゆく方針が決められていた。一九九〇年代の前半までには、南部のタイ族（傣族）などの暮らすシーサンパンナ傣族自治州や、北部のペー族の多く暮らす大理市などが、すでに観光地として大きな変貌を遂げていた。そして、一九九〇年代後半になると、麗江の観光開発が急速に進んでいく。

一九九五年、麗江旧市街から南に約二〇数キロ離れた地点に、麗江空港が開港する。これによって、それまでバスで十数時間を要していた昆明から麗江へのアクセスは、一気に約四五分のフライトに短縮され、観光客数は大幅に増加した。一九九六年二月、当地ではマグニチュード七・〇の地震が発生し大きな被害が発生したが、これに対する援助や関心も背景となり、一九九七年一二月、ユネスコ世界遺産委員会は麗江旧市街と隣接する白沙村および束河村の旧市街を世界文化遺産リストに登録した。

これらの動きは、それ以前から始まっていた現地の観光開発に拍車をかけ、観光客数と観光収入の総額は驚異的な伸びを見せてゆく。一九九六年に一〇六・三万人（二・九億元）であった数字は、二〇〇〇年に二五八万人（一三・四億元）、二〇〇七年には四二三・六万人（四八・六億元）と伸びてゆき、二〇一五年には、三〇五三万人（四四三・二億元）に達しているという（二〇〇七年までの数字は、山村高淑「世界遺産と観光をめぐる近年の諸問題」より。二〇一五年の数字は、新華網雲南版二〇一六年一月七日より。ただし、後者の数字には二〇〇七年に開業した麗江近郊の巨大な観光施設「麗江宋城旅游区」などの入場者なども含まれていると思われる。ここにはいくつかのテーマパークと「麗江千古情」という巨大な舞台があり、二〇一六年には一日平均数万人の来場者があったという）。二〇〇〇年時点での麗江旧市街の人口が、たった一万四四七七人（山村高淑・張天新「文化的景観と場所論」）であることを考えれば、現地でいかに急激な観光開発が行われているのかが容易に推察されよう。

筆者が麗江の旧市街に住んでいたのは、一九九六年八月から二〇〇〇年一一月にかけてであり、これはまさに現地の観光地化が大々的に進行していた時期である。新市街も含め、毎週、いや毎日のようにその街並みは姿を変えていった。特に毎年五月と一〇月の大型連休の時期には、すでに多くのホテルや民家を改造した宿屋が作

写真６　地元民の生活が息づいていた路上の市場（1996年9月）

られていたにも関わらず、宿泊施設が観光客で満杯になる事態が起こるようになった。しかし、麗江がさらに大きくその姿を変貌させたのは、二〇〇〇年代に入ってからである。麗江を離れる時まで、その後の変化がそれほど大きなものになろうとは、筆者には全く想像できなかった。おそらく多くのナシ族の住民も想像はしていなかったと思われる（写真６）。

２　旧市街を離れたナシ族

麗江の急激な観光開発の中核をなしたのは、外からやって来た商才溢れる人々であった。主に福建省などから来た外来商人は、旧市街の伝統的な住居を借り、土産物を売る店舗や喫茶店、酒場などに改造し、観光客目当ての商売を始めた。一方、旧市街にもともと住んでいたナシ族の住民は、住居を貸すことで家賃収入を得、新市街に建てられたアパートやマンションに続々と移住していった。こうして旧市街は、日々観光客で溢れるようになった（写真7）。

旧市街の中心の広場、四方街に接する新華街は、元々飲食店の多かった通りであるが、一九九〇年代後半にはバーやカフェが立ち並ぶ「洋人街」と呼ばれるようになり、旧市街の中心的な盛り場となっていった。「洋人街」の名前の由来は、外国人旅行者向けの店が多かったことによる。しかしながら、一九九〇年代まではよく見られた外国人バックパッカーも、二〇〇〇年代に入ると次第に減少していったようである。ここ数年は、こうした盛り場に集まるのはむしろ国内旅行者がほとんどであり、風紀の乱れも問題となっていった。こうした状況から、子供の教育面での悪影響を心配をするナシ族の住民も増えてゆき、それも旧市街から新市街への移住の大きな動機となっている。実際、現在の新華街や四方街の酒場では、スピーカーを外に向けて大音響の音楽を流したり、ミラーボールが輝く薄暗い店内で露出の激しい服を着た女性が怪しげな踊りを見せたりしており、小さな子供のいる家庭が落ち着いて生活できるような環境とは到底言えない。

二〇一四年夏、筆者の友人が勤務する旧市街の小学校では、一クラス五〇人の子供の中で、ナシ族の子供はわずかに三、四人のみであるという。この時点で、旧市街では従来のナシ族住民はほぼいなくなったと言えるであろう。外来の商人は出稼ぎ同然で自分の子供を連れて来ないことが多いため、旧市街では子供の人数自体が大幅に減ってきている。そのため、旧市街では小学校の合併や閉校が続いている。

写真７　観光客が溢れる旧市街（2016 年 8 月）

新市街に移り住んだナシ族は、大きな変容を受けながらも、細々とナシ族の習俗を維持している。筆者のよく知るナシ族の一家は、二〇〇五年にそれまで住んでいた旧市街から新市街へと移転した。新たに移り住んだ新市街の団地までは、旧市街から歩いておよそ四〇分である。老夫婦はすでに退職しており、長女夫婦は雲南省の省都、昆明に住み、次女夫婦は老夫婦のマンションからごく近くにある新築のマンションに住んでいる。次女は旧市街にある小学校の教員で、基本的に徒歩で通勤している。夫も新市街の勤務先に車や徒歩で通勤している。筆者が麗江を訪れる度に、次女は老夫婦の家に筆者を招き、皆で一緒に食事をするのがいつも習わしになっている。旧暦七月には、祖先の霊を招いて供養する中元の祭りがある。二〇一六年八月、筆者が老夫婦のマンションを訪れた日は、ちょうど先祖の霊をあの世へ送り返す日であり、居間の一角には位牌を置いた祭壇が設けられていた。夕食後、老夫婦は孫の手を引いて、紙で作られた位牌を川に流しに行

写真8、9　近所の水路で位牌を燃やす

く。旧市街に住んでいた時には、ごく近くに流れの速い澄んだ水路があり、燃やした位牌や紙銭と供物を川に流せば、すぐに目の前から姿を消した。現在は、新市街の道をやや歩き、その近くにあるほとんど流れのないドブ川のような水路の傍らでこれらを燃やし、線香に火を付けて置いてくる（写真8、写真9）。よく見ると近くには、同じように他の一家が燃やした位牌や紙銭の灰と、線香や供物が置かれていた。現在はこのようにきれいには流れないけれども、翌朝になれば清掃要員が片付けるからいいのだと言う。

ナシ族には、伝統的に「ホァツォ（hualcoq・化賧）」と呼ばれる相互扶助組織があった。「化賧」に参加する者は皆同等の物品を持ち寄り、経済的に困難な状況が発生した参加者を支援していた。現代に至ると、ホァツォは定期的に集まってトランプや麻雀をしたり、共通の趣味を楽しんだりする交流組織に変化した。住民のほとんどが旧市街から消え、それぞれ新市街のマンションやアパートに移り住んだ現在では、かつてと同様のホァツォは行えないが、それでも新市街では、老人を中心に新たな近隣住民の間でホァツォの活動が行われている例がある。最近では、時折、新市街の飲食店でこうした集まりが開かれているのを見ることがある。

また、かつて旧市街では、現地の人々の好みに合わせた料理を提供する小さな飲食店が数多く営業していた。

しかし、油と唐辛子を多用したこれらの料理は、多くの国内旅行者の好みには合わず、閉店したケースが多いようである。わずかに生き残ったいくつかの料理店も、旧市街の中では商売が成り立たず、ナシ族の後を追って新市街へと移転していった（写真10、写真11）。現在、旧市街の中にもナシ族風味をうたった料理店は多少存在するが、多くの場合、それらの料理にはあまり適切とは言えないアレンジが加えられている。例えば、魚を炙り焼いて「ナシ風焼き魚」として供する店があるが、本来、ナシ族は魚を煮て食べることがほとんどであり、炙り焼くのは、おそらくタイ族料理の調理法を持ち込んだものであろう。

かつて筆者が麗江に長期滞在していた時期には、旧市街の四方街では週末になるとナシ族の踊りが行われていた。夜になると広場の中心には篝火が焚かれ、ナシ族の民族衣装を着た中高年の女性が中心となり、輪になって

写真10、11　新市街に移転したナシ族風味の料理店とその料理（2016年8月）

写真12　新市街の広場で行われるナシ族の踊り（2016年8月）

ナシ族伝統の踊りを披露していた。二〇一一年、筆者が麗江を訪れた際、この四方街の踊りが行われなくなっていることに気づき、ナシ族の知人に尋ねたところ、「もうあの辺りにはナシ族は住んでいないのだから、踊りもできない」という答えが返ってきた。その後も夜の四方街は観光客が溢れるばかりであったため、もはやこうした踊りは廃れてしまったのだと思われた。最近、筆者がナシ族の踊りが行われているのを見つけたのは、新市街の公園や広場である。現在では、夕方から夜にかけて、民族衣装などは身に着けていない、言わば普段着のナシ舞踊の集まりを、新市街の広場で見ることができる。照明などは何もなく、薄暗い中でCDプレーヤーを持ち寄って音楽を流し、ナシ族の踊りが踊られている。かつて、四方街で見られた踊りの集まりより、中心となっている年齢層が若いようにも感じられる（写真12）。

3　自民族文化の再認識

ナシ族の人々が、自民族文化の価値を再認識するのは、一九九〇年代に観光地化が進んでからのことである。それはまず消滅に瀕したトンバに関わる文化への認識に始まり、そこからより一般的なナシ語や、ナシ族の日常的な生活文化への認識に及んでいった。

トンバに関わる文化をナシ族の若い世代に伝えることを目的とした、トンバ文化の伝承教育が開始されたのは、一九九〇年代の終盤である。一九九九年秋、麗江で最初の国際イベント、「中国麗江国際トンバ文化芸術祭」が開催されたことも、こうした機運を後押ししていた。この時期以降、麗江では「麗江トンバ文化学校」や「麗江ナシ文化伝習館」など複数の組織が成立し、その運営主体は地元政府や学校、博物館、個人研究者など様々であった。伝承を目指す内容は、トンバ文字やトンバ舞踊を中心とし、習熟した者に対しては、宗教儀礼を教える場合もあった。また、二〇〇三年以降には、このようなトンバの伝承に関する各種の教材も作られた。

以上の伝承教育は、トンバに関わる文化を次世代に伝えることが最大の目的であったが、トンバの文化の根底にあるナシ族の言語、すなわちナシ語にも次第に彼らの意識は到達するようになる。これはかつて一部の農村で行われた識字を目的としたナシ語教育とは性質の異なるものである。一九九〇年代末、試験的に二か所の小学校で導入された「母語課」の授業は、二〇〇一年には麗江市古城区の興仁小学校で正規カリキュラムに取り入れられた。そして二〇〇三年九月には、古城区の一三の小学校で「母語課」が開始された。しかし、その実際は週一、二コマの授業のみであり、クラスにはナシ語の分らない子供や他民族の子供もいるため、授業ではナシ語と漢語が併用されていた。また、前節にも述べたように、ごく近年では旧市街でのナシ族人口の減少が著しいため、せっかく「母語課」を実施しても、現実にはもうナシ族の児童があまりいないという矛盾にも直面している。

以上に述べたトンバに関わる文化やナシ語の教育は、ナシ族出身の学者を中心として、民族文化の継承に比較

写真13、14 肖煜光による『納西・浄地』（上)、革囊渡組合によるナシ語歌曲「二月八日」(下)

的意識の高い人々が取り組んできたものである。一方、二〇〇〇年代の中頃からは、一般の人々をも巻き込んだ動きが見られるようになる。中でも特筆すべきは、二〇〇五年頃から始まったナシ語のポップミュージックである。それまではナシ語の歌謡と言えば伝統的な民謡であり、売られているCDやDVDも地味なものが多かった。その中で、ナシ族の歌手、肖煜光《シャオユーグワン》が発表した『納西・浄地』は、ナシ語で歌う初めてのポップミュージックであった。その後も、当初は民謡を中心に活動していた和文軍《ホーウェンチュン》や、ロックバンド風の革嚢渡組合《ゴーナントゥズーホー》など、続々と新しい歌手やグループが登場し、ナシ語によって歌う作品を次々と発表していった（写真13、写真14）。

メディアへのナシ語の広がりはさらに続いた。二〇一二年には、全四〇回のテレビドラマ、『木府風雲』が制作され、中国中央テレビで放送された。このドラマは、明代のナシ族土司、木増を主人公としたもので、当時の麗江の繁栄を描いている。同年後半には、ナシ語による吹き替え版が麗江で制作され、二〇一三年の春節時期に地元の麗江テレビ局で放送された。

また同年には、地元のテレビ局が制作するナシ語の番組が放送を開始している。麗江市玉龍県を主要な放送エリアとする玉龍電視台では、「可喜可楽秀《コシコロシュ》」という番組が始まった。これはナシ語の Kosheel kolvq shel（新しい話、古い話を語る）の当て字であり、ナシ族文化の過去と現在を語るものである。さらに、古城区を放送エリアとする古城区テレビ局では、二〇一三年から「納西講聚営《ナシキャキュイ》」という番組が始まった。これはナシ語の Naqxi jaijul yiq（ナシ語の語らいは味わいがある）の当て字であり、生活に密着した話題をナシ語で語るトークバラエティー番組である（写真15）。また、テレビだけではなく、麗江のFMラジオ放送では、二〇一一年から、定時のニュース後に数分間放送される「一緒にナシ語を学びましょう」という番組が始まり、二〇一四年にはこれがCD付き書籍として出版された。最近では、ナシ語のポップミュージックとともに、これらのドラマや番組もナシ族の一般大衆の間に広く知られるようになり、ナシ語に対する意識が次第に浸透してきたと言える。

もっとも、こうした近年の流れの根底にあるのは、やはりナシ族出身の学者や学校教員らの地道な努力であろう。古城区のいくつかの小学校では、二〇〇七年頃から、教師らによるナシ語の童謡の採集活動と、それを授業へ取り入れる活動が行われてきた。さらに玉龍ナシ族自治県では、二〇一四年から、民謡、物語、諺など、ナシ語による無形文化遺産の記録・保存活動が始まっており、現在でも続けられている。

五　ナシ族に見える「共存」

写真15　ナシ語によるトーク番組、ナシキャキュイの一場面。ゲストは肖煜光（右）

ナシ族の歴史を見ると、彼らは古くから漢族、チベット族、ペー族、イ族など、周囲の強大な勢力の狭間で生きてきたことが分かる。木氏を中心とする勢力は、中国中心部の王朝の交代にもいち早く適応して生き延びていた。そこでは、あらゆる状況に対応して生き抜くことが必要であった。彼らにとって、他の集団との「共存」は、生き抜く上で最大のテーマであったのではなかろうか。そして、現在の中国においても、ナシ族は各界に知識人を輩出し、社会的にもかなりの成功を収めていると言えよう。ここには、過去の歴史の中でも見られたナシ族の姿勢と共通する、一種の民族的な性格が表れているように思われる。

一九八〇年代末から始まる雲南省政府の観光開発方針や、一九九〇年代のユネスコ世界文化遺産への登録に後押しされた麗江の急激な観光地化は、消えかけていたトンバに関わる文化と民族言語であるナシ語の再認識をもたらした。最近になってようやく、麗江の旧市街では子供にナシ語を教えようという機運が形成されつつある。

世界遺産に同時に登録された束河村や、それ以外の農村部ではこうした意識はまだ希薄であり、これもトンバの文化やナシ語の普及活動を地道に行ってきた人々の努力による部分が大きいと思われる。

旧市街を離れたナシ族は、新市街の生活環境に適応しつつ、次第に新たなコミュニティーを形成しつつある。かつてのような旧市街を舞台にしたナシ族の生活は消えてしまったものの、そこでは急激な観光地化との間に、新たな「共存」が進んでいるという見方も不可能ではないかもしれない。もちろん、このような見方に対しては賛否があろうが、現時点での中国の体制下では、人口およそ三二万人の少数民族であるナシ族にとって、このような「適応」はほとんど避けられないものであることも確かである。今、改めて彼らの歩んできた歴史を見ると、彼らの様々な困難に対する行動に通底する、巧みな積極性を感じ取ることができるであろう。

参考文献

国務院人口普査辦公室『中国二〇一〇年人口普査資料（上冊）』中国統計出版社、二〇一二年

彭建華『納西族人物簡志』内蒙古大学出版社、一九九八年

山田勅之『雲南ナシ族政権の歴史―中華とチベットの狭間で―』慶友社、二〇一一年

山村高淑「世界遺産と観光をめぐる近年の諸問題」『北海道大学文化資源マネジメント論集』五、二〇〇九年

山村高淑・張天新「文化的景観と場所論―「文化的景観」概念の歴史的市街地保全への適用に関する考察―」『京都嵯峨芸術大学紀要　二九号』、二〇〇四年

山村高淑・張天新・藤木庸介『世界遺産と地域振興―中国雲南省・麗江にくらす―』世界思想社、二〇〇七年

参考ウエブサイト

新華網雲南版二〇一六年一月七日 http://www.yn.xinhuanet.com/newscenter/2016-01/07/c_134986256.htm（閲覧日　二〇一六年九月三〇日）

第二部　日本・歴史・宗教と共存する世界

北海道（札幌）のモルモン教の神殿
（撮影：杉内寛幸）

文化としての神道と多元主義

松本久史

一　神道と宗教の多元主義的理解

1　排外主義の台頭

二〇一六（平成二八）年は、今後の世界のゆくえに重大な影響を及ぼす可能性のある、衝撃的な出来事が続発した年であった。一つは、六月のイギリスのEU離脱を問う国民投票により、離脱派が多数を占めた、いわゆるブリクジット問題、もう一つは、一一月のアメリカの大統領選挙において、共和党のトランプ候補がマスコミ等の予想を裏切って勝利したことである。グローバル化の主導者かつ、最大の恩恵を被っていると他から見なされているイギリス・アメリカ両国においても孤立主義が台頭して多数派を占めたという事実をどのように受け止めればいいのであろうか。

ここ二、三年来、世界では、ブリクジットやアメリカ大統領選挙の論点ともなった移民問題は、湾岸戦争以来の中東の政情不安による難民のEUへの流入によるところも大きく、イスラーム原理主義を標榜する勢力も衰える気配もない。ヨーロッパやアメリカを中心に一般市民を対象とした無差別テロ事件も各地で後を絶たない。

2 グローバル化への反発と挑戦

それらの原因を一元的に解釈はできないにしろ、急速に進みつつあるグローバル化に対し、被害・損害を被っていると理解する疎外感情が大きな広がりを持ち始めたことにその要因の一つがあることも確かであろう。グローバル化は各地域の特殊性・独自性を否定し、一律の基準を押しつけるものだとみなされる。根底には特に金融の分野を中心にした経済のグローバル化の進展がある。アメリカのサブプライムローン問題に発するリーマンショックは日本経済にも大きな打撃を与えたこともわれわれの記憶に新しい。世界はますます一体化すると同時に、分断も進展しているといえるだろう。経済的格差が拡大しつつあるという、トマ・ピケッティが『二一世紀の資本』(二〇一三年)で示した議論が大きな話題となっている。日本においても、一連の経済的な規制緩和政策により恩恵を受けるものと、そうでないものの格差が拡大しつつあるとの認識が広がっている。その中でグローバル化を推進する流れと、それを否定する流れがせめぎあっているのが現状であり、両者の対立が生む諸問題は当分の間、生起し続けていくことだけは確実であろう。

3 共存学の目指すもの

共存学の前提は、現在の世界に現出している、異なる価値観を有する他者との共存の困難さ、を自覚することにはじまる。それを把握した後に、共存を可能とする何らかの知恵を創出することが共存学の目指す最終的な目標であり、昨今の世界状況はますます、その必要性の高まりを感じさせるのである。

現在、世界の共存を阻んでいる要因は多様であるはずであるが、とくに宗教がクローズアップされ、かつ、原理主義的なイスラームにすべての原因を帰する傾向が見られる。皮肉なことに、エジプト、リビア、イラクなど、西欧型の世俗的国民国家を範とした政権が次々と打倒された後にイスラーム原理主義の台頭を見ている。これらの勢力は強烈な排他主義的非寛容を一つの特徴にしている。特に、キリスト教・ユダヤ教に対しては憎悪ともいうべき態度を取り続けている。タリバンによるバーミヤン遺跡の爆破はその映像が世界に衝撃を与えたが、二〇一六年にもＩＳＩＬ（いわゆる「イスラム国」）によるシリアのキリスト教徒迫害、古代の「異教徒」遺跡の破壊などが報道された。宗教は人々に対立と憎悪をもたらすものなのではないかという認識がされても不思議ではない状況である。

しかし、宗教は共存にとって阻害要因でしかないのであろうか、イギリスのキリスト教神学者ジョン・ヒックは、世界の宗教状況を以下の三つに分類している。

・排他主義——一つの特定の宗教的思想と経験の様態だけが重要で、他はすべて誤りだとする見解
・包括主義——その人自身の伝統にのみ全真理はあるが、それにもかかわらず、この真理は他の伝統にも部分的に反映されているとする見解
・多元主義——偉大な世界宗教はさまざまに異なる人間の文化的な在り方の中から、実存者なり究極者なりに対して、さまざまに異なる知覚や概念を体現しており、したがってまた、その実在者なり究極者なりに対して、さまざまに異なる応答を示しているし、さらにまた、それぞれの宗教内で、〈自我中心から実在中心への人間存在の変革〉が明らかに生じているとする見解（ヒック 二〇〇八：一六二頁）

ヒックによれば、排他主義から包括主義、さらに多元主義へと向かう歴史的な過程が想定されている。第二次世界大戦後、特に排他主義的な性格の強かったカトリック教団が、第二バチカン公会議（一九六二～六五年）により、政策を転じて、宗教間の対話に道を開いたことを画期として、宗教間の対話のルートが開かれ、以降、宗教間の対話が活発になり、ある特定の宗教のみが絶対的に正しいという理解は過去のものになったかのようにも

思われたが、二一世紀初頭の現在においても、原理主義的な宗教運動が台頭しているように、必ずしも宗教の多元主義的理解が主流になったとは言い切れない。

共存学の立場から、ヒックの三つの分類を援用すれば、異なる他者を排除もしくは完全に同化・吸収してしまうのか、自己の立場に解釈しなおすことによって他者を理解するか、異なる存在を異なる存在のままに承認していくかという態度の相違ということになろう。過去の共存の歴史の中で、異質な存在を無視する共存、誤解・曲解して受け入れる共存がありえたのであるが、共存学の目標とするところは多元主義的な在り方であることは言うまでもない。まずは、共存のための前提条件としては、異なる他者の存在を「承認」に至る手前の段階である「認識」することが必要であり、しかも、その認識方法が、異なる他者からも承認されたもの、すなわち、主観的に歪めて解釈することであってはならないことを確認しておきたい。

4 本稿の目的

本稿では、日本の固有信仰である神道は、宗教の多元主義的な理解と対立するものなのであろうか、それとも寄与するものなのであろうかという問いを設定する。ここでは、神社神道のみならず、広くは日本の歴史的な宗教状況を全体として「文化としての神道」と捉えて、検証を行う、さらに、来るべき共存社会実現のために神道が寄与するために必要となるべき条件についても言及していくこととする。

そもそも、神道において、異なる存在（ここでは異なる信仰）との共存が可能なのであろうかという疑念を持たれるであろう。世界の宗教の一般的な分類では、キリスト教や仏教、イスラームのような創唱宗教が普遍的な教えを持ち、民族を超越した広がりを持っているのに対して、神道は民族宗教に位置付けられ、普遍的な価値観より個別的な特殊性が尊重されると考えられ、異なる宗教を受け入れることはありえないと見なされがちである。例えば、民族宗教に分類されるユダヤ教を例にとって考えてみると、ユダヤ人はその信仰を祖国が失われても二千年以上保ち続けていった。世界の過去の多くの民族と宗教が滅び去り、遺跡にしかその痕跡を残していないのに比べれば、これは驚異的な出来事といってよい。一方、他の民族、他の地域との習慣や信仰に決して同化しないということも意味しており、強い排他性が時々に迫害の対象になり続けたことも周知であり、アウシュヴィッツの悲劇がそれを象徴している。

結論を先に挙げれば、近世までの日本の神道を中心とした宗教の歴史的な展開は、包括主義を基調としたことが大きな特徴であるといえよう。絶対的に優越する教団組織等は現れず、権力者も特定の信仰のみを強要したことはなかった、それは国教の不在も同時に意味している。キリスト教やイスラーム文化圏との宗教伝統の相違がここにある。従来の日本宗教史において論じられてきた、神仏関係論や神仏習合史は、神仏の共存の歴史とも言い換えられる。神道が全く異なる信仰体系を持つ仏教をはじめとする諸宗教に約一五〇〇年間どのように関わってきたのかを概観し、包括主義的な在り方の歴史展開をみてみよう

二　神道と他宗教との関係の歴史的展開

1　古代

神道と異なる宗教との接触については、まずは、応神天皇の時代に儒教の書籍が伝えられているが、特別、違和感を持たれていたという記述は一切見られない。『日本書紀』欽明天皇一三（五五二）年、百済の聖明王から仏教の経典や仏具、仏像が贈られた「仏教公伝」の記述がある。そこでは、仏について「蕃神（「となりぐにのかみ」と訓まれる）」と記され、欽明天皇は輝く仏像の姿に魅了され（「端正し（きらぎらし）」と表現されている）ている。記紀では、但馬国の出石神社（現、兵庫県豊岡市鎮座）が新羅から渡来した神である「天日矛」を祀っているとの記述もあり、仏もそのような渡来神と捉えられ、在来の神と性格に大きな違いが見られない。例えば、

最初に仏像を祀ると日本の神の祟りで疫病が起こり、仏像を焼き捨てることになる。しかし、次には仏の祟りにより疫病が起きるというように、日本の神と仏とがいわば「祟り合戦」を繰り広げているように、仏教としての独自性は見られず、従来の神信仰の範疇で、仏教を理解する包括主義的な思考方法が看取される。

しかし、神道と仏教を異なる存在であるとする見方は、仏教公伝から百年以上が経過した『日本書紀』編纂前後の七世紀末から八世紀初頭にかけては存在していた。七世紀に入ると全国で寺が建立され、仏教に帰依する人々も現れ始めてきていたのである。『日本書紀』では、「神道」という語が四か所に見られ、それらは日本の文献上の「神道」という語の初出であるが、そのうちの二か所は「神道」に対比する形で「仏法」という語が見えている。

日本における仏教は異なる信仰形態である神道に対してどう臨んだのか。そこには大きくは二つの方向性があった。ともに仏教の優位性を前提としながら、神を仏の下位に位置づける立場と、神を仏と同格と見る立場である。前者はさらに、神を仏から救済される存在と見る「神身離脱」説と、神は仏法を守護する存在とする「護法善神」説に区分され、八世紀にはその主張が見られる。後者は神仏を同格と見る「本地垂迹」説であり、九世紀後半から一〇世紀にかけて成立してくる。いずれの考え方も、仏教の優位性や真実性が前提とされており、その範囲内で神道の神が受容され理解されているのであり、仏教による神道の包括主義的な理解である。

2 中世

古代末期から鎌倉時代、本地垂迹説が普及するとともに、仏教の教理から両部神道や山王神道と呼ばれる神道を説明する学説が現れた。さらに、一四世紀の頃には、神本仏迹説という、仏を本質、神を仮の現れとする本地垂迹説とは全く正反対の考え方が現れてきた。これは慈遍という天台宗の僧侶による著述に見られ、仏教側から発生した論理である。その成立は、「本覚思想」という仏教思想が強く影響しているとされる。煩悩とそこから解脱した状態である菩提は別々なものではなく同一であるとして、ありのままの姿が本質であり、欲望、煩悩がそのまま肯定されていく考え方である。その論理が援用され、現世内での存在である神こそ、久遠実成の理念的な仏の本体なのだとしたのである。

一五世紀に入ると、神祇行政にかかわった京都の公家である吉田兼倶が、神道はすべての教えの根本であり、儒教・仏教は根本の神道から生じたものだという説（根本枝葉花実説）を唱えた。この兼倶の説は、「唯一神道」と呼ばれる。その名称に反し、密教の論理構造や加持・護摩行などの行法を取り入れているが、たとえ仏教的な要素であっても、根本の神道から派生したものであると理解されたため、受容されている。唯一神道は神道の包括主義的展開とも言えるのである。吉田家は近世に入ると幕府の庇護を受け、全国の神職を支配することとなる。唯一神道と称しながらもその実態は仏教の神仏習合を転倒させた包括主義的色彩の強いものであった。

以上の歴史的展開は、普遍性を標榜する仏教と個別性を志向する神道との共存関係と見ることができる。しかし、戦国期から近世初頭にかけてのキリスト教は共存に失敗している。包括主義的な日本の宗教史の中で例外であるのが、このキリスト教の禁教である。その理由として、豊臣秀吉は「日本は神の国」であるから、キリシタンは邪法であるとみなし、日本固有の神祇の存在が外来宗教を排除する理由になっている。しかし、「神国」であると言っても、本地垂迹説からは神国はすなわち仏国でもあり、仏教は排除されず、その論理から外れているキリスト教は排除されたのであった。

3　近世

近世に入ると、仏教の包括主義は批判されていく。「神道即王道」を唱えた儒学者である林羅山に見るような考え方であり、儒学者による神道説は儒家神道と呼ばれている。ここでは、「道」の普遍性が前提にある。しかしそれは、中国古代の聖人によって示された「道」であり、「神道」は儒教のことにほかならない。これもまた儒教による包括主義として位置づけられるのである。また、一七世紀中期に成立した、聖徳太子の著述とされた偽書『旧事大成経』は神儒仏の一致を説き、幕府により禁書にされたにもかかわらず、ひっそりと流通していた。さらに、心学などの通俗道徳においては、神・儒・仏の三教の一致を説く傾向も見られ、たとえ幕府によって寺請け制度が強制されていても、自分の旦那寺以外の宗派を信仰することや、神社信仰は禁止されておらず、近世の民衆レベルにおいても異なる宗教が同時に受容・共存しているのが実態であった。

国学は日本の特殊性を強調する排他主義的性格の学問であるとの認識が根強いが、事実は異なっている。復古神道の学問的なバックボーンであった近世の国学は、日本に普遍性を有する一定の真理が存在するものと考えており、これは包括主義的思想であったと規定することができよう。それを賀茂真淵は「自然（おのづから）の心」と表現している。人間は理知を働かせれば働かせるほど、天地の「自然」に反する存在に成り下がっていくと真淵は考えていた。本居宣長の外交史論『馭戎慨言』にみる、日本こそが正しい普遍的な古伝承（『古事記』）を受け継ぎ、世界の本国であるから、やがて外国はその徳を慕って朝貢してくるであろうという主張が、それを端的に示している（これらの事例については拙稿「近世国学思想から見た共存の諸相」『共存学』所収参照のこと）。

平田篤胤の思考は、本居宣長が『古事記』を中心とした日本の古典に見られる古伝承に依拠したのに対し、さらに真の普遍的な古伝承を追求することにあった。他国の古伝承は不十分な「横訛り」と捉えていきつつ、新たな解釈を加えていく、例えば、『旧約聖書』のノアの方舟の洪水伝承について、篤胤は『霊能真柱』の中で、インド・中国にも同様の洪水伝承があることに注目し、かつ日本の古伝承には洪水伝承がないことから、日本から遠く離れれば離れるほど、洪水の程度と被害が甚大であったと分析する。その理由として、日本は世界の中心にあり、高いところに位置している尊貴な国なのである、それゆえに洪水による被害はなかったのだ、と結論づけている。吉田兼倶の根本枝葉花実説にも通じる思考方法ではあるが、これら国学思想では、日本の特殊性そのものが普遍性に通じると考え、他者を包括することができるとする点が、先行する神仏習合や神儒一致説との根本的な相違点であり、国学者たちは神道を普遍的な「道」であるという信念を抱いていたのである。

4　近代

近世まではキリスト教を除いた仏教と神社、さらに中国の儒教が共存する体制がずっと続いてきたが、宗教をめぐるあり方は近代に入り大きく変化した。神社神道においては一八七一（明治四）年、神社は「国家の宗祀」、つまり神社は国家的・公共的な施設であり、神職は公職、祭祀は公的な儀式であるという規定が国家によってなされて以降、法律により規定・制度化されていった。一方、仏教やキリスト教などは、宗教として国家とは切り離され、活動の自由を認められていった。神社は区別されたが、伝統的な神仏に対する信仰と、新たに欧米からもたらされたキリスト教と信教自由の概念を共存させることに目的があったのである。その結論が大日本帝国憲法（一八八九年発布）の第二八条である。そこでは国民の義務をはたし、国家の安寧秩序を侵さない限りにおいて、信教の自由が認められたのであった。それは同時に、国教を樹立せず、行政は神社を公的存在と位置付けながらも、神社崇敬も含めた人民の信仰（宗教）は自由に任せるというのが、大日本帝国憲法における信教自由の規定であった。つまり、仏教やキリスト教、教派神道などの宗教は憲法の下での共存をしたのである。

このように、「国家の宗祀」の持つ意味は、当初はあくまでも行政上の取り扱いの問題であったが、大正末期から昭和初期にかけ、日本国民であるならば、キリスト教徒も仏教徒も共通に神社を崇敬すべきであるという意味を次第に持つようになってきた。神社崇敬は国民としての義務・道徳としてみなされ、行政的に強く「推奨」されていくようになるのだが、あくまでも宗教は各自の自由とするという原則は終戦時に至るまで維持されており、ここに至っても神社と他宗教との間の「共存」が図られたとも見ることができる。すなわちそれは、神社崇敬が他の宗教と排他的関係にあるものとは、当時の行政担当者たちには考えられていなかったことも示しており、戦前における信仰実態をある程度反映させた制度でもあったと理解できよう。

現在においても、多くの日本人は、年中行事や通過儀礼は神社で、葬送や先祖の供養は寺院でという使い分けを無意識に行っている。最新の世論調査でも、初詣に神社、お盆に寺院に詣でる行動は大きな変化を見せてはいない。多くの日本人にとって重層的な信仰を持つことは決して不自然であるとは考えられていない。戦前のいわゆる「国家神道」は、その重層性に対応して、日本人の最大多数が崇敬する神社神道を、他の宗教とは行政上区分することにより、他宗教との共存を図ったのである。しかし、これは排他的な信仰実践を当然の態度とするキリスト教やイスラームの信者、一部の仏教徒や新宗教の信者たちからは受け入れがたいものであったことも事実であった。

以上、古代から近代にいたる神道と他宗教との関係について概観したが、いずれの時代においても神道は他の信仰を決して排除するものではなかったことが明らかである。ヒックの分類でいえば、包括主義的な態度が主流であったことを示している。それは、日本文化の特性の一つとしての包括性との深いかかわりが考えられる。海外の文化を柔軟に取り入れて運用していくあり方が、古代の律令制度の導入以来、「和魂漢才」という言葉によって示されるように中国文化を断続的に取り入れ、明治維新後は「和魂洋才」という言葉にとって代わり、欧米の文化を積極的に取り入れていった。しかし一方では日本の固有性・独自性についても失われることがなかった歴史がある。これこそまさに、文化としての神道というべきものの存在が大きな要因であったのではと考えられるのである。

三　文化としての神道の多元主義への可能性

近年の神社神道の宗教間協力への取り組みから（具体的な例については拙稿「神社における「共存」の可能性」『共存学3』所収を参照されたい）、特に神道の多元主義的な宗教理解への可能性について、ポイントとしての寛容性と自然へのまなざしの二つに焦点を当て、具体的な例をあげ、考察してみよう。

1　寛容性について

共存の前提として、異なる他者を認識する際に、その差異をどの程度許容していくかという態度が問題になってくる。宗教的な寛容はその一要素である。神道と他宗教との関係の歴史を叙述し、包括主義を基調としたことを述べたが、神仏習合を日本人の知恵と考える見解もあり、確かに、仏教の神道に対する態度は、既存の神社や祭祀を破壊することなく、教理面において仏教の体系に組み込むことにより、両者の共存を図ってきたといえるであろう。また、仏教者の積極的な働きかけによって、熊野や八幡や稲荷など現在まで続く神信仰が日本中に広められていった。ただし、神仏の分離から一五〇年近くが経過した現在の段階では、もう一度明治以前の神仏習合をそのままの形に復活させることは、ほぼ不可能であり、望ましいものでもない。なぜなら、歴史的に見ると、神仏の習合は神道、仏教いずれのアプローチからも包括主義的な立場からなされていたのであり、それぞれの信仰の独自性、差異性をお互いが認めあった形での共存ではなかったからである。近代の神仏の判然（分離）は、相互が異なる他者であることの認識を形成していった。その状態の上から新たな神仏関係が構築されなければならないであろう。しかし、仏教という普遍宗教と神道という固有信仰が千数百年にわたり、包括的主義的な態度ではあるにしろ、共存し続けてきた事実から、宗教的な寛容の在り方を学ぶべき点は少なくないだろう。この共存の歴史経験の知恵を通じて、世界的に宗教対立と排除の論理が勢力を増す中で、宗教的寛容へ積極的に提言していく可能性を見出すことができるのではないだろうか。これが文化としての神道の多元主義に向けた課題の一つである。

また、日本宗教の包括主義的な性格と密接に関連して、社会統合に関する神道の役割の重要性にも注目したい。第二次世界大戦までの神社は、信仰が異なる者でも共通に神社を崇敬するという上では、国民統合に一定の役割を果たしてきた。また、行政主導という面はあったにせよ、大部分の日本国民は神社を崇敬していた。現在、社会構造として、公（政府や地方自治体）と私（個人）の間に、共（多様な形態のコミュニティ）の領域を設定し、その役割を重視する考え方が注目されており、広井良典はその共の領域において神社が貢献できることを指摘している（広井　二〇〇九）。公か私かという二項対立的視点ではなく、両者の接点としての共領域、例えば、地域コミュニティの統合に神社の祭礼や境内等の施設が実際に役立っている。特に東日本大震災以降、伝統的な神社や寺院の持つ共的コミュニティ形成能力が再評価されるようになってきており、津波等でいったんは崩壊した地域コミュニティの再構成に関する貢献が注目されているが、今後、少子高齢化による地域の消滅の危機が全国で発生することも予測されており（増田　二〇一四、参照）、ますます重要性が高まってきているのである。それを成り立たしめているのは、神社の持つ包括的な寛容力である。神社の氏子とは様々な宗教的背景を持つ人々の集合体であり、それが神社・祭りという場所や経験を共有することによって、コミュニティの紐帯が形作られていくのである。

しかし、一方において、現代の宗教的寛容性の観点からは、少数者の権利尊重も同時に求められている。地域コミュニティの形成に当たっても、排他的な信仰実践を当然の態度とするキリスト教やイスラームの信者、一部の仏教徒や新宗教の信者たちをも排除しない形で進めていかなければならない課題がある。神社においても旧来の氏子と新しく転居してきた氏子との間に意識や祭祀への参加に大きな相違があるが、新来の氏子が外国人であり、たとえばイスラームのように異なる宗教文化伝統を持った人々である可能性が今後ますます増加していくことも予想される。少数者の意見に耳を傾けつつも、社会の分裂・分断を防ぎ、いかに統合していくのかが問われている。そこでの鍵が寛容性であろう。神道においても、包括主義的な伝統を全否定せずに、多元化への道を開く方向性が求められている。

2 自然へのまなざし

現代の神社神道は、宗教間協力における主要な主張として、世界規模の自然環境保護に寄与していくことを強くアピールしている。そもそも、日本神話には人の発生を説かない特徴があり、記紀神話の中には、人間が、いつどのように発生したかという記述はない。イザナギ・イザナミ二神が、国土をはじめ海川山や草木などを生んだとされるだけである。イザナミが「青人草」つまり人間を一日に一千人殺すと宣言するという唐突な形で人間は初めて現れる。これは人間の死の起源伝承であるが、人間が特別な存在ではなく、他の自然と同等に取り扱われていると理解できる。神道の自然観の基本はここから発している。自然環境と人間との一体化・同一化ともいえるだろう。一方、仏教においても明確な創造主による人間の誕生を説かないという点では同様である。日本人は山川草木の中に神や仏を見出し、信仰してきた。また、大規模開発が全国的に展開された近世においても、山林の乱伐は禁じられ、先駆的な植林事業が開始されており、自然環境との高い親和性が指摘されている。

現在の神社神道において具体的に進められているのは森林の保護活動である。発端は神社の境内やその周辺に位置する森林の保護からであり、すでに第二次世界大戦以前に、伊勢神宮の遷宮に伴う用材確保のための植林事業や、永続する森の作成を目指した明治神宮境内林の造営など、神社と森林保護の歴史は長い。東日本大震災後は被災地神社の「鎮守の森」の復活に向けた植林事業なども行われている。

いっぽうで、和辻哲郎の『風土』(一九三五年)から中尾佐助の「照葉樹林文化論」(中尾 二〇〇六)、梅棹忠夫の『文明の生態史観』(梅棹 一九六七)や、近年の安田喜憲の「環境文明論」(安田 二〇一六)の主張にいたるまで、多くの論者により、日本の風土環境に言及して、畑作牧畜に対して水田稲作を中心とした農業生産のあり方が、水源を涵養する森林を守り、自然を尊重する信仰を育んでいったのであると説かれている。このような日本文化論の中で、多神教と一神教に区分し、多神教である神道の持つ自然観の優越性を説く論が、定型化されてきている。

文明論として、日本文化の基層にある神道が取り上げられるときには、往々にしてこのような多神教対一神教の二項対立の図式が描かれ、単純化を免れない欠点がある。また、多神の立場に立つならば、一神教的なものは多神的なものの中に包摂されることによって、はじめてその存在が認められることとなる。これは多神教側からの包括主義的な態度であって、一神教的な態度を持つ人々にとっては到底許容できない。また、一神教の宗教との間での自然環境保護の協力などは成り立たないであろう。実際に一神教を信仰する欧米圏において、却って日本よりも進んだ環境政策がとられている例はいくらでもあり、一神教だから自然を大切にしないとするのは極論である。神道の自然へのまなざしが、環境保護につながっていくことのみを主張するのではなく、多神教における自然観の利点と一神教における利点を各々が、謙虚に敬意を表しつつ評価しあう、まさに多元的な態度をもって他宗教との協力を図っていくことによって、はじめて、神道が世界の自然環境保護に貢献することが可能となるであろう。

四　文化としての神道と多元主義へ向けた課題と可能性

神道は現世主義的な宗教であるとされる。神道の信仰面における特徴として、この世の終わりや、死後の霊魂の救済などはあまり重視されず、この世の幸福を祈願することが重視されている、という指摘がある。実際でも五穀豊穣や地域の安寧などが神社の神に祈られているのである。本居宣長も、死後の世界についての関心を持たずに、この世における安定した生活を送ることが大切で、「穏《おだ》ひに楽しく世を渡らふ外」に安心《あんじん》はないと主張している。『日本書紀』の天孫降臨の段に記されている「天壌無窮の神勅」は、直接には皇室の統治の永遠性を示しているが、それは同時に人間生活の永遠性をも示唆している。

この現世主義的な性格は、それが現状の無条件な肯定という面で働く場合、弊害として顕著に表れていく場合がある。自然環境の面から考えれば、経済発展による生活水準の向上のみを是とし、環境破壊の面に目を閉ざすことに繋がりかねない。それについてはすでに、昭和三、四〇年代の高度経済成長期において、ＧＮＰの拡大こそが第一の国家目標とされ、その結果、「公害列島」とも呼ばれた、夥しい環境破壊がひき起こされたことを忘れてはならないであろう。現在でも、経済上の理由により安価な海外の木材を輸入することにシフトしただけであって、地球規模で見た場合、果たして日本は森林破壊の抑制にどれほど寄与しているのであろうか。謙虚に顧みる必要があるだろう。

神道が、自然環境を守る宗教であるかは、ある種の自覚が鍵を握っているのではないだろうか。記紀神話では世界の開闢は語られるが、終末論はない。本居宣長が拒絶したように、死後の霊魂の救済についても明示的に語られることはない。世界の終末は想定されないのである。一方では、近代科学がもたらした宇宙認識では、地球そのものも有限な存在であり、その物理的な終末も予測されている。その中で生きる人間も生命進化上の一過程の存在であり、恐竜のようにいつかは必ず絶滅する存在であると考えられている。神道の、この世が永遠に続く、続いてほしいという信仰を、現在においては、有限性をふまえた人類の持続可能性ということに関連させつつ、再認識していくという意味での自覚化が必要になってくるのではないか。母性的になんでも受け入れてくれる自然環境に甘えることなく、それを守っていく断固とした主体的な自覚が求められているのである。

従来、日本においては、宗教は異なっても、文化的な同一性を前提とした宗教間の共存が成り立ってきた。グローバル化の中、文化背景も宗教も異なる人々との共存への試みは始まったばかりであるといってよい。自己の宗教的伝統に対する主体的自覚を深めつつ、他文化の他宗教に関する認識をより進め、グローバル社会に対して行動していくことが、共存社会への出発点となるであろう。

意識的・自覚的であることと、日常的な慣習とも密接である伝統的な神道は相容れないようにも思われる。また、神道には「かしこきもの」信仰ともいうべき態度が見られ、神や仏の人間をはるかに超えた何らかの働きに注目するが、根源的存在についての詮索を好まない。さらに、「神道は言挙げ」せずともいわれ、言葉・論理より実践・行動を重んじるとされてきた。しかし、現代社会においては、伝統文化の世代間伝道が困難になりつつある。今後、日本人自身の包括主義的な宗教への態度は、急に変化することはないだろうが、包括主義的な神道が持つ寛容性を、多元主義的な寛容へと展開させていく必要があろう。それを可能とするためには、まずは日本人自らが、包括主義的な宗教伝統に関し、その歴史への自覚的な認識を持つことが重要であり、その上で多元性への可能性も開かれていくのである。

参考文献

梅棹忠夫『文明の生態史観』中公公論社、一九六七年（中公文庫、一九七四年）
中尾佐助「照葉樹林文化論」『中尾佐助著作集　第六巻』北海道大学出版会、二〇〇六年
ヒック、ジョン『増補新版　宗教多元主義』間瀬啓允訳、法蔵館、二〇〇八年
広井良典『コミュニティを問いなおす』ちくま新書、筑摩書房、二〇〇九年
増田寛也『地方消滅』中公新書、中央公論新社、二〇一四年
松本久史「近世国学思想から見た共存の諸相」『共存学』弘文堂、二〇一二年
松本久史「神道における『共存』の可能性」『共存学3』弘文堂、二〇一五年
安田喜憲『環境文明論—新たな世界史像—』論創社、二〇一六年
和辻哲郎『風土—人間学的考察—』岩波書店、一九三五年（岩波文庫、一九七九年）

※なお、神道の歴史について興味のある読者は以下を参照されたい。
國學院大學日本文化研究所編『神道事典』弘文堂、一九九四年（『縮刷版神道事典』弘文堂、一九九九年）
阪本是丸・石井研士編『プレステップ神道学』弘文堂、二〇一一年

「多文化共生」と宗教をめぐる研究が切り開く地平

高橋典史

周知の通り、日本では一九八〇年代以降、東南アジアや南米を中心として国外からの移住者（本稿では、難民なども含む、日本で暮らす国外に出自を持つ人びとを広く「移住者」と呼ぶこととする）の数が増加してきた。日本の東アジアにおける旧植民地にルーツを持つ在日コリアンや在日華僑・華人たち（「オールドカマー（タイマー）」）と対比して、新来の人びとは「ニューカマー」と呼ばれるようになった（もっともそのなかには中国や韓国の出身者も多い）。こうした状況のなかで日本社会の多民族化・多文化化が進行してきた。

だが、日本社会における「単一民族神話」（小熊　一九九五）の通念は根強く、今なお民族的アイデンティティと強く結びついたナショナリズムが社会的に広く共有されている（Nagayoshi　2011）。それゆえ、一九九〇年代以降、日本社会に浸透してきた「多文化共生」なる独特な理念とその実践もまた、そうした社会的コンテクスト（制約）のなかにあるものと見なす必要があるだろう。日本社会のマジョリティは当該社会をきわめて民族的に同質性の高いものと見なしており、「多文化共生」関連のことがらはあくまでごくごく一部のマイノリティに関する例外的なものにすぎないと見なしがちなのだ。

また、「多文化共生」という理念は、地方自治体等の行政サイドの諸事業において積極的に用いられてきたがゆえの諸問題が内包されている。その一つが、「宗教」の取り扱いであろう。多様な文化的背景を有する移住者とそれにルーツを持つ人びととの「共生」に取り組むうえで、彼／彼女らのエスニシティを構成する重要な要素として宗教に着目することは、研究者の立場からすれば当然のことと考えられる。しかしながら、公的事業の現場においては政教分離原則等の法的制限もあってなかなか宗教は注目されない状況にある。

こうした点に目を配ってみると、「多文化共生」という問題系において「宗教」に着目することの意義が浮かび上がってくる。それは大きく分けて二つに大別できる。すなわち（一）移住者たちの文化的背景を理解するための「宗教」への注目、そして（二）社会的排除にさらされがちな移住者たちの物質的・精神的支援に取り組む「宗教」への注目、である。

以下、本稿では、まず國學院大學二一世紀研究教育計画委員会研究事業「地域・渋谷から発信する共存社会の構築」と筆者が世話人を務めている「宗教と社会」学会公認の「現代日本における移民と宗教」プロジェクトの共催で開催した、平成二七年度共存学公開研究会「移民と多文化共存」における報告と質疑応答の概要を紹介することを通じて、「多文化共生」と宗教をめぐる研究の諸論点を指摘する。そのうえで、社会学分野における「多文化共生」をめぐる研究上の課題を整理し、そうした議論に「宗教」を加えることの戦略的意義を論じてみたい。

一　共存学公開研究会「移民と多文化共存」を振り返って

先述したように、一九八〇年代以降、日本では南米やアジア地域にルーツを持つ移住者たちが増加してきた。二〇〇八年秋のリーマン・ショック後の経済不況や二〇一一年三月の東日本大震災等の影響はあったものの、日本社会は着実に多民族化・多文化化してきた。それにともなって日本では宗教文化の多様化も進んでいる。そうした宗教文化の多様化の代表例として、全国各地に設立されてきた韓国系キリスト教会、イスラームのモスク、東南アジア系・東アジア系の仏教寺院や、カトリック教会内の多文化状況の進展などが挙げられる。

しかしながら、現代日本の移住者たちの関わる宗教についての研究は、これまでそれほど組織的は進められてこなかった。もちろん、文化人類学や社会学などの分野の研究者たちを中心に個別的な研究成果は提出されてきたものの、問題関心や分析視点を共有した領域横断的な研究はまだまだ未開拓な状況にある。そうした問題意識にもとづいて筆者らは、二〇一二年より「宗教と社会」学会内において「現代社会における移民と宗教」プロジェクトを発足させて共同研究を進めてきた。もちろん、移住者たちの関わる宗教については、教育・労働・福祉・地域社会との関係性といったさまざまな問題が関連しているため、（宗教）社会学だけなく、人類学、教育学、福祉学などの関連領域の研究者たちと積極的にコラボレーションしつつ研究成果を発表してきた（同プロジェクトの詳細については、http://iminsyukyo.blog.shinobi.jp/ を参照されたい）。

同プロジェクトを進めてきたなかで明確化してきたのが、「多文化共生」という理念およびそれに関わる諸実践における「宗教」の重要性と、そうであるにもかかわらず研究がほとんどなされてこなかったという学術上の課題であった。かくして、「多文化共生」と宗教をめぐる諸問題に焦点を当てて共同研究を進めていくなかで、國學院大學の共存学プロジェクトにも出会い、学術的交流を行うこととなったのである。

二〇一六年二月二六日に國學院大學渋谷キャンパスで開催された平成二七年度共存学公開研究会「移民と多文化共存」は、報告者が宮下良子（大阪市立大学）、川崎のぞみ（筑波大学）、星野壮（大正大学）の三名、コメンテータが蓟田真司（國學院大學）、菅浩二（國學院大學）の二名であった（討議司会、白波瀬達也（関西学院大学）、司会進行、杉内寛幸（國學院大學）、以上敬称略）。以下、本節では同研究会の模様を手短に要約しておこう。

冒頭の宮下報告「グローカル化する在日コリアン寺院―二〇一六―」においては、一九八〇年代以降に進展してきた「多文化状況」に対応してきた「多文化共生」という試みが、エスニック・バウンダリーの明確なマイノリティたちのホスト社会における「共存」に注目してきたことが取り上げられた。しかしその一方で、そこでは、マジョリティとマイノリティ双方のさまざまな人びとが生活世界において相互交渉し、ときにその過程でエスニシティの境界が曖昧になっていくという実態が看過されてきた点が鋭く指摘された。そして、宮下は、長年フィールドワークを実施してきた関西圏の「在日コリアン寺院」（巫俗（シャーマニズム）のような朝鮮半島の民俗宗教と仏教が習合した形態の寺院「朝鮮寺」のことを宮下はこのように改称した（宮下 二〇一二）の事例を紹介することを通じて、トランスナショナルに移動する韓国系ニューカマーの宗教者たちが、在日コリアン、日本人の仏教徒たちを日本におけるローカルな活動だけでなく、韓国本土のローカルな活動にも接続させており、宗教実践のグローカリゼーションを促していることを、豊富なデータをもとに示した。

次の川﨑報告「東日本大震災被災地支援における在日ムスリム団体の対応」では、まずバブル期以降の外国人労働者の急増にともなってパキスタン、バングラデシュ、イラン、インドネシア等からの移住者（おもに男性）たちも増加し、彼らと日本人女性との国際結婚も相まって在日ムスリムが増加してきたことが説明された。そして、一九九〇年代、中古車貿易業やレストラン経営等を起業して経済的基盤が安定する者が増えていくなかで、各地にモスクも設立されるようになっていったという。こうして移住者のムスリムたちは日本での定住化を進めていくなかで、子どものイスラーム教育（信仰教育）、国際結婚を契機に改宗した女性（ムスリマ）の居場所やネットワーク作りといった諸課題への取り組みも行っていることが説明された。そのうえで、在日ムスリムたちによる東日本大震災の被災地支援の事例を紹介しつつ、イスラーム的な要素を表面に出さないように配慮するなど、ムスリムたちは日々の生活のなかで日本の主流社会の規範や習慣と折り合いをつけつつ、信仰者としての自らのアイデンティティを構築・維持することを模索しているという実態が示された。

最後の星野報告「在日ブラジル人と宗教―カトリック教会を中心に―」においては、一九九〇年の「入管法」の改正以降、急増してきたブラジルからの「デカセギ」とその配偶者たちの宗教が取り上げられた。その後、彼ら／彼女らはさまざまな職種に就くようになって永住者や日本生まれの世代も増加しつつ定住化を進めてきたものの、リーマン・ショックや東日本大震災の影響により、ブラジルに帰国する者が多発したという状況が説明された。そして、日本のデカセギたちのおもな宗教活動として、（一）カトリック教会や新宗教などの日本の既存集団への参加、（二）ブラジルから宣教で到来したペンテコステ派プロテスタント教会への参加、（三）ペンテコステ派教会や心霊主義などのデカセギたち自身による運動への参加、という三つのタイプが紹介された。そのうえで、これまで調査を行ってきたカトリック教会、プロテスタント教会等の事例を取り上げて、カトリック教会に関しては、その内部にはコンフリクトもあるとはいえ、マルチ・エスニックな状況が形成されており、日本人信者たちや地域社会とのあいだの「多文化共生」が生み出されているという。一方、その他の集団は地域社会において周囲から可視化されない活動となっており、デカセギのモノ・エスニックな空間となっているという。

以上の三名による報告の後に行われた質疑応答のなかでとくに筆者が関心を持ったのは、（一）公共性に関する議論において宗教がどの程度その根拠づけになりうるのか、（二）宗教的な共同性は異なる文化の境界をこえた新たな市民的共同性を生み出すのか、（三）宗教的な共同体においてソーシャル・キャピタル（社会関係資本）はいかにしてブリッジ型になりうるのか、（四）マイノリティ集団のアイデンティティ形成において宗教に着目する意義とは何か、といったおもに蓟田が指摘した論点であった。これらの点については、本稿の末尾であらためて検討してみたい。

また、実証的な事例調査の成果を通じて、宗教にもとづく移住者たちの結びつきに関して、従来の研究においてしばしば強調されてきた「コミュニティ」的な側面だけでなく、「ネットワーク」的な面も浮かび上がらせた点も、同研究会の大きな意義であったと筆者は考えている。こうした宗教の特徴は、それを通じてルーツを同じくする移住者たち同士を結びつけるだけでなく、日本人などの他の多様な人びととの交流、すなわち「共存」や「共生」をも促しうるといえるだろう。

さらに、今回の研究会においては、移住者集団の世代交代が重要な課題となっている点が指摘されていたことも看過できない。子どもへの信仰継承の難しさといった問題だけでなく、異なる立場の人びととのあいだの「共存」ないし「共生」を促す宗教の役割も、国籍・言語（第一言語）・生活習慣・価値観等が異なっていく移住者の第一世代と第二世代以降とでは異なっていくという点は重要である。

次節以降、こうした宗教が醸成しうる異なる文化的背景を有する人びとのあいだの「共存」ないし「共生」の諸相について、社会学の立場からどのように研究していくべきかを検討していきたい。

二 「多文化共生」概念の複雑さ

そもそも「共存」ないし「共生」とは、いかなる状態・状況を意味するものなのだろうか（ちなみに英語では前者はcoexistence、後者はcoexistenceもしくはsymbiosisの語があてられることが多いように見受けられる）。古沢広祐は、共存学プロジェクトにおける「共存」概念について次のように説明している。

> 共存という言葉は、多様な集団（個的集まり、地域集団・社会、国家、国際社会）、さらには自然と人間との関係など様々な存在様式において、敵対的関係（他者の否認）ではなく、互いに存在を受け入れ（存在の受容）、相互の関係性を維持している状態を指す表現である。こうした静的な状態を、よりダイナミック（動態的）にとらえると、単なる関係性の維持にとどまらない多様な関係性を新たに構築していく可能性（積極性）を秘めた言葉としても受けとめることができる。

本書において共存という概念は、対立・敵対を回避するという意味合いとともに、より創造的な関係性構築への可能性を含み込んだ原初的様態を示した言葉として使用している。関連する用語としては、従来「共生」や「持続可能性」という言葉が多く使われてきたが、それらはどちらかといえば理想型としての在り方を設定しての概念であったと思われる。共存とは、いわば共生に至る以前の原基的な形態であり、複雑かつ錯綜する諸関係の多義的展開について考察することを可能とする概念といってよかろう（古沢 二〇一二：一二）。

古沢のいう「共存」概念の射程は広く、ミクロからマクロ、そしてグローバル・レベルの人間社会のみならず、自然環境をも視野に入れたものである。同概念の豊穣さは魅力的ではあるものの、あくまでヒトとヒトとの関係性に焦点を当てて展開してきた社会学の議論と直接結びつけて検討することはやや性急な試みであろうし、筆者の知識と能力をはるかにこえる作業となる。それゆえ、ここでは従来からしばしば用いられてきた「共生」概念について、「多文化共生」の問題を中心に置いて論を進めていきたい。

1　理念としての「多文化共生」とその問題点

一九九〇年代に入ってから使用されるようになっていった「多文化共生」概念は、とくに一九九五年一月に発生した阪神・淡路大震災が大きな契機の一つとなって、自治体による取り組み、市民運動、学術研究等を通じて社会に広く浸透してきた日本特有の概念である。そして、二〇〇〇年代以降になると、二〇〇一年に発足した外国人集住都市会議による政府への提言もさかんになってきた（塩原 二〇一三：一八〇―一八一）。総務省による「多文化共生」の定義は、「国籍や民族などの異なる人々が、互いの文化的ちがいを認め合い、対等な関係を築こうとしながら、地域社会の構成員として共に生きていくこと」（総務省 二〇〇六）とされている。このような「多文化共生」概念は、行政およびそれに積極的に関わってきた企業による使用が目立つものでもある。行政の具体的な「多文化共生」政策の内実としては、外国籍住民の言語や生活（居住、教育、労働、医療、福祉、防災など）

への支援、文化交流などが中心となってきた。

しかし、こうした「多文化共生」の実態は行政主導による「上から」のものという性格が強いため、数々の批判も受けてきた。例えば、広田康生は、政治理念としての「多文化共生」概念を批判的に論じており、自治体等の行政の「多文化共生」の理念が同化主義的傾向を含んでいる点を問題視している（その一方で、市民によるグラスルーツの「共生」の取り組みは積極的に評価している）（広田　二〇〇六）。また、梶田孝道らは、「多文化共生」を論じる学術的研究における「共生」・「文化」偏重を批判する。すなわち、モデルに適合しない現実を看過しがちであり「ものわかりのよい住民」と「生活基盤を築く外国人」だけの空想上の「地域社会」を想定する傾向がある点、さらに政治経済的な格差について無関心ないし無視するため、「文化」・「エスニシティ」のみを対象にしてしまいがちである点を厳しく指摘している。そのうえで、「共生」に代えて「統合」概念を主張し、政治経済的な平等の実現を目指して「権利」と「コミュニティ」に注目することの重要性を論じている（梶田・丹野・樋口　二〇〇五）。

こうした問題については、文化人類学者の竹沢泰子による整理（竹沢　二〇一一）も参考になる。竹沢は、欧米の多文化主義（multiculturalism）も問題点を抱えているとし、主流集団優位のマイノリティの承認、「多文化」の内容の貧しさ（3F（衣服 fashion・食べ物 food・祭 festival）中心で消費されてしまう「文化」）、「文化」の多様性・重層性・可変性の不透明化、といった点を指摘する。さらに日本社会における「多文化共生」の諸問題として、ニューカマー偏重（アイヌ民族、琉球民族、朝鮮・中国系のオールドカマーたちの不在）、行政・NPO等による取り組みにおける言語問題の偏重、「日本人」対「外国人」という根強い二分法により「エスニシティ」が醸成されにくいこと、ニューカマー集団の代表性が特定の組織や個人へ集中する傾向があること、人種差別を罰する法律の不在、といった点を指摘している（もっとも二〇一六年、不十分な点もあるものの、「本邦外出身者に対する不当な差別的言動の解消に向けた取組の推進に関する法律」（ヘイトスピーチ対策法）がようやく成立した）。

上述のような「多文化共生」をめぐるさまざまな問題を、岩渕功一は次のようにまとめている。まず、国家や行政に取り込まれた多文化共生言説においては、文化的アイデンティティやエスニシティが過度に強調されているため、構造化された社会・経済的不平等、人びとの移動と国境の管理、といった諸問題が注目されていないという。また、「共生」という言葉の耳あたりの良い調和的な響きゆえに、現実の多文化社会の差別や不平等の側面を隠してしまうとしている。そして、多文化共生言説は、現実社会の人びとの生活における「不均衡な邂逅、衝突、そして共生の多様なあり方を見えなくしてしまう」と批判している（岩渕　二〇一〇：一五―一七）。

このように「多文化共生」とは純粋な学術的概念ではなく、問題含みものであることも間違いない。しかしながら、「多文化共生」的な理念の社会的な重要性は広く一般に共有されており、さまざまな研究分野において今なお取り組むべき研究課題であることも確かであろう。塩原良和は、「多文化共生」への種々の批判が逆説的に新自由主義的な社会の「個人化」の戦略と親和的になる危険性を指摘し、次のように主張している。

〔前略〕（エスニック組織の制度化やエスニシティの本質化への批判的視座を理論的前提としながら）ミクロな「現場」での移民・外国人住民との対等な関係性づくりのプロセスをマクロな社会構造の変革につなげる「協働」によって対話と「連帯」を創造する試みとして、多文化共生を再定義し実践していく重要性が明らかになる（塩原　二〇一〇：八一）。

現在の日本の現状を鑑みれば、こうした「理念」もしくは「理想型」としての「多文化共生」への批判点の多くについては、筆者も首肯するものである。とはいえ、何をもってして人びとが具体的に「共生」という状態にあると見なすのかといった問題については、それほど検討されてこなかった。そこで、次に移住者の「共生」に関わるいくつかの社会学的な議論を取り上げて検討してみたい。

2　分析概念としての「共生」

そもそも「共生」とはいかなる状態を指し示す概念なのだろうか（ちなみに、社会学における「共生（symbiosis）」概念の導入の端緒は、人間社会を自然環境的な視点から把握することを試みる「人間生態学」を標榜して、コミュニティ間の有機的な相互依存関係の考察を試みたシカゴ学派の興隆の中心人物ロバート・E・パークである（パーク一九八六））。

例えば、社会学分野における在日コリアンに関する研究を長年にわたって牽引してきた谷富夫は、都市社会における日本人住民と在日コリアン住民とのあいだの「民族関係」のありようを類型化している。横軸に集団間の関係性の志向性について「結合」⇔「分離」（対立、差別）、そして縦軸にエスニシティ（民族性）の表出について「顕在」⇔「潜在」を設定し、四象限の図式上の四類型に整理した（谷　一九九二：二八〇―二八二）。

さらに谷は、民族集団の「結合関係」として、集団間の利害関心にもとづく相互依存関係である「共働関係」と集団間の価値合意に依拠した結びつきである「共同関係」という二つのタイプに区分する。そして、それら四つの類型を、それぞれ①「顕在―分離」型＝「自己の民族性を顕在させつつ、他民族と対立、葛藤しているタイプ」→共同性・協働性もなし、②「潜在―分離」型＝「自らの民族性を意識的に隠しながら分離を志向するタイプ」→民族性を潜在化させた協働関係を含む、③「潜在―結合」型＝「自己の民族性を捨てて、他民族の社会と文化へ限りなく同化融合しようとするタイプ」→民族性を潜在化させた協働関係を含む、④「顕在―結合」型＝「民族性を顕示しつつ結合を志向するタイプ」→協働性のみならず共同性も含んだ「多民族コミュニティ」、と説明している（谷　二〇〇二：一七―二一）。

「共生」という概念を広義に扱えば、同化主義的で同質性の高い主流社会へのマイノリティ側の従属ともいえる②や③のタイプも含み入れることは可能である。実際、とくに行政やマジョリティ側の語りにおいて「多文化共生」について言及されるとき、②や③の意味も込められていることが往々にして見られる。それゆえ、現実社会における「多文化共生」に関連した現象の内実を精緻に分析するうえで、こうした谷による類型はきわめて有効であろう。

また、在日ブラジル人について幅広い調査を行ってきた教育社会学者の小内透は、これまでの「共生」概念に関わる議論が、理念をめぐる問題として論じられており、「制度上の共生」と「生活上の共生」の差異を看過してきた点を批判した。そして、人間社会を、経済・行政・政治・教育・医療福祉等の制度による「機構的システム」、ならびに人びとの主観的領域も含んだ「労働―生活世界」に二分して、それぞれの「共生」を「システム共生」と「生活共生」と名づけている（小内　一九九九：一三五）（ちなみに広田康生はこうした立場を「「システム論的共生」研究」と呼んでいる（広田　二〇〇六））。確かに「多文化共生」の議論では、理念と実態の説明がしばしば混同され、また生活世界レベルのミクロな「共生」と制度や政策等のメゾ―マクロなレベルの「共生」が適切に区分されずにいる点を踏まえれば、小内の主張は妥当なものといえる。

そして、ここでは小内のいう「システム共生」に注目しておきたい。というのも、「多文化共生」関連の諸活動の現場やそれに関する調査研究においては、まるで前述の総務省による「多文化共生」の説明に引きずられるかのように、地方自治体や国家レベルの制度や政策等のようなマクロな問題系に関する諸課題は脇に置いて、地域社会内の生活世界についての議論に終始する傾向が見られるためである。例えば、前にも言及した梶田孝道らは、集住地域における不安定で外部から認知されない在日ブラジル人労働者たちのあり方を「顔の見えない定住化」と名づけ、移民コミュニティの「統合」政策の必要性を提起した。そこでは国家による移民政策や外国人労働者の労働市場とブラジル人コミュニティとの関係が注目されている（梶田・丹野・樋口　二〇〇五）。問題点を多く内包している「共生」ではなく、「統合」概念があえて主張されている点は重要であろう。

こうした「多文化共生」についての諸研究の成果を参考にして、今後の社会学領域の実証的な事例研究に求められる点を指摘するならば、以下の四点にまとめられるだろう。すなわち、（一）理念に関する議論と社会現象の分析を明確に区別すること、（二）「共生」の実態の諸相を精緻に分析すること、（三）地域社会や生活世界だけでなく制度や政策等のマクロな問題も視野に入れること、（四）そのうえで多様な人びととの「共生」の実現に向けた議論や取り組みに研究者の立場から積極的に参加すること、である。

三　「多文化共生」における宗教の位置

何らかのかたちで人びとに救済をもたらすという点は、「宗教」というものの重要な社会的役割の一つである。筆者なりに説明するならば、宗教とは、現世および彼岸にわたる自己定義に関わるものであり、また物心の剥奪状況に置かれた人々にとって身近で「すがりやすい」資源といえる。近現代日本において数々誕生した新宗教が、急激な社会変動下でしばしば苦しんできた民衆の「貧病争」の解決に取り組んできたことはその分かりやすい例である。そうであるならば、主流社会からの社会的排除にさらされがちなマイノリティである移住者たちにとって、宗教が彼ら／彼女らの生存において重要な資源となってきたことは容易に想像できるだろう（高橋二〇一四a：二五六）。例えば、宗教施設が、難民や移住者の緊急時の「アジール」や「駆け込み寺」といった場として役割を果たすことはしばしば聞かれるところである（白波瀬・高橋　二〇一二、高橋　二〇一四bなど）。

そうした移住者と宗教の関わりに着目したこれまでの先行研究の成果について、筆者は以前レビューしたことがある（高橋　二〇一三）。宗教研究（宗教社会学）においてその画期となったのは、二〇一二年に刊行された三木英と櫻井義秀による論集（三木・櫻井編著　二〇一二）といえる。同論集の「はじめに」によれば、出版の社会的背景には一九八〇年代以降のニューカマーの増加にともなう日本の「宗教多元化」がある。そして、同論集の研究上の問題関心としては、まずは「ニューカマー宗教」の現状把握があり、さらに「顔の見えない定住化」などとされてきたニューカマーないし「ニューカマー宗教」と日本人社会との交流状況などが挙げられている（三木・櫻井編著　二〇一二：i―v）。

さて、移住者たちにとって「宗教」が果たしうる機能について細かく分類してみると、（一）狭義の宗教的救済、（二）エスニシティの文化資源の一つ、（三）社会的支援の担い手、といった三つに分けられるだろう（もちろん、これらの三つは現実社会においては、はっきりと区分できるものではなく相互に重なり合っている）。（二）のエスニシティの問題についていえば、宗教が、エスニック・コミュニティの形成の基盤になり、言語や文化の維持・継承・記憶の場となったり、同胞間のネットワーク等を通じて個々人が抱える物心の悩みを解決したりする資源となりうる。また、宗教は、異邦で暮らす人びとが故郷を追憶し、場合によって実際に交流する機会を提供することもありうる。ただしその一方で、宗教には民族や国家をこえた普遍的救済を唱えるものも少なくない。そうした宗教は、特定のエスニック・コミュニティを越境して、国籍や民族を越えた交流や連帯を媒介する役割を担うこともある。

白波瀬達也は、こうした宗教組織と移住者との関わりについて、同一組織内のエスニシティの混在の有無という点を指標にして、①「モノエスニックな宗教組織」（いわゆる「エスニック・チャーチ」であり、例えば、日本に住む韓国人、ブラジル人、フィリピン人それぞれが中心のプロテスタント教会など）、②「マルチエスニックな宗教組織」（イスラームのモスク、インターナショナル性を主張するプロテスタント教会、カトリック教会など）の二つに理念的に区分している（白波瀬　二〇一六：一〇四―一〇五）。

とはいえ、現実の諸集団について、実際に「モノエスニック」と「マルチエスニック」のいずれかに分類することは容易ではなく、当該組織の教義や理念、活動内容、信者たちの意識、外部社会との関係性等のさまざま要素を考慮する必要がある。その際、例えば宗教学者の藤井健志が提案する、「チャーチ」型の宗教（移民やエスニック集団および彼ら／彼女らの出自社会における主流派の宗教）と「セクト」型の宗教（「チャーチ」型とは区別される非主流派の宗教）といった集団の社会的形態による類型（藤井　二〇〇一）から検討することも有益だろう。

また、(三) 社会的支援の担い手という点は、「多文化共生」の取り組みに直接的に関係するものの、筆者の知る範囲では行政やNPO等の現場において、それほど注目されてこなかったといえる。例えば、『改訂版多文化共生キーワード事典』(多文化共生キーワード事典編集委員会 二〇一〇)などを開いてみても「宗教」に関連する項目は取り上げられてはいない。また、「多文化共生」に関する主要な諸研究に目を通した白波瀬達也は、行政、NPO・NGO、医療・福祉機関、企業、学校、地域コミュニティなどがしばしば取り上げられてきた一方で、宗教は看過されてきたと指摘している(白波瀬 二〇一六:一〇四)。

もちろん、すでに述べたように、そうした状況の背景には日本国憲法で規定されている政教分離原則や信教の自由がある。とはいえ、法制度上の限界はありつつも、行政も防災などに宗教施設等を活用しようと試みている。一例を挙げるならば、総務省は、阪神・淡路大震災や東日本大震災の教訓から多文化共生政策の一環として、災害時における外国籍住民への支援時における彼ら/彼女らの宗教への理解や、そうした人びとが集まる宗教施設との連携の必要性を提言している(総務省 二〇〇七、同 二〇一二)。

また、社会福祉の領域においては、「多文化ソーシャルワーク」といった取り組みが近年、進められつつあり、そこではクライエントたちの多様な文化的背景を考慮した支援が重視されている。宗教組織が相互扶助的なコミュニティや精神的な安定をもたらす存在としての役割を果たしうるものであり、「インフォーマルサービス」の一つとして注目されている(社団法人日本社会福祉士会編 二〇一二:七二)。しかしながら、白波瀬達也によれば、現状では多文化ソーシャルワークの実践と宗教関連組織とのつながりは微弱であり、実際に取り組まれているのに一部の先進地域にとどまっているという(白波瀬 二〇一六:一〇六、一一七)。

未開拓といえる「多文化共生」と宗教をめぐる実証研究において、現時点ではどのような分析視角が有効なのだろうか。ここでは便宜上、多面的な「宗教」について、習俗や慣習等の諸実践や思想的な側面ではなく、集団・組織などの面(いわゆる教会、教団など)を中心に論じていくこととする。

宗教組織における「共生」の具体相としては、大きくは二つのタイプに区分できるだろう。本稿では、それらを（一）「宗教組織内〈多文化共生〉」と（二）「宗教組織外〈多文化共生〉」とする。

まず（一）「宗教組織内〈多文化共生〉」についてであるが、その要因はどうであれ、同一集団内に異なる文化的背景を持つ者たちが集っている組織は少なくない。そうした組織においては、信仰を共有する諸集団が、いかにして組織としてのアイデンティティを共有しつつ、さまざまな活動を協力して行っていくのかが、その存続の重要課題となる。それゆえ、集団間の葛藤や対立を解消させていくため、組織内の諸制度や諸実践を変化させたり、新たな理念を打ち出したりするほか、マイノリティ集団への布教や支援などにも取り組む。だが、そうした試みが失敗した場合には、一部の集団の組織からの離脱（排除）、組織の分裂、組織自体の衰退・消滅といった危機が生じる。そしてもちろん、結果的に集団間の対立や葛藤を解決できずに「共生」（「結合」）に失敗したり、そうしたことを志向しない道を選択したりするという例、すなわち「分離」の事例（坪田　二〇一三、荻二〇一六など）もしばしば見られる。そのような事例では、当該組織の「セクト」性や排他性の影響等も検討する必要がある。

第二節で紹介した川崎報告や星野報告が取り上げた、日本のイスラームのモスクやカトリック教会などでは、組織内の「共生」を構築・維持するための方法が試行錯誤されてきたといえる（そして、当然ながら「共生」の失敗もしばしば起こりうる）。また、宮下報告で取り上げられていた朝鮮寺も、もともと在日コリアンが中心であったものが、諸要因によって内部が多様化してきたなかで、多様なアクター間の交渉や交流が進展してきた事例と見なせるだろう。

他方、（二）「宗教組織外〈多文化共生〉」は、宗教組織や信者（人的資源）などをベースにして、特定の宗教組織の枠を越えて社会の公的領域における「多文化共生」に関わる活動を行うものである。川崎報告における在日ムスリムたちによる東日本大震災の被災地支援やカトリック教会が行ってきた数々の在日外国人や難民支援（星

野　二〇一一、白波瀬・高橋　二〇一二、高橋　二〇一五、白波瀬　二〇一六、徳田　二〇一五など）がその典型例である。ただし、そうした一般的な社会活動のみならず、世界宗教者平和会議（ＷＣＲＰ）のような宗教間対話や交流、宗教組織間の連携や協力等に関わる活動も、こうしたカテゴリーに含むことできるだろう。また、政府や自治体等の政策に対するアドボカシー活動や世俗の社会運動への関与等も看過できない問題である。

なお、これら二つ類型は理念型的に設定したものであり、現実の個々の宗教組織の現場においては、必ずしも両者は明確に峻別することはできないだろうし、また両者が同時並行的に進展するわけでもない。「宗教組織外〈多文化共生〉」を進めている組織において、「宗教組織内〈多文化共生〉」が必ずしも浸透しているとは限らず、逆もまたしかりである。そして、こうした研究テーマの具体的な事例調査において、さしあたり中心的な対象とすべきなのは、（一）宗教組織（とその関連組織）の動向、（二）地域社会という地理的空間内における宗教の役割、の二つとなるだろう。とくに（二）については、徳田剛が先駆的な研究成果を提出している（徳田二〇一六）。

もちろん、宗教組織にせよ、地域社会にせよ、どちらかに限定するのではなく、いずれかに比重を置きつつも、双方の視点を踏まえることによって、研究対象である宗教組織の個々の現場での「共生」のありようを適切に解明することができる。さらにいえば、研究対象を特定の移住者の集団や宗教組織に限定せずに、行政、他の宗教、他の地域住民などにも目を配って諸アクターを複眼的に調査することで、現代日本社会における宗教を通じた「多文化共生」の実態に迫る必要がある。その先に、「国家」などのよりマクロな問題系との接続を模索していくことが求められるであろう。

四　宗教がもたらす共生の理解のために

本稿では、共存学公開研究会「移民と多文化共存」における議論を糸口にしつつ、現代日本社会における「多文化共生」と宗教について、社会学的な立場から実証的な事例研究を進めていくために求められる要点を検討してきた。国家政策レベルでもさまざまな領域に外国人労働者を導入する準備が進行している現状を考えれば、望ましいかたちであるかどうかは別にして日本社会のますますの多民族化・多文化化の進展は不可避であろう。そうした状況下で多様な文化的背景を持つ人びとのあいだの「共生」を促す多様な取り組みのなかで、（宗教）社会学が果たしうる役割は決して小さくないことは本稿で示してきた通りである。

本稿を結ぶにあたり、第二節の終わりで言及した公開研究会で提起された、（一）公共性に関する議論において宗教がどの程度その根拠づけになりうるのか、（二）宗教的な共同性が異なる文化の境界をこえた新たな市民的共同性を生み出すのか、（三）宗教的な共同体においてソーシャル・キャピタル（社会関係資本）がどうしてブリッジ型になりうるのか、（四）マイノリティ集団のアイデンティティ形成において宗教に着目する意義は何か、という四つのコメントについて筆者なりに応答しておきたい。

まず、（一）（二）については日本社会のコンテクストを考慮すべきであろう。多文化主義の政治運動が展開して、国家政策のみならず市民社会のレベルでもその批判も含めて議論がなされてきた西洋とは異なり、そもそも日本では公共的議論において「多文化共生」はいまだに重要なアジェンダにはなっていない。例えば、自由主義の立場から多文化主義について広範に論じてきた政治哲学者のウィル・キムリッカは、宗教集団を重要な存在としてしばしば言及している（キムリッカ　一九九八）ものの、日本にはそうした思想的な土壌は整っていない。

とはいえ、宗教の市民社会における意義はなかなか認知されておらずとも、本稿で指摘した宗教組織内外の

〈多文化共生〉という現象は実際に発生しているのであり、そうした現実を公共的議論へと接続させていく試みがまずは求められるのではないだろうか（とはいえ、日本社会の根本問題は、「多文化共生」の問題に限らず、公共的議論を積極的に行う市民社会が未成熟であることなのだが）。

また、（三）の問題も看過できない問題である。政治学者のロバート・パットナムは、ソーシャル・キャピタル（社会関係資本）の特徴を異なる人びとのあいだを結びつける「橋渡し型」（包摂・結合）と排他性や内閉性を帯びた「結束型」に分けた（パットナム　二〇〇六）。宗教にもそうした二面性があり、しばしば後者の特徴が強調される。白波瀬達也は、「多文化共生」の取り組みにおいて、宗教組織が、宗教法人以外のアソシエーションを併設することによって、二種類のソーシャル・キャピタルをうまく形成させることができると論じている（白波瀬　二〇一六：一一九）。筆者もこの指摘には部分的には賛同するものの、カトリック教会のようにそうした二種のソーシャル・キャピタルを形成しやすい特性を有する宗教組織とそうではないもの（例えば、教義や理念上、排他的志向性を有している組織など）があると考えられるため、宗教組織全般に安易に一般化できない議論だろう。

なお、社会学者のアレハンドロ・ポルテスが指摘しているように、ソーシャル・キャピタルには、外部者の排除、集団のメンバーの外部に対する過度な要求、個人の自由の制限、低い規範の一般化などの否定的（negative）な側面もある（Portes　1998:15-18, 渡部　二〇一一：一四六）。それゆえ、「多文化共生」という文脈において、ある宗教がもたらすソーシャル・キャピタルがあらゆる移住者たちにとって同様に機能するわけではなく、またルーツを同じくする集団であっても第一世代と第二世代とでは状況は異なる（ポルテス・ルンバウト　二〇一四）。個別事例を分析する際には、こうした点も加味する必要があるだろう。

最後に（四）についても言及しておきたい。第四節でも論じたように、宗教はエスニシティ構築の文化資源の「一つ」にもなりうる。ただしそれもまた、それぞれの集団の状況に依存するものであり、またイスラームのように「宗教的アイデンティティ＝エスニック・アイデンティティ」と単純に見なすこともできない。そうした点を考慮すれば、マイノリティ集団の集合的アイデンティティを宗教のみで代表させることはできない。実証研究で可能なのは、当事者たちの主観的意味世界において、彼ら／彼女らの信仰する宗教がどのように位置づけられるかに注目することである。そして、「多文化共生」と宗教をめぐる研究において重要なのは、そのなかで「共生」や「対立」・「葛藤」がどのように発生するのかを検討する作業である。

日本における「多文化共生」の理念や諸活動には、ホスト社会へのパターナリスティックな支援（上からの移住者たちの包摂）を念頭に置いたものが少なくなく、学術的な研究もその例外ではない。今後の研究者たちに求められるのは、基礎研究の成果の蓄積と発信だけでなく、「多文化共生」という共通課題と意思決定に関して、移住者、宗教関係者、公的ないし民間の多様な諸アクターたちが参加できる対話の「場」の構築に積極的に関与することだろう。

参考文献

岩渕功一「多文化社会・日本における〈文化〉の問い」岩渕功一編著『多文化社会の〈文化〉を問う―共生／コミュニティ／メディア―』青弓社、二〇一〇年

荻翔一「韓国系キリスト教会におけるエスニシティの多様化と組織的変容―新旧のコリアンの関係性を中心に―」『宗教と社会』第二二号、二〇一六年

小熊英二『単一民族神話の起源―「日本人」の自画像の系譜―』新曜社、一九九五年

小内透「共生概念の再検討と新たな視点―システム共生と生活共生―」『北海道大学教育学部紀要』第七九号、一九九九年

梶田孝道・丹野清人・樋口直人『顔の見えない定住化―日系ブラジル人と国家・市場・移民ネットワーク―』名古屋大学出版会、二〇〇五年

キムリッカ、ウィル『多文化時代の市民権―マイノリティの権利と自由主義―』角田猛之・山崎康仕・石山文彦監

訳、晃洋書房、一九九八年（原著一九九五年）
國學院大學研究開発推進センター編・古沢広祐責任編集『共存学　文化・社会の多様性』弘文堂、二〇一二年
塩原良和「「連帯としての多文化共生」は可能か？」岩渕功一編著『多文化社会の〈文化〉を問う―共生／コミュニティ／メディア―』青弓社、二〇一〇年
塩原良和「日本における多文化共生概念の展開」吉原和男編者代表編『人の移動事典―日本からアジアへ・アジアから日本へ―』丸善出版、二〇一三年
社団法人日本社会福祉士会編『滞日外国人支援の実践事例から学ぶ多文化ソーシャルワーク』中央法規、二〇一二年
白波瀬達也「浜松市におけるベトナム系住民の定住化」『コリアンコミュニティ研究』第四号、二〇一三年
白波瀬達也「多文化共生の担い手としてのカトリック―移民支援の重層性に着目して―」関西学院大学キリスト教と文化研究センター編『現代文化とキリスト教』キリスト新聞社、二〇一六年
白波瀬達也・高橋典史「日本におけるカトリック教会とニューカマー―カトリック浜松教会における外国人支援を事例に―」三木英・櫻井義秀編『日本に生きる移民たちの宗教生活―ニューカマーのもたらす宗教多元化―』ミネルヴァ書房、二〇一二年
総務省『多文化共生の推進に関する研究会報告書―地域における多文化共生の推進に向けて―』総務省、二〇〇六年
総務省『多文化共生の推進に関する研究会報告書二〇〇七』総務省、二〇〇七年
総務省『多文化共生の推進に関する研究会報告書―災害時のより円滑な外国人住民対応に向けて―』総務省、二〇一二年
高橋典史「外国人支援から見る現代日本の「移民と宗教」―在日ブラジル人とキリスト教会を中心にして―」吉原和男編著『現代における人の国際移動』慶應義塾大学出版会、二〇一三年
高橋典史『移民、宗教、故国―近現代ハワイにおける日系宗教の経験―』ハーベスト社、二〇一四年a
高橋典史「宗教組織によるインドシナ難民支援事業の展開―立正佼成会を事例に―」『宗教と社会貢献』第四巻第一号、二〇一四年b

高橋典史「現代日本の「多文化共生」と宗教―今後に向けた研究動向の検討―」『東洋大学社会学部紀要』第五二巻第二号、二〇一五年
竹沢泰子「移民研究から多文化共生を考える」日本移民学会編『移民研究と多文化共生』御茶の水書房、二〇一一年
谷富夫「エスニック・コミュニティの生態研究」鈴木広編著『現代都市を解読する』ミネルヴァ書房、一九九二年
谷富夫「民族関係の都市社会学」谷富夫編『民族関係における結合と分離―社会的メカニズムを解明する―』ミネルヴァ書房、二〇〇二年
多文化共生キーワード事典編集委員会編『改訂版 多文化共生キーワード事典』明石書店、二〇一〇年
坪田光平「フィリピン系結婚移民とエスニック教会―「エンターテイナー」をめぐる価値意識に着目して―」『社会学年報』第四二号、二〇一三年
徳田剛「被災外国人支援におけるカトリック教会の役割と意義―東日本大震災時の組織的対応とフィリピン系被災者への支援活動の事例より―」『地域社会学年報』第二七集、地域社会学会、二〇一五年
徳田剛「「非集住地域」における外国人支援セクターとしてのカトリック教会」徳田剛・二階堂裕子・魁生由美子『外国人住民の「非集住地域」の地域特性と生活課題―結節点としてのカトリック教会・日本語教室・民族学校の視点から―』創文社出版、二〇一六年
パーク、ロバート・E.『実験室としての都市―パーク社会学論文選―』町村敬志・好井裕明編訳、御茶の水書房、一九八六年
パットナム、ロバート・D.『孤独なボウリング―米国コミュニティの崩壊と再生―』柴内康文訳、柏書房、二〇〇六年（原著二〇〇〇年）
広田康生「政治理念としての「共生」をめぐる秩序構造研究への序論―「編入」研究から地域社会秩序構造研究へ―」奥田道大・松本康監修『先端都市社会学の地平』ハーベスト社、二〇〇六年
藤井健志「移民の宗教の〈社会的形態〉とエスニシティ―台湾系仏教運動を手がかりとして―」吉原和男／クネヒト・ペトロ編『アジア移民のエスニシティと宗教』風響社、二〇〇一年

古沢広祐「多様性が織りなすグローバルとローカルの世界動向―共存社会の展望―」國學院大學研究開発推進センター編・古沢広祐責任編集『共存学　文化・社会の多様性』弘文堂、二〇一二年
星野壮「不況時における教会資源の可能性―愛知県豊橋市の事例から―」『大正大学大学院研究論集』第三五号、二〇一一年
ポルテス、アレハンドロ、ベン・ルンバウト『現代アメリカ移民第二世代の研究―移民排斥と同化主義に代わる「第三の道」―』村井忠政訳、明石書店、二〇一四年（原著二〇〇一年）
三木英・櫻井義秀編『日本に生きる移民たちの宗教生活―ニューカマーのもたらす宗教多元化―』ミネルヴァ書房、二〇一二年
宮下良子「第二章六 在日コリアン寺院」宗教社会学の会編『聖地再訪 生駒の神々―変わりゆく大都市近郊の民俗宗教―』創元社、二〇一二年
渡部奈々「パットナムのソーシャル・キャピタル論に関する批判的考察」『社学研論集』第一八号、二〇一一年
Nagayoshi, Kikuko, "Support of Multiculturalism, But For Whom? Effects of Ethno-National Identity on the Endorsement of Multiculturalism in Japan," *Journal of Ethnic and Migration Studies*, 37(4), 2011
Portes, Alejandro, "Social Capital: Its Origins and Applications in Modern Sociology," *Annual Review of Sociology*, 24, 1998

付記

本稿の第三節および第四節の内容は（高橋　二〇一五）の一部を大幅に加筆修正したものである。また、本稿は、二〇一四―一六年度ＪＳＰＳ科研費 JP26580010（挑戦的萌芽研究）「日本のカトリック教会による移住・移動者支援の実証的研究」（研究代表者：白波瀬達也、研究分担者：星野壮、高橋典史）、二〇一五―一七年度同 JP15K21408（若手研究（Ｂ））「ベトナム難民の日本定住における宗教組織の役割に関する研究」（研究代表者：高橋典史）による研究成果の一部である。

アメリカ生まれの新宗教と共存への模索
――越境する宗教にみられる適応戦略の事例――

杉内寛幸

日系宗教が海外に展開する例は枚挙にいとまがない。戦前には、仏教などの伝統宗教だけではなく、大本、ひとのみち、天理教、世界救世教など日系新宗教も活発に海外に展開し、戦後には創価学会（ＳＧＩ）や真如苑などが在住の日本人だけではなく、非日系人を対象としてアメリカやヨーロッパ、アジアなどで布教活動を行っている。近年では、アフリカに創価学会や幸福の科学などの新宗教が進出するなど、世界中に日系宗教が展開していると言えるだろう（上野　二〇一六）。また、反対に国外発祥の宗教が日本国内へ展開する場合もある。

無論、宗教が他国に越境するのは、現代的な現象というわけではない。世界宗教であるキリスト教・仏教・イスラム教のように、宗教的な布教・教化が民族や国境を超えて展開することは、古代から現代まで歴史的に無数に見られる現象である。あえて違いを述べるならば、世界宗教と呼ばれるものと違い、先述したような新宗教は近代に成立したものであり、比較的短期間で世界各地に広まるケースが見られるという点であろう。このような宗教が越境する現象は、宗教の教義や時代状況、地域性などにも左右されるため、多くの事例研究が必要となる。

日系宗教の世界展開を検討するにあたり、井上順孝は、海外に住む日本人や日系人の布教を主な対象とした

「海外出張型」と、布教活動が複数の国家にまたがって非日系人も巻き込んで布教する「多国籍型」の二つに分類を行っている（井上　一九八五）。さらに、布教先における地域性から移民を主な対象とする「移民依存型」、植民地などを背景に布教活動を行う「国策依存型」、まったく基盤の無い土地へ布教する「無基盤型」に細かく三分類している（井上　一九九七）。また、この分類は時代状況によって変化を伴う。例えば、世界最大の日系人口を抱えているブラジルでは、戦前の一九〇八年に日本人移民の移住が始まっている。一九〇八年には本門仏立講（現・本門仏立宗）、一九二〇年代には天理教や大本がブラジルの日本人社会へ布教を始めたが、大本は本国で一九三五年に起こった第二次大本事件によって徹底的に弾圧され、ブラジルと日本間での連絡が困難となった結果、ブラジル大本は独自の活動を行うようになった（松岡　二〇〇四：三八―四一）。このように、「海外出張型」が「多国籍型」に移行することもある。

一　外来系新宗教とは何か

日系新宗教の海外展開については、比較的研究の蓄積が見受けられるが、国外で発祥した新宗教の日本における展開については、まだ先行研究が少ないのが現状である。そもそも、外来の新宗教教団を括る名称については、これまで統一されたものは存在していなかった。『新宗教事典』では「外来の新宗教」や「外来系の新宗教」という呼称を用いているが、ここでは便宜的に「外来系新宗教」に統一することとする。この外来系新宗教は、明治期に来日した布教歴の長いものから、戦後に来日したものまで多様である。世界的に展開している非常に巨大な教団もあれば、サークル活動のような非常に小規模な形で活動を行っているものもある。『新宗教事典』によれば、次の四種類に分けられる。①アメリカ系②インド・アメリカ系③韓国系④ヨーロッパ系の四つに分類できる。①のアメリカ系は、輸血拒否問題などで話題となったエホバの証人や、海外のセレブが入信していることで有名なサイエントロジー、白人による布教活動が有名なモルモン教などの教団がある。これらの教団はサイエントロジー以外、日本での布教活動を戦前期から行っており、国内での活動歴が長いのが特徴である。また、エホバの証人、モルモン教などは、国内である程度の信徒数を持っており、日本に定着していると言えるだろう。②のインド・アメリカ系は、戦後のニューエイジ文化などの影響や、インドの瞑想団体などがアメリカを経由して日本で活動するタイプである。③の韓国系は、主に韓国のキリスト教の土壌から発祥した教団が、日本で活動しているものなどを指す。霊感商法などいわゆる「カルト問題」などで問題化する教団もある。④のヨーロッパ系については、スピリチュアリズムなど戦前期から国内で紹介されているものなどやラエリアン・ムーブメントなどがある。近年では法輪功などの中国系新宗教も日本で活動を行っている。現代の日本では、これら様々な外来系新宗教が活動を続けており、その実態を把握するのは非常に難しい。

本論は、日本で布教活動を行っている外来系新宗教と、日本社会や他宗教との「共存」について宗教教団の戦略から論考を行う。「共存」について古沢広祐は、「多様な集団（個的集まり、地域集団・社会、国家、国際社会）、さらには自然と人間との関係など様々な存在様式において、敵対的関係（他者の否認）ではなく、互いに存在を受け入れ（存在の受容）、相互の関係性を維持している状態を指す表現である。こうした静的な状態を、よりダイナミック（動態的）にとらえると、単なる関係性の維持にとどまらない多様な関係性を新たに構築していく可能性（積極性）を秘めた言葉としても受けとめることができる（古沢　二〇一二：一二）。」とする。筆者は、ここで言う「共存」とは、「共生」という理想型の概念ではなく、互いの存在を認める、あるいは互いの存在を意識しつつも、相互に過度な干渉を行わない関係であると考えている。

本論では、モルモン教という世界で急速に拡大する新宗教に注目する。同教団は、非常に強いアメリカ的なイメージを持つと同時に、アメリカ社会と軋轢を起こした過去の歴史を持つ。このアメリカ的な宗教教団が「共存」のためにいかなる適応戦略を行っていたかを考察する事を目的とする。まず本国のアメリカにおけるモルモン教と社会の関係を概観し、次いで日本の社会における「共存」のための適応戦略について検討する。

二　モルモン教の展開と社会との軋轢

モルモン教の正式名称は「末日聖徒イエス・キリスト教会（The Church of Jesus Christ of Latter-day Saints）」であり、一九世紀にアメリカで創始されたキリスト教系新宗教の一派である。酒、タバコ、コーヒーなどの刺激物をタブーとしており、断食や安息日の遵守などの戒律が厳しいことなどが、主な特徴として挙げられる。かつて「多妻婚（ポリガミー）」を実施していたことや、「三位一体の否定」、「神殿の建築」、「死者のためのバプテスマ」、「死後の世界観」などの教義上の相違などから、主流派のキリスト教会からは異端視されることもある。

今日、モルモン教の信徒数は公称約一五〇〇万人で、世界に四一八の伝道部を持っている。このモルモン教の急速な発展を支える宣教師は、世界中で七万四〇〇〇人が活動している。宣教師は、男性の場合は一八歳から、女性は一九歳から二年間活動を行い、若いモルモン教の男性は、布教活動を行うことを奨励されている。アメリカの宗教社会学者ロドニー・スタークは、第二次大戦後から一九七〇年代末までの信徒数の増加率が一〇年あたりで五〇％以上であることに注目しており、二〇八〇年までにこの増加率が高い見積もりで続けば二億六五〇〇万人を超えると予測している。また、一〇年で三〇％の低い見積もりの場合は六三〇〇万人となるとしている（Stark and Neilson 2005）。表1を見ると理解できるように、実際の信徒数は低い見積もりを少し上回っているようである。スタークは、「モルモン教が成功する基本的な理由」について「宗教運動は、伝道を含めて進んで働く献身的な働き手を産出できるときに成長する」と述べており、宣教師の働きが非常に活発で献身的であることが信徒数の増加を支えている事を指摘している（Stark and Neilson 2005:115）。ここからも理解できるように、急激に巨大組織となったモルモン教であるが、アメリカ社会とは必ずしも良好な関係性を持っていたわけではなかった。

1　アメリカ社会とモルモン教

モルモン教が生まれた状況を理解するためには、当時のアメリカの時代背景を踏まえる必要があるだろう。歴史的に見れば、アメリカは信仰の自由を求め移住したピルグリム・ファーザーズが建国したという、宗教的移民国家から始まっている。北アメリカは、すでに一五世紀にヨーロッパからの入植があったが、その後、一六二〇年にイギリスでの宗教改革で迫害された人々が、自由な信仰と実践を求めマサチューセッツに入植する。このグループはカルヴァン派のピューリタンであり、ピルグリムと呼ばれている。ピューリタン達は宗教コミュニティを建設していく事となった。この他にも、イギリスで迫害されたクエーカーやシェイカーなどのキリスト教の一派がアメリカに訪れることとなった。その後もヨーロッパからの入植者達は、母国から宗教を持って続々とアメリカに到着していった。また、宣教師らが先住民や各コロニーに対してキリスト教を広め、社会活動を行っていく。その後、アメリカ合衆国の成立において、国教制度の否定と信教の自由を保証する政教分離制度が確立した。

モルモン教の創始者ジョセフ・スミス・ジュニア（一八〇五―一八四四）が生まれたのは、アメリカのキリスト教社会にとって第二次覚醒運動（一七九〇年代～一八三〇年代）が起こっていた時代である。第二次覚醒は、贖罪と聖書の重要性が説かれ、個人の回心体験を重視した。この第二次大覚醒時の特徴にはそれまでの

表1　増加する信徒数と将来の見積もり

モルモン教徒の成長と、実際の率との比較			
年	（高）見積もり	（低）見積もり	実際のメンバーシップ
1981	4,830,000	4,761,000	4,920,000
1985	5,680,000	5,288,000	5,911,000
1990	6,957,000	6,029,000	7,761,000
1995	8,521,000	6,875,000	9,338,859
2000	10,436,000	7,838,000	11,068,861
2005	19,172,999	8,937,000	12,560,869
2010	15,654,000	10,190,000	14,131,467
2015	19,172,000	11,618,000	15,634,199
2080	267,452,000	63,939,000	

（Stark 2005 より近年の信者数を追加）

ニューイングランドの正統主義信仰の権威が薄れ、メソジスト派とバプテスト派が伸長しており、リバイバル集会などの熱狂によって、個人が神と直接交わることが信仰において最も重要とされる時代であった。スミスは、ニューヨーク州パラマイラに住み、農業を営んでいたが、当時のアメリカ東部では、ピューリタンの影響が強く、多くのキリスト教の宗派が存在している状況であったとされる。モルモン教によれば、スミスは当時いずれの宗派にも属していなかったが、一八二〇年に森で祈っていた時、神とキリストがどの教会にも属すべきではないとの啓示がされた。一八二三年、スミスの元に天使モロナイが、アメリカ大陸の先住民の記録が埋蔵されていることを告げられ、金版を発見した。一八二八年には発掘した物体を用い、スミスは金版の翻訳を行い、一八三〇年に「The Book of Mormon」(モルモン書)として出版された。モルモン教という呼称は、この聖典からきている。同年、「キリストの教会」と名乗り、教会を設立することになるが、同年一二月には信徒数増加に伴い、オハイオ州に教会を移すことになる。

一八三一年以降、スミスらは各地を転々とすることになる。オハイオ州カートランドでは、教義体系を整備し、儀式のための神殿の建築を行ったが、教会による「カートランド安全協会銀行」の営業失敗、また急激な信徒の増加に伴う周辺住民との軋轢が高まった事などにより、一八三八年にはカートランドを去り、ミズーリ州へと移動したが、モルモン教の信徒数が増えるにつれ、同地の住民による反対運動が起こった。モルモン教は自警団を組織し対抗していたが、一八三八年一〇月二五日に教会員が反対派に襲われ、双方に死傷者がでることとなった。ミズーリ州知事から「撲滅令」が発令され、大規模な衝突が起こった。スミスは身柄を拘束され、牢獄に収監されることになったが、のちに側近たちと共に逃走した。

一八三九年四月、イリノイ州のコマースに移住し、スミスはこの土地をヘブライ語で「ノーヴー(美しい場所)」と名づけ、都市建設を行う。ノーヴーは州議会において認められていた市の憲章があり、市独自の立法権、司法権が与えられていた。また、独自の市の義勇軍があり、スミスは市長職と共に独自の市の義勇軍の長などを兼務し、公共施設を整備し、神殿の建設も行った。一八四四年には米国政府の方針を不満とし、スミスは大統領選に出馬を表明した。この時期のスミスは、政教分離とは逆の神政政治的な傾向を深め、ノーヴー憲章を逸脱するような傾向が強まり、憲章の廃止を求めたと言われる。また、信徒のミズーリ州前知事の銃撃事件関与疑惑や、既に知られていた「多妻婚」の実施で、教会は周辺住民との軋轢を深めて行った。同年、教会を破門された者達による、反モルモンの新聞「ノーヴー・エクスポジター」の印刷工場を破壊することをスミスが命じる。イリノイ州知事に出頭を命じられたスミスたちは、カセージにて反逆罪の疑いで逮捕される。同年、六月二七日には反対者達が牢獄を襲撃し、スミスと兄のハイラム・スミスが死亡した。

スミスの死後、八月にはブリガム・ヤング（一八〇一―一八七七）が大管長として選出され、ヤングを中心とした教会員達は、反対者らから逃れるために一八四六年二月一一日にノーヴーを出発し西部へ向かい、一八四七年七月二一日にユタのソルトレーク盆地に入った。当時のユタは準州であったが、教会組織によって開拓が行われ、ヤングは準州知事と教会の大管長を兼務していた。一八四九年と翌五〇年、ヤングは宣教師を世界各地に派遣する決定をし、改宗者の移動を補助するため「継続的移住基金」を設立した。この制度によって、一八四九年に人口六〇〇〇人であったユタ準州の人口は増大した。アメリカ連邦政府は、経済的に独立を深めるヤングに対し、ユタ準州を管轄下に置こうと新知事や官吏を派遣し、モルモン教と衝突が起こった。

また、一八五二年には「多妻婚」が大きな問題となり、当時のブキャナン大統領は二五〇〇人の兵士をユタに送り込み戦闘が起こった。これは「ユタ戦争」と呼ばれている。一八六九年には大陸横断鉄道がユタ州北部で開通し、同地は孤立した土地ではなくなった。また、「多妻婚」は連邦議会においてたびたび取り上げられていたが、これを廃止させるべく、「多妻婚」実施者への公民権を停止する「エドマンド・タッカー法」が一八七七年に成立する。これを受け、一八九〇年に教会は神からの啓示という形で、大管長ウッドラフが「多妻婚」廃止の宣言を行い、廃止されることとなった。

その後、モルモン教は、社会的地位を高める方向へシフトし、アメリカという国家に同化・順応化していく方法を取るようになる。今日では、信徒は経済・社会・文化活動などに参加するとともに、非常に愛国的なアメリカ市民として見られるようになった。

2　日本社会とモルモン教

日本から見れば、アメリカから来日したモルモン教は、典型的な「無基盤型」「多国籍型」の教団である。現在の国内信徒数は約一三万人で、日本のキリスト教界の中では比較的多くの信徒数を持っている。また、二世・三世教会員が増えているとみられ、次世代への信仰教育が行われていることから、ある程度日本では定着した教会だと思われる（杉内　二〇一五）。

モルモン教と日本との接触は、一八七二（明治五）年にさかのぼることができる。不平等条約改正などを目的として渡米した岩倉使節団がワシントンに向かう途中、大陸横断鉄道が雪のため動けず、その際にソルトレークに滞在したことが記録に残っている。使節団はソルトレークで歓待を受けたことが記録されている。使節団に同行した木戸孝允は、書翰で「実に此宗之奇なる一夫多妻を娶り、已にプレシテント・ヨングなるものは当年七十余歳にて十八人之妻、六十余人之子あり」（『木戸孝允文書』）と記述しているように、「多妻婚」に関して注目していた。また、当時の国内の新聞にも、「此宗の奇なるは一夫にして多妻を娶り既に和尚（名をヨングと云）などは一九人の妻あり。生子七十余人生存する者四十八人」と「多妻婚」について多く記述されている。このように、すでにモルモン教の「多妻婚」は注目されていたのである。

一八九〇（明治二三）年に大日本帝国憲法が施行されたことにより、一定の信教の自由が保障された結果、モルモン教は日本への伝道活動を行うことをロレンゾ・スノー大管長の元で決定した。一九〇一（明治三四）年八月一二日、後に大管長となるヒーバー・J・グラントを伝道部長とした四名の宣教師が横浜に到着する。当時の新聞は、そのほとんどが「多妻婚」について批判的な論調を日本全国で展開していたため、モルモン教の宣教師らはこのイメージの払拭を図ることが課題となっていた。グラントは積極的に新聞などのインタビューに対し、「多妻婚」は既に本国においても廃止されていることを訴えている。その後、内務省による内偵などを経て、日本国内での布教活動が許可されたモルモン教は、日本各地への伝道活動を行う事となった（杉内 二〇一六）。

一九〇二（明治三五）年には日本伝道部が開設され、一九〇三年以降、日本各地で伝道活動を行っている。また、聖典『モルモン経（書）』の翻訳が急務となり、宣教師は英学者である平井金三、平井廣五郎、小説家の坪内逍遥、夏目漱石らに依頼するが、最終的に夏目漱石から紹介された生田長江に翻訳を依頼、一九〇九（明治四二）年に『モルモン経（書）』は刊行された。しかし、関東大震災や一九二四年五月にアメリカで制定された「排日移民法」によって日本国内での対米感情の悪化が起こり、改宗者が増えず伝道活動が閉塞状況に陥った。このことを重く見たアメリカ本部は、伝道部を閉鎖することを決定し、一九二四年七月に宣教師達が帰国、事実上の日本撤退となった。伝道部が閉鎖され、宣教師が帰国したことで、国内で実質的な指導者がいなくなった。当時、日本人が中心となり機関紙が発行されたが、会員同士の近況報告が中心となっていた。

一九三四（昭和九）年、アメリカのモルモン教本部は、ブリガム・ヤング大学へ留学経験がある藤原武夫を日本の管理長老及び特別宣教師に任命する。一九三五（昭和一〇）年に藤原は、札幌支部を再組織し、伝道部閉鎖後初のバプテスマを行うなど積極的な組織化を図ったが、病気により死去し、再建計画は頓挫した。国内において布教活動が行われることにその後しばらく無かったが、一九三七年末にはハワイのホノルルで日本伝道部が設けられ、日系人を対称とした布教活動が行われた。この日系人の中には、後に日本で布教活動を行い、伝道部長として赴任するような指導者も輩出している（沼野 二〇一三）。

日本での活動が再開したのは、第二次世界大戦終戦後の一九四八（昭和二三）年である。同年三月に東京の麻布に伝道本部を設け、各地で伝道活動を始めると同時に、戦前の会員記録から日本人信徒の消息を集めた。

一九六八（昭和四三）年には一万人を超える信徒数となる。一九七〇（昭和四五）年三月一四日には、大阪で開催された日本万国博覧会に、「モルモンパビリオン」を出展した。パビリオンには期間中、七〇〇万人が入館したと言われる。この時期、信徒数は二万人を超えた。一九八〇（昭和五五）年には、アジアで初となる神殿が東京麻布に建設された。神殿は信徒以外には開放されていないが、開館に先立ち一般公開が行われ、松下幸之助やテレビ局の社長、立正佼成会の庭野日敬会長が訪れた。神殿は、二〇〇〇年には中国・九州地方の信徒のために福岡県福岡市に「福岡神殿」、二〇一六年には東日本、北海道地方の信徒のために北海道札幌市に「札幌神殿」が建設されている。このように、急激な伸長を見せた日本のモルモン教であるが、近年は成長が鈍化している。これは、二世・三世信徒の増加により、安定期になったと考えるべきだろう。

三　モルモン教と多元主義社会

アメリカはキリスト教を主としているが、同時に多元主義社会でもあり、マイノリティの宗教が保証されている。既に述べた通りモルモン教は、宗教的移民国家であるアメリカにおいて、独自の信仰体系を創り上げた比較的新しい宗派である。ここでは、モルモン教を宗教社会学から理論的に考察することで、アメリカ社会における位置付けを行いたい。

モルモン教は、その創設当初は宗教社会学の類型論的には典型的なセクト的宗教教団である。セクト的な宗教は、支配的社会とは相対的に否定的な関係になる（マクガイア　二〇〇八）。既に見たように、初期のモルモン教はアメリカ社会と戦闘状態になるなど、緊張関係が生じた時期がある。しかし、セクト的な宗教は、社会、世俗へと妥協し、他教派との共存を模索することもある。リチャード・ニーバーはアメリカのキリスト教会に関して、ヨーロッパのチャーチ支配から逃れた出自を異にする多くのセクトが、アメリカ合衆国に忠誠を誓うところから、デノミネーション（教派）に変化するとしている（ニーバー　一九八四）。しかし、モルモン教はアメリカ社会に順応化したとは言え、総人口の約2％でマイノリティに属する宗教教団であるし、現在でも独自の信念体系と生活様式を維持している。マクガイアは、デノミネーション化しつつもセクト的傾向を保持する集団を、「エスタブリッシュト・セクト」と呼称する（マクガイア　二〇〇八：二六六―二六七）。モルモン教は、代表的な「エスタブリッシュト・セクト」と言える。モルモン教が初期に保持していた、共同性、共通の所有権、無階級性などを放棄し、保守的政治への指向性（ユタ州は、伝統的に共和党の票田となっている）、個人主義、自由企業の支持へ変容した。このように、組織内部から変化を行うと共に、社会もまた多元主義社会として寛容が求められることとなり、モルモン教は社会へ適応したと考えられるのである。

現在のモルモン教の立ち位置を考える上で興味深い事例として、二〇一二年の大統領選がある。共和党ミット・ロムニー候補は代々モルモン教徒の家系で、本人も敬虔な信者である。共和党中道派の代表格であり、一時期妊娠中絶・同性結婚を容認する発言をしたため、宗教右派から非難を受けている。結果的に敗北しているが、一般投票の得票率はバラク・オバマ大統領と接戦で、オバマの五〇％に対しロムニーは四八％であった。ピュー・リサーチセンターの解析によれば、「信仰心の篤い」と自己規定している白人の福音派に関しては七九％がロムニーを支持し、一般の白人プロテスタントの七割が投票している。無論、この事例からアメリカ社会にモルモン教が受け入れられたと言うのは早計であるが、マイノリティの宗教であったモルモン教が表舞台に出たことは否定できない。このように、アメリカの多元主義社会での共存を考える上で、モルモン教は様々な事例を提供することになる。いくつか現在のモルモン教が抱えている問題について見ていくことで、社会との共存について考えていきたい。

表2　人種比較 2007・2014（Pew Research Center から作成）

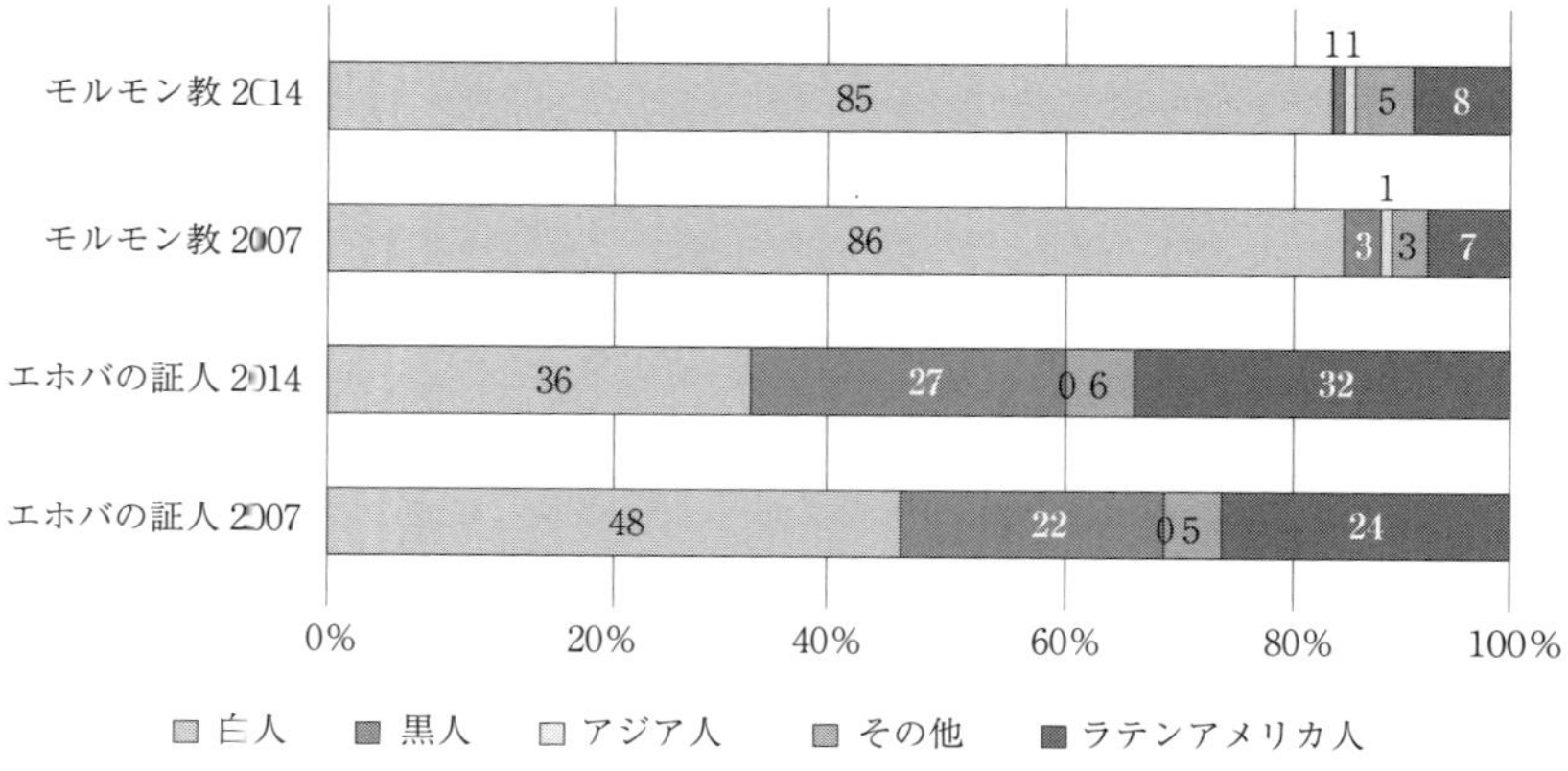

1　黒人への神権付与問題

モルモン教は、一九七八年まで黒人に神権を与えておらず、白人中心主義の宗教であるとされてきた。これは、アメリカ社会における黒人の奴隷貿易と、西欧社会におけるその行為の正当化が影響していると言われている。モルモン教は、正当化の根拠を、奴隷貿易を正当化したキリスト教と同様に、聖書にもとめている。創世記中にノアは「「カナン（ハムの子）は呪われよ奴隷の奴隷となり、兄たちに仕えよ。」また言った。「セムの神、主をたたえよ。カナンはセムの奴隷となれ」」（創世記　九：二五—二）と記述されている。ブリガム・ヤングの時代の一八五二年には、「カインの血を一滴でも受け継いでいる者は、神権を受けることが出来ない」とした。以降、黒人へ神権付与は無かったが、一九五〇〜六〇年代になって人種差別撤廃の機運がアメリカで高まった事を受け、徐々に緩和することとなった。黒人への神権が認められたのは、一九七八年六月である。当時のスペンサー・W・キンボール大管長が啓示によって「神権がすべてのふさわしい男性に与えられる」として、黒人への神権付与が公式に認められることとなった。このことから、モルモン教会は、人種問題に一定の解決の方向性を認めたと考えられる。

しかし、未だモルモン教は白人のための宗教というイメージが強い。表2は、アメリカ発祥のキリスト教系新宗教であるエホバの証人との人種別割合の比較であるが、表から見てとれるように、アメリカ国内では圧倒的に白人の割合が多い。このように、エホバの証人のようなセクトとの比較においても、モルモン教の独自性が看取できるだろう。

2 「多妻婚」に関する問題

既に述べたように、公式に多妻主義は放棄されているが、その後もこのイメージがまだ付きまとっているように思われる。モルモン教と聞いて最初にイメージするのが、「多妻婚」についてという人もまだ多い。二〇一四年には、ジョセフ・スミスが最大で四〇人の妻がいた事を教会が公式に認めた。CNNニュースによれば、スミスが多妻婚を行っていた事は知られており、宗教的な理由があるが、一〇代半ばから五六歳までの人物と結婚していた事に関して一部の信徒達は衝撃を受けている。

モルモン教の分派でＦＬＤＳ（The Fundamentalist Church of Jesus Christ of Latter-Day Saints）という教団がある。この教団はアリゾナ州コロラドシティーで現在も「多妻婚」を続けており、アメリカ国内でもほとんど知られていなかったが、二〇〇八年四月に一六歳の女性から家庭内暴力の訴えがあり、強制捜査が行われた。また、前年にはＦＬＤＳ指導者であるウォレン・ジェフスが一四歳の少女と信徒の結婚式を執り行ったとして警察が介入している。この共同体は、現在でも「多妻婚」を堅持しており、多妻婚を禁じているアメリカ社会から危惧されている。

3 ＬＧＢＴに関する教会の対応

モルモン教は、男女の役割が規定されている。今日では女性の果たす役割が重要視されているが、外部からはモルモン教は家父長的で、神権が女性に与えられないことを問題視する事がメディアに取り上げられることがある。また、ＬＧＢＴの問題に関しても問題となる。教会本部は、二〇一五年にＬＧＢＴの権利を擁護する法律を支持すると発表した。発表では、「性別や性的指向などに基づく迫害をわれわれは認めない」としており、信教の自由を侵害しない限り、ＬＧＢＴへの差別を是正する法整備を支持するとしている。しかし、この法律は結婚が男女間のものであるとする教義に反しないものであるとして、同性婚に関しては「婚姻関係にある男女間以外の性的関係は神の律法に反していると信じている」として認められないとしている。

このように、今後もモルモン教が社会との関係性を持つ限り、避けては通れない問題であると考えられる。無論、これらはアメリカ社会とモルモン教の関係だけではなく、日本のモルモン教の信徒にも関連する問題となる。

四　二一世紀のモルモン教と共存

モルモン教は知名度が高いとは言え、マイノリティの宗教であるが、近年では他宗教との共存を模索するなど、新しい動きが出ている。例えば、ミズーリ州のモルモン教徒が、イスラム教徒のために教会を開放し、礼拝場所を提供した。このように、アメリカにおいてイスラム教徒もマイノリティであるが、関係性を深めている。他にも、人道支援の関係で、コロンビアのカトリック団体と協力し、洪水と地すべりの犠牲者に支援活動を行った。また、二〇一〇年にはアメリカイスラム救援機構と協力し、ハイチ地震の犠牲者に人道支援を行っている。

このような人道支援などを介した宗教間協力は、日本でも見られる現象である。東日本大震災の対応で、「モルモン・ヘルピングハンズ」というボランティアが行われた。これは、一九九八年に教団の人道支援の一環として、南アフリカで創設されたものである。本来は、信徒とその隣人たちが協力することで、地域奉仕を行い自然災害やその他の緊急事態にボランティア活動を行う。資金や資材は教会の人道支援奉仕から提供され、福祉部によって監督されている。基本的に教会の福祉部がボランティアを担当するが、地域の指導者により独自に行われる場合もある。この奉仕活動において、宣教師やボランティアは被災した多賀城と東松島などの神社で瓦礫撤去作業を行った。この活動は、二〇一一（平成二三）年七月六日に明治神宮で行われた第八回国際神道文化研究会

「モルモン教の東北支援―ボランティアへの熱意―」で報告された。この他にも明治神宮には、モルモン教の教会指導者やBYU Wind Symphonyの日本公演が行われた際に表敬訪問が行われている。

二〇一三年からは「インターフェイス・ディナー」が開催されている。この催しは、イスラム教、キリスト教、ユダヤ教、神社関係者などが参加し、互いの信条を尊重しつつ、理解と対話を深めることを目的とする。また、「信教の自由」という共通の価値観を持ち、社会に貢献する機会を模索することを目指している。このように、本国アメリカだけではなく、日本国内でも宗教間協力を模索しているのである。

最後に、モルモン教の適応戦略について、本国と越境地での比較を行いたい。まず、社会との共存であるが、歴史的に見てきたとおり、モルモン教はアメリカの社会状況に、ある程度柔軟な対応をすることで教勢を伸ばしてきた。他宗教との共存に関しては、近年のモルモン教はいわゆる「宗教間対話」や「宗教間協力」を「信教の自由」というテーマを前面に打ち出しているように見受けられる。これは、日本社会においても多宗教との共存を模索するなど、同様の傾向にある。だが、これは教団上層部による動きである。今日、アメリカ社会で教会は一定の社会的認知があり、かつ極めてアメリカ的な宗教として理解されている。しかし、人種問題、ＬＧＢＴに関する姿勢を問われていることなど、今後も様々な問題が起こると予想される。この問題は本国だけではなく、日本のモルモン教も今後対応を迫られることになるだろう。モルモン教は、教義の上で「唯一真の神の教会」であるとしている。厳格な信徒は、この教義を元に排他的・独善的に陥ることもあるだろう。今後、「宗教間対話」や「宗教間協力」を行うモルモン教の動向を注視していく必要がある。

参考文献

井上順孝『海を渡った日本宗教　移民社会の内と外』弘文堂、一九八五年
井上順孝編『グローバル化と民族文化』新書館、一九九七年

上野庸平『ルポ　アフリカに進出する日本の新宗教』花伝社、二〇一六年
杉内寛幸「戦前における末日聖徒イエス・キリスト教会の日本布教とキリスト界の反応」『神道研究集録』二〇一五年
ニーバー、リチャード『アメリカ型キリスト教の社会的起源』ヨルダン社、一九八四年
沼野治郎『モルモン教をどう見るか—第三の視点をさぐる—』せせらぎ出版、二〇一三年
古沢広祐編『共存学：文化・社会の多様性』弘文堂、二〇一二年
マクガイア、メレディス・B．『宗教社会学』明石書店、二〇〇八年
松岡秀明『ブラジル人と日本宗教—世界救世教の布教と受容—』弘文堂、二〇〇四年
Stark, Rodney, and Reid Larkin Neilson, *The Rise of Mormonism*, Columbia University Press, 2005

参考ホームページ（最終閲覧は全て平成二八（二〇一六）年一二月二五日）

ナショナルジオグラフィック日本版 http://natgeo.nikkeibp.co.jp/nng/magazine/1002/feature05/index.shtml
ピュー・リサーチ・センター「How the Faithful Voted: 2012 Preliminary Analysis」http://www.pewforum.org/2012/11/07/how-the-faithful-voted-2012-preliminary-exit-poll-analysis/
ブ http://www.ldschurch.jp/byu-wind-symphony-japantour　http://www.ldschurch.jp/interfaithdinner2015
末日聖徒イエス・キリスト教会　チャーチニュー　https://www.lds.org/church/news/church-calls-for-laws-that-protect-religious-freedom?lang=jpn
http://www.mormonnews.jp/%E8%A8%98%E4%BA%8B/%E4%BB%96%E5%AE%97%E6%95%99%E3%81%A8%E3%81%AE%E3%81%A4%E3%81%AA%E3%81%8C%E3%82%8A
ＣＮＮニュース　http://www.cnn.co.jp/usa/35056447.html

第三部　グローバル変動下で共存を模索する試み

国連生物多様性条約会議の全体会議
（メキシコ、2016 年）
（撮影：古沢広祐）

トランプ時代におけるアメリカの多文化主義

ヘイヴンズ・ノルマン

一　トランプ現象と多文化主義

二〇一六年一一月八日、ドナルド・トランプ候補がアメリカ合衆国第四五代大統領の選挙において当選した。このトランプの勝利を翌日の『ニューヨークタイムズ』は、「アメリカの民主主義体制とその長年の理想を容赦なく狙いすました、爆発的でポピュリスト的かつ国民二極化を図る選挙運動の、気を遠くさせるほどの極み」であり、「ここ数十年間のグローバル化と多文化主義の中で、アメリカン・ドリームに手が届かない、と感じていた白人ブルーカラーと労働者階級の、大きく看過されてきた有権者連合が、その力を決定的に示したもの」と解説した。

同じ日に『ニューヨーカー』誌の編集長デービッド・レムニックは「アメリカの悲劇」と題する記事で次のように述べた。「ドナルド・トランプの大統領当選はアメリカの共和制やその憲法にとっての悲劇であり、国内外の国粋主義、独裁主義、女性嫌悪、人種差別主義の力にとっての勝利に他ならない。トランプの衝撃的勝利——大統領位への上昇——は合衆国や自由民主主義の歴史における辟易《へきえき》するくらいの出来事だ。……嫌悪感と深刻な不安をもって以外にはこの契機に反応するすべがない。」

こうした激しい表現が伝えるように、トランプの当選が、アメリカの既存制度を担ってきた政治家やインテリ、メディア、評論家たちに与えた衝撃は非常に大きなものであった。「アメリカ民主主義の終焉か？」という不安をかき立てる発言さえ、言い過ぎではないと感じるほどだ。

本稿では、このトランプ勝利の要因とも関わる「多文化主義」の問題を考えたい。「多文化主義」（multiculturalism）は比較的新しい単語だ。アメリカの新聞にはじめて現れたのは一九八九年といわれ、同年に『オックスフォード英語辞典』にもはじめて載せられた（Glazer 1997：7-8）。その後の年月がたつにつれメディアに現れる頻度が高くなってきたが、必ずしも一定の意味としてではない。幅広い意味と文脈で用いられており、しばしば理解に混乱も見られる。早い段階では、一つの国家に多様な文化があるという偶然発生的な実態を示す意味としても用いられたが、それならば多文化主義がない現代国家はほとんどないということになる。

それに対して本稿では、歴史の偶然として多様性があるとするのではなく、意図的な政策として「支配的な文化」ではない複数の「下位文化」（少数民族集団など）を承認し、それら複数文化がある程度、支配的な文化に溶け込まず、同化しないでそのまま支配的な文化と平行に存在していく、とする政治的方針を「多文化主義」だと定義する。しかし定義は別として、なぜ多文化主義が課題とされるに至り、なぜそれは勢いよく飛びたったか、その射程はまだ最後まで描かれていない。多文化主義は移民の問題と切り離せないが、低賃金の移民労働者は移民先の国の労働者階級に対する脅威なのか、あるいは多文化主義は将来の社会の理想像なのか、について、慎重に見守るべきである。

本稿で私は以下の二点を論じる。まず「多文化主義」という考え方について概観し、欧米ではどのような文脈で生まれ、用いられているかを示す。次に、トランプ勝利に関わる多文化主義をめぐる状況について考察する。そして最後に、ポスト9・11時代のアメリカに関するトランプ流ディストピア像（暗黒世界）の主な標的とされた、ムスリム＝アメリカンのコミュニティについて論じる。とくにトランプの選挙運動の標的にされたムスリムの存在が、アメリカ社会においてどんな形で影響力や役割を成り立たせてきたかを考えたい。

二　多文化主義の変遷

1　多文化主義の曙

多文化主義にとって、二〇一七年に至るこの二五年間は、非常に不安定な期間であったと言えるだろう。上述の通り、multiculturalism という英単語は一九八九年に初めてアメリカの新聞に現れたが、その三年後の一九九二年、カナダ人哲学者チャールズ・テイラーは *Multiculturalism: Examining The Politics of Recognition*（『多文化主義と「承認をめぐる政治」』）を発表して、多文化主義の思想的背景と基礎的観念を提案した。英語で出版してまもなくこの論文はいくつかの他言語に翻訳され刊行された（日本語版は一九九六年）が今もなお大きな反響を呼び続けている。

一九九七年、ハーバード大学のネイサン・グレーザーが *We Are All Multiculturalists Now*（『今、みんな多文化主義者』）という書籍を著した。この書籍の題名からすると多文化主義を肯定的にみとめ、その事実上の成功を発表するものであるかのような印象を受ける。しかし、著者グレーザーは必ずしもそのような立場に立つ人物ではなかった。

グレーザーによると、アメリカはその国家としての誕生から二〇世紀半ばまで、移民や少数民族に対し、以下のような基本的態度をとっていた。即ち、アメリカの国籍を与えることにより皆が同じアメリカ文化に同化し、アメリカ人としてのアイデンティティを身にまとう。確かに、その「アメリカ文化」はいわゆる「WASP」（白人、アングロ・サクソン、プロテスタント）の土台にもとづいていたが、その土台に築く上物は移民（これもほとんど白人だけと考えていたが）の知恵の総合体としての新しい創作と観念された。それ以上のアイデンティティ（民族やジェンダーなど）を持つことも結構だが、国家はそれらのすべてを個人の「趣味」とみなし、それらを支持したり援助したりはしない、という「好意的無視」とよく呼ばれる態度である。

しかしながら一九五〇年代の後半から、アフリカ系アメリカ人の公民権運動とともに、アメリカの原住民（「インディアン」）その他の少数民族に対する差別是正やアイデンティティをめぐる運動が勃発し、一九六〇〜七〇年代に高揚期に至った。公民権運動の基礎的目的は過去の差別的「隔離」政策を是正することにより、アメリカという「民族のるつぼ」への黒人の統合を早めようとするものであった。だが皮肉にも、民族や人種というアイデンティティに対する誇りを強調するあまり、支配的文化への同化や統合を拒否するという「新隔離」思想を促し、結果として民族の「サラダ・ボウル」や「文化のモザイク」という新しいイメージが生まれた。

その状況はポピュラーカルチャーにまで濃厚に浸透した。例えばそれまでの娯楽映画におけるインディアンは、ほとんど悪役として描写されるのみであったが、六〇年代からはそのイメージが大きく変わった。一九七〇年公開の映画だけでも、『小さな巨人』Little Big Man（アメリカ／日本公開は一九七〇／一九七一年）や『ソルジャー・ブルー』Soldier Blue（同じく一九七〇／一九七一年）、『馬と呼ばれた男』A Man Called Horse（同じく一九七〇／一九七〇年）等がその例として挙げられる。これらの映画はすべての点において歴史的に正確とはいえなくても、その中で原住民に対する白人の差別や野蛮な行為が如実に描かれた。そして、それまでのようにインディアンを開拓民への加害者として描くのではなく被害者として描き、そのイメージはアメリカの大衆の意識修正の機会となった。

どちらかというとグレーザーは、自由民主主義国家として少数民族はアメリカの文化に「同化」すべきだとの立場から、多文化主義の導入を、致し方ないもの、心ならずも必要とするもの、としてしか認めない人物であった。また、『今、みんな多文化主義者』出版の翌年には、ウイントワース工科大学のジョージ・カトシアフィカスとサフォーク大学のテオドロス・キロスが *The Promise of Multiculturalism*（『多文化主義は前途有望』）という論集を編集して発行した。この論集に収められた論文のほとんどは、多文化主義に対してグレーザーの意見よりも好意的ではあったが、忘れてはならないのは二つの書籍にみられた共通点である。それは「多文化主義」における課題の対象として、アメリカに入ってくる移民などの少数民族とともにすでにアメリカ国民である黒人をも含む視点であり、特に公立学校の「K‐12」（幼稚園～高校三年まで）の新カリキュラムをめぐる論争が問題とされていた。それまでのカリキュラムはほとんど白人男性の歴史的活躍が中心であったのに対して、新しく導入されたカリキュラムでは、黒人や女性などそれまで差別の対象となっていた少数民集団のアメリカ社会への貢献が大きくクローズアップされるようになった。しかしその後も論争は続いている。多文化主義の基礎的目標の一つは社会の下位集団のあいだに差別をなくし、相互理解と尊重を進めることであるが、その実践において集団の新しい孤立と他の集団との摩擦を招くとする、非難の声も大きかったのである。

2 「多文化主義は完全に失敗しました」

上述の書籍二冊が刊行されてわずか四年後には、かの「9・11」として知られるアメリカの同時多発テロ事件とともに、多文化主義の新しい幕が開かれた。多文化主義に対するそれまでの批判に加え、特にイスラームを信仰する移民や民族集団が批判の標的となった。ムスリムに対するヘイト・クライム（憎悪犯罪）の事件数が増え、ムスリムたちはアメリカ社会における自らの居場所について慎重に考えるようになった。

アメリカだけの問題ではなかった。ロンドンの「7・7」（二〇〇五年）同時多発テロ事件もあったし、その他のテロ事件も枚挙のいとまがないほどである。そしてそのほとんどの事件は、イスラーム過激派による犯罪という点で共通していた。これらの事件の中、ドイツのアンゲラ・メルケル首相は「多文化主義は完全に失敗しました」という、今やあまりにも有名な発言を二〇一〇年に行った。その前後には、同じような見解が当時の英国のデーヴィド・キャメロン首相、フランスのニコラ・サルコジ大統領など、ヨーロッパ各国の政治家からも示された。そして今日に至るまで、多文化主義という政策次元の問題を越え、あらゆる形態の社会的「多様性」の現在と将来をめぐって真剣な議論や問いかけがつづいている。しかし、多文化主義の「失敗」を言葉にすることはたやすいかもしれないが、事情はそう簡単に片づけられないだろう。それぞれの国や地域を見てみると、「多文化主義」の内容や理解・導入の仕方などには大きな相違があり、すべての文化多様性の問題を一律に「多文化主義」と名づけられるかどうかに疑問が残るからだ。

「多文化主義は失敗した」との発言が、移民制度など別の問題の身代わりにされているのではないか、という疑問も可能である。例えば『ニューズウイーク』誌の元ベルリン支局長アンドルー・ナゴースキーは述べている「移民が社会に溶け込み、社会が彼らを受け入れる状況を生み出すために、ドイツはもっと努力しなければならない――これがメルケルのメッセージだ」。もしこれが正解であれば、多文化主義が失敗したのではなく、ドイツは多文化主義そのものを誤解した、といえよう。

本稿の冒頭で多文化主義の定義を述べたが、その中で特に重要なのが、多文化主義の動機とその「意図的」性格とを指摘した部分であろう。つまり、多文化主義は外国人労働者を招き入れることで「偶然」に起こるものではないのだ。多文化主義においては、最終的な目的を最初の段階からはっきりと示し、それを成功させるための計画と「努力」がまさに必要なのである。

三　トランプ発言にみる諸問題とマイノリティ

1　民衆を扇動するトランプの語り

アメリカが抱えている移民問題はドイツとは同じではないので、その対策もまた同じではない。しかし、トランプ新大統領が考えているのは多文化主義でもなければ同化主義でもなく、その本質は「鎖国主義」に近いだろう。かれの選挙スローガン「アメリカを再び偉大にしよう」の裏に横たわっている意味を、「アメリカを再びホワイト（白人の国）にしよう」と読み取る人々は少なくない。アメリカのもっとも歴史の長い白人至上主義団体KKKと、もっとも新しい白人至上主義集団 alt-right による推薦があったのもその故である（トランプの選挙組織はそれらの推薦を正式に否認したが）。

　しかしトランプの排他的志向のもっとも戦慄すべき側面を、アメリカへの移民一般に対する彼の批判的な態度に見ることができる。この態度は二〇一五年六月一六日の彼の発言において明確になった。「メキシコは多くの問題を抱えた人々を米国に送り、奴らが問題を持ち込んでいるのだ。奴らは麻薬を持ち込む。奴らは犯罪を持ち込む。奴らは強姦魔だ。おそらく善良な人びとは、わずか一部分だろう」。彼はまた、かかる犯罪要素はメキシコに限らず中南米から、そして「おそらくは中東から」やって来ているのだと付け加えた。

　犯罪の要因をラティーノ（中南米系の移住労働者）に求め、そこに中東からの不法移民（即ちムスリムたち）も混じる、とする大雑把極まりない非難に加えて、トランプはアメリカとメキシコとの国境全体に壁を作り、その費用をメキシコに負担させる、と幾度も繰り返した。こうした人種差別的・外国恐怖症的な乱暴な発言は、民主党だけでなく彼の属する共和党の主流派からも拒絶の対象となった。にもかかわらず、彼の「支持基盤」と考えられる層には、こうした煽情的発言は強く訴えるものがあったようで、トランプは一切態度を軟化させることなく、およそ一か月後にもほぼ同趣旨の発言を繰り返している。

メキシコ系移民に対するトランプの発言は、ある意味で典型的なラティーノへの差別を大げさにして煽り立てるものだったが、ムスリムに対する彼の態度は、さらに悪質な虚偽を含んでいた。トランプは「同時多発テロの際に、焼け崩れていく世界貿易センタービルにムスリムたちが喝采を叫んでいるのを目撃した」と、予備選挙運動中の二〇一五年一一月二一日に主張したのである。その翌日、彼はABCニュースで司会者のジョージ・ステファノポロスに、この疑わしい主張について直接質問されたが、やはり同じ主張を強調しつつ繰り返した。だがこの件については、アメリカ社会で重要な役割を果たしているファクトチェッカー（無党派的な事実確認機関）のひとつ**Politifact**が精査し、トランプは単純な嘘を述べている、という総合的な結論をくだしている。

しかし残念ながら、トランプを支持するアメリカ人の多くは、彼の主張が事実か否かについての関心も確認能力も、ほとんど持ち合わせていないようである。また、トランプが選挙運動中に発したあまりに大量のいかがわしい主張について、その全部を一個人が確認することも困難なのだ。やはり**Politifact**が、大統領本選挙期間の両候補の発言について概要を公表したところによると、ヒラリー・クリントンの主張にあっては「ほとんど事実と異なる」、「事実と異なる」、「至急訂正が必要」の判定が併せて二五・九％であったのに対し、トランプではこれらの判定の割合が七〇％を越えている。より驚くべき事実として、最も深刻な分類である「至急訂正が必要」が、クリントンではその発言の二％なのに対し、トランプでは発言の一八％以上を占めた。要するに平均して、選挙期間中にトランプが発した主張のうち、ほぼ五つに一つが言語道断の不真実であった、ということになる。

トランプのデマゴギーは、支持者のイスラモフォビア（イスラム恐怖症）を煽るものであり、またムスリムの扱いに関する彼の公約とも関わって問題視すべきである。また、アメリカ人ムスリムに対するヘイトクライム発生率が高まっている事実からも、見逃すことができない。

上述の虚偽の主張を行った約一か月後の同年一二月七日、トランプは「何が起きているのか、政府の役人たちが理解できるまで」ムスリムのアメリカ入国を禁止する、との公約を表明した（http://www.bbc.com/japanese/35036101）。彼とその選挙陣営は「ムスリム登録制」やムスリム監視データベース導入をめぐり数多くの、しかもしばしば相互に矛盾した発言を行っており、それは第二次世界大戦中の日系人収容などの「前例」によって正当化し得る、と述べている。最近では陣営の代表たちは、この「登録制」は、ブッシュ政権によって二〇〇二年に導入された国家安全保障出入国登録システム（ＮＳＥＥＲＳ：National Security Entry-Exit Registration System）の再開となるだろう、としている。このシステムは、二〇一一年にＦＢＩと国土安全保障省の当局者たちがその無効性と違法の可能性を結論付けた結果、停止されたものである。オバマ大統領は新政権がＮＳＥＥＲＳを容易に再開できないように、二〇一六年末にこのシステムの残っていた部分をも解体した。

アメリカにおけるムスリムはおおよそ三三〇万人、成人人口のわずか〇・九％である。だが特に二〇一五年にトランプが共和党の大統領候補予備選に登場して以来、ヘイトクライムの対象として統計的に不釣り合いなほど目立つようになっている。ヘイトクライムに関するＦＢＩの年間報告書は、同年の対ユダヤ人のヘイトクライムが九％増加したのに対し、対ムスリムでは同じ期間に六七％増加したと指摘している。トランプ支持者の間にイスラームへの潜在的敵意を抱かせる動機としては、彼の不誠実な言明に加えて、単なる宗教的知識の不足、十字軍時代に遡る歴史的対立感情、そしてもちろん記憶に新しい９・11の事件も含まれるであろう。

2　アメリカ政治へのムスリムの参加

人口の約一％という割合に比べても、アメリカ政治へのムスリムの参加は近年まで殆ど無きに等しいものだった。イスラーム主義とリバタリアニズムの接合を求めるグループ「自由のミナレット研究所」（the Minaret of Freedom Institute）から一九九九年に発表された文書によると、選挙で選出されるアメリカの各級公職者のうち、ムスリムはわずか一〇名に留まったという。アフリカ系アメリカ人のムスリム改宗者が、テキサス州南東部の小さな町の町長に選出されたことが、その数少ない中でも「一番主要な」事例とされていた。それゆえに、ムスリム達にとっての大きな前進は、一九九九年の州議会選挙でムスリムが選出されたことであった。この文書は、こうした出来事は「ムスリムが、マイノリティとしてであれ、公職に当選する可能性があることを示している」とし、その上で「なぜ、それはかくも稀なことなのか?」という問いを立てている。(Ahmad n.p.)

この文書では、その答えはムスリムの集団的性格に関わるのではないか、としている。アメリカのムスリムは、(一)移入民、(二)改宗者、そして(三)(移民と改宗者を問わず)ムスリムの親を持つ者の三つに分類される。前二者のグループはいずれも低い政治参加率を示すが、興味深いことにそれぞれ正反対の理由によるという。移入民の多くは、政治が身近ではなく、活動が抑圧されているような非民主的体制の国々からやって来ている。一方で、アメリカにおけるイスラームへの改宗者の多くはアフリカ系の人々であって、黒人たちが政治エスタブリッシュメントたちの側に引き込まれて、福祉制度依存者にされてしまった歴史的経緯を知っている。この文書は結論として、「移民は政治制度に対しあまりに不案内であり、改宗者はあまりに知りすぎているのだ」としている(二〇一七年現在、連邦議会下院にはムスリムの議員が二人いる。ミシガン州代表キース・エリソン(二〇〇七年〜)、そしてインディアナ州代表アンドレ・カルソン(二〇〇八年〜)、いずれも民主党)。

そして一般にアメリカのムスリムは、イスラーム法が全く権威を持たない国において一個人が政治的にどれほど活動すべきか、に関する教義上の論争にうんざりし、目に見える政治的役割を担うことに慎重になっている、と言えるだろう。原理主義的なイスラーム法学者たちの一部は声明を発し、アメリカの選挙で投票することすらムスリムには禁じられるべきだとしており、宗教的な批判にさらされることを恐れて参加しない人々も多い。他方では民主主義国家における政治参加に関するファトワー(イスラーム法的な見解・判断)の議論は進められており、英語でも多数のウェブサイトが作られ、以下のような見解が示されている。

「民主主義」自体が西洋的な概念であって、イスラーム的「世界観」、イスラーム的生活や生活様式とまったく異なるものである以上、「イスラーム的民主主義」をいうことは、言葉の矛盾なのである。なぜなら、イスラームは一つの「全体的生活様式（Way of Life）」であるからだ。我々ムスリムたちはイスラームが、西洋で理解されているような「宗教」（つまり単なる儀礼や行事、倫理指導など、そのすべてが「世俗的」生活から分離しているもの）ではないことを悟らなければならない。イスラームからみると、人生のすべて（ムスリムのすべての日々のすべての瞬間）は、アッラーの御心に従わなければならないのである。イスラームでは、日常生活や思想、行動を「政治」と「宗教」に分離していないし、分離してはならない。同じようにムスリムの生活や思想において、世界とその人間とその問題を、西洋の概念を通して観察しようとすることがあってはならない。（現在利用できないウェブサイト）

「民主主義」が非イスラーム的であるとの議論は、少なくとも部分的には『クルアーン』に見るタウヒード（tawhid 唯一神への帰一）概念に立脚している。神が唯一である如く、同じくムスリムの生活も「ひとつ」でなければならず、教会と国家、聖と俗のような異種の範疇に分解されてはならないのである。政治とは世俗的なものではなくサクラメント（秘蹟、聖なる営み）であって、故にムスリムからみれば政治こそが、神を体験し、この世で神が有効に活動する領域となる、とする解釈もある。即ち移住ムスリムたちは、故国での経験に基づく政治不信に加えて、アメリカ政治への関与についてある種のイデオロギー的恐怖感も持つのである。もともとはその資格を有する法学者が発する宗教的判断であったファトワーは、近年では、既存の宗教権威に満足できなくなった若手の活動家たちに用いられている（オサマ・ビン＝ラディンも、有資格者ではないにもかかわらずファトワーを発していた）が、そうした「ファトワーの論戦」への敬遠もあるのだ。しかしながら、そのような宗教的見解のすべてが、政治参加を禁制するような内容をもっているわけではないことも明記しておくべきである。中には、ムスリムに対してより好意的な政策への道を導くよう、投票をうながすものもあるのだ。

付け加えるならば、より世俗的な性格を持つムスリム活動家たちは、最も保守的なイスラーム法学者達に従属することを強く拒否している。たとえば約三〇カ国三〇〇人のムスリムに原理主義者とどう戦ったかのインタビューを行った『あなたのファトワーはここでは通用しない』(*Your Fatwa Does Not Apply Here*)の著者である、アルジェリア出身で現在は米国在住のカリマ・ベノウネは、女性の権利については世俗的・宗教的どちらの話し方を用いるのが有用か、という質問を発している。それに対し、セネガルの社会学者ファトゥ・ソウは、最善のアプローチは文脈による、と答えながらも一方で、「セネガル人として私は、家族法を改めるためにクルアーンを再解釈することは拒否しました。私は宗教的ディベートには入りたくなかったのです。私は孤立したくなかったのです」とも述べている。またソウはさらに、原理主義と戦う戦略は政治的であるべきで、「彼等が我々を罠にはめようとするような宗教的領域」からは距離をおくべきだとし、「今や全ての質問が貴方をクルアーンに運んでいくのですから」と述べている。

ベノウネによれば、近年「アイデンティティ政治」(identity politics)が主導的だが、このアイデンティティ政治が常に〝進歩的〟態度を示しているという暗黙の前提が、皮肉にも多文化主義者の一部を「アイデンティティ」の一形態たるイスラーム原理主義支持へと導いている、という。在地のムスリム・コミュニティに、原理主義者たちが外来の文化的規範を押し付けようと試み、宗教的な植民地主義者としてふるまう様子として、彼女はニジェールの事例を報告している。即ち、西アフリカの土着文化ではないジルバブのような上着の着用を、原理主義者たちはイスラーム生活のアイデンティティとして、脱アフリカ化と称して女性たちに強要したというのだ。

最後に、ムスリムの米国政治における「不可視性」のもう一つの要因は、即ち二〇〇一年九月一一日の出来事についての、いわゆる〝**elephant in the room**〟(見て見ぬふり)に求められよう。アメリカ人ムスリムが9・11より前に積み上げてきた政治的な資産は、すべて失われたのである。9・11の後の時期に、アメリカ人ムスリムのメディアである「サウンド・ヴィジョン」は以下のように記した。

我々の政治的貢献は受け入れられなかった。我々の声は配慮も認識もされなかった。この事によって、我々は、重大な問題について沈黙を選んだ……。ムスリムのうち大多数が、ブッシュ大統領の最初の任期の際に、彼が選挙戦のあるディベートにおいて、ムスリムに関するsecret evidence（非公開証拠：法的判断において被疑者本人や弁護人が見ることのできない証拠）とプロファイリング適用に反対したことをもって、彼に投票した。

（しかしながら、9・11の結果として）ムスリムが政治進出において得たものは全て失われた。9・11の前には、ムスリムとホワイトハウスとの間には連絡調整者がいた。彼らは9・11の後、追いやられた。付け加えれば、アメリカ最高のムスリム市民権擁護団体である米国イスラーム関係協議会（ＣＡＩＲ）は、9・11後ほとんどホワイトハウスとの接触が禁じられたのである……（http://www.soundvision.com/article/impact-of-911-on-muslim-americans）

3 「見えない」ムスリムの可視化——カーン家をめぐって——

9・11以降、アメリカにおけるムスリムの政治参加はより見えにくくなったが、それは彼らの寡黙さのためだけではなく、視聴率のために極端な事例ばかりを取り上げ、穏健な人びとを無視するＴＶメディアのせいでもあった。しかしトランプが意図的な「誤報」を流し始めてのち、ムスリムたちはより可視的活動を行うようになった。それはアメリカ社会における彼らの自己防衛の意味もあるだろう。大統領選挙翌日のワシントン・ポストは、「トランプの選挙運動後の、アメリカ人ムスリムにとっての希望の光は、地域の草の根の地元ムスリムが、以前には見られなかったあり方で政治的に動員されたことだろう」として、各地の州議会選でのムスリム進出などについて伝えている。

この新しいムスリムの可視性が最も人々の心を動かしたのが、二〇一六年七月二八日、ペンシルヴァニア州フィラデルフィアでの民主党大会の最後の夜、パキスタン系アメリカ人のキズル・カーンとガザラ・カーンの夫妻が舞台に立った時であった。テレビ視聴者を含む数百万人の前で、自身の家庭を「一貫した忠誠心を持つ愛国的なアメリカ人ムスリム」と表現しつつ、キズルはトランプのマイノリティに対する差別的態度を激しく批判した。そして彼の息子、二〇〇四年にイラクで仲間を護ろうとして爆弾の犠牲となった陸軍大尉フマユンについて情熱的に語り、対照的にトランプは「何一つ犠牲にしていない」と指摘した。

戦闘における戦没者の遺族であるカーン家は、アメリカ国民にとって殆ど神聖な響きを持つ「金の星」家庭と見なされる。翌日トランプは応答して、演説草稿がクリントンによって書かれたのだろうとか、夫人が舞台上で沈黙していたのは話すことを許されていなかったからだろう、と述べたが、いずれも事実に反する。夫人は後に、未だ息子の話を、涙を流さずには語れないため黙していた、と語った。結果的にこのような「金の星家庭」への中傷はトランプの評判を落とし、彼の属する共和党内からも非難が相次ぐこととなった。

ここでは二つのことに注目したい。第一にはこの件がアメリカの政治過程におけるムスリムの新たな「可視性」とムスリムへの共鳴を示唆していることであり、第二には、弁護士であるキズル・カーンが、ムスリムのアメリカ入国禁止措置というトランプの脅しにいかに応答したか、ということだ。キズルは胸ポケットから合衆国憲法の冊子を取り出して、「自由」と「法の下の平等権」についての訓育のためにトランプに貸してあげよう、と述べたのである。この語りには、民主党員はもちろん、共和党員にとってすら、この党大会で最も力強く感動的なものとなった。

四　アメリカ人ムスリムと合衆国憲法

合衆国憲法が保証する諸権利は、本質的に人権・倫理的多様性・多文化主義の全般にかかわるが、特にアメリカ人ムスリムに関係するのは、アメリカの法体系全体を規定する最高法規たることである。イスラームの伝統では、『クルアーン』は神の言葉を直接書き取ったものであり、生活全体の絶対的基礎である。他の如何なる法制度も、『クルアーン』と日々の慣例（スンナ）、そしてムハンマドに関連する伝承（ハディース）に基礎づけられたイスラーム法体系（シャリーア）の尊厳を冒すことはできない。ならば憲法がなぜアメリカ人ムスリムにとって重要なのか。この点は宗教的にも法理論的にも重要なので、簡単にではあるが説明しておきたい。

合衆国憲法はむろん宗教文書ではないが、アメリカにおける信教の自由を保護する上で、メタ宗教的な響きを持っている。キリスト教徒、ユダヤ教徒、仏教徒、ゾロアスター教徒……そして無神論者などが生きている社会にあって、ムスリムがイスラーム教を実践するその自由は、何らかの聖典ではなく、この憲法の支配に基づいている。なれば、この憲法の支配の法的正当性は「いずこより来たるか?」憲法は合衆国の法体系を正当化するが、それ自身を合法化はできない。またその前文に「われら合衆国の国民は、……この憲法を制定し、確定する」とあっても、法的正当性は「われら合衆国の国民」の所産ではあり得ない。なぜならどんな法の正当性についても、一〇〇%の同意というものは存在しないからだ。ランディ・バーネットは以下のように説明している。「もし法的正当性が、憲法の合法性を全国民が主張するところに依拠するのであれば、ある一人が憲法の合法性を承認しない、というだけで、法の順守義務の拒否が可能になってしまう。単純に、全員一致に足らざる如何なる同意も、同意していない人物を拘束することは不可能なのだ」(Barnett 2003 : 112f)。

ブライアン・チャウは、あるネイションの憲法が正当化される固有の方法は、文化的・社会的な価値がそのネイションにおいて示すところに関係するが、のみならずマックス・ヴェーバーがいう三種類の支配の正当性、即ちカリスマ的、伝統的、合法的支配のすべてに関わる、とした（Chau 2012：8）。アメリカの文化的多様性の構成要素たるムスリムにとっては特に、合衆国憲法のカリスマ的あるいは「擬―宗教」的な性格が重要であろう。なぜならこの性格がムスリムに、クルアーンの教えを破ることなくアメリカの「世俗的」政治に参加する糸口をもたらすからである。『クルアーン』を言葉のかたちを採った神、生きる上での至上の導きとするムスリムにとっても、この憲法は宗教的法典より「上」に位置するのでなく、外部にある異なった地平、宗教の適切な解釈との間にも対立を生じ得ない範疇に存在している、と理解されるのである。

アリフ・フマユンによると、合衆国憲法前文にその目的として掲げられた六つの価値（「より完全な連合を形成し」、「正義を樹立し」、「国内の平穏を保障し」、「共同の防衛を備え」、「一般の福祉を増進し」、「われらとわれらの子孫のうえに自由のもたらす恵沢を確保する」）は、既に『クルアーン』に記されている、という（Arif n.p.）。『クルアーン』のそのような読解が適切か否かは、更なる議論を要するだろう。しかし合衆国憲法の文脈とイスラームの法理解を整合的にとらえようとする試みが存在している事実は、アメリカの宗教的多様性の現状として注目すべき出来事である。

参考文献

ナゴースキー、アンドルー「メルケル『多文化主義は失敗』発言の真意」『ＮＥＷＳＷＥＥＫ』日本版、二〇一〇年一〇月二八日（http://www.newsweekjapan.jp/stories/world/2010/10/post-1754.php［二〇一六年一一月一日閲覧］）

Ahmad, Imad-ad-Dean, "American Muslim Engagement in Politics." Paper presented at the 1999 meeting of the American Muslim Social Scientists. Minaret of Freedom Institute.（http://www.minaret.org/POLITICS.HTM［二〇一六年一一月二九日閲覧］）

Arif, Humayun. *Islam and the Constitution*. Chapter 7 (n.p). （http://www.usislam.org/debate/IslamandtheUSConstitution.htm［二〇一六年一一月二七日閲覧］）

Barnett, Randy E. “Constitutional Legitimacy.” Georgetown University Law Center, 2003 （http://scholarship.law.georgetown.edu/facpub/43 ［二〇一六年一一月二三日閲覧］）

Chau, Brian. “Constitutional Legitimacy: An Analysis under Weber’s Traditional Sources of Authority.” Social Science Research Network (SSRN), April 7, 2012. （http://ssrn.com/abstract=2192172 ［二〇一六年一一月五日閲覧］）

Esposito, John L., editor. *Political Islam: Revolution, Radicalism, or Reform*? Boulder, Colorado: Lynne Rienner Publishers, 2016

Flegenheimer, Matt and Barbaronov, Michael. “Donald Trump Is Elected President in Stunning Repudiation of the Establishment.” *New York Times*. 二〇一六年一一月九日（www.nytimes.com/2016/11/09/us/politics/hillary-clinton-donald-trump-president.html ［二〇一六年一一月九日閲覧］）

Glazer, Nathan. *We Are All Multiculturists Now*. Cambridge, MA: Harvard University Press, 1997

Katsiaficas, George and Kiros, Teodros, eds. *The Promise of Multiculturalism: Education and Autonomy in the 21st Century*. London: Routledge, 1998.

Parekh, Bhikhu. Rethinking Multuralism: Cultural Diversity and Political Theory. Second Edition. Houndmills, Basinstokes: Palgrame Macmillan: 2005

Remick, David. “An American Tragedy.” *The New Yorker*. November 9, 2016 （http://www.newyorker.com/news/news-desk/an-american-tragedy-2 ［二〇一六年一一月八日閲覧］）

Sutton, John. *Law/Society: Origins, Interactions, and Change*. Thousand Oaks CA: Pine Forge Press, 2001

Taylor, Charles. “The Politics of Recognition.” Amy Gutman, ed., *Multiculturalism: Examining the Politics of Recognition*. Princeton: Princeton University Press, 1994

付記

本論考の執筆に当たって、励ましのことばはもとより、英文原稿からの翻訳作業について同僚の菅浩二先生と本シリーズの編集責任者古沢広祐先生にご協力いただきましたこと、ここに心から感謝申し上げます。

ナショナリズムの世俗性をめぐる断想
——社会的共存とのかかわりを考える——

菅　浩二

宗教がその力を、万人の心を等しく捉える不滅への希求の上にのみ基礎づけようとするとき、それは普遍性を目指しうる。だが宗教が一つの政府と一体化してしまえば、特定の国民にしか適用できない教えを採用しなければならぬ。こうして宗教は、一つの政治権力と結ぶことで、ある人々に対する力を増大させ、万人を支配する望みを失う。

アレクシ・ド・トクヴィル『アメリカのデモクラシー』より

ここで世俗性とは端的に、宗教との間に大きな距離があることを意味する。近代社会の世俗化の中で力を失うと見られていた宗教と、グローバリゼーションの中で消滅すら予言されたナショナリズム。どちらもが依然、多くの人びとの生を左右し続けている。そして時に、多様な価値意識や生活文化を持つ人びとの間に、相互の存在を受容する社会的な共存ではなく、衝突をもたらす要因となっている。

かつて一九九三年、その二年前のソヴィエト連邦崩壊により、自由主義体制が世界を覆う可能性が信じられていた時期に、マーク・ユルゲンスマイヤーは *The New Cold War?: Religious Nationalism Confronts the Secular State*

(University of California Press.『ナショナリズムの世俗性と宗教性』阿部美哉訳、玉川大学出版部、一九九五年)を書き、欧米型の世俗的国家システムと世俗的ナショナリズムに対抗して、世界各地で台頭しつつある宗教的ナショナリズムの姿を考察した。その後、周知の通り世界は、宗教テロリズムと世俗の諸国家との戦いに震撼せしめられ、その他の対立も共に、混沌とした様相下で推移し続けている。

ナショナリズムも宗教も、思想と運動としては人間集団の統合に関わる。現代政治では、この二つは独立して現れたり、相互否定の様相を見せたり、逆に交錯して宗教的ナショナリズムとして観察されたりする。政教分離と信教の自由を掲げる世俗的ナショナリズムについて、ユルゲンスマイヤーは以下のように指摘している。

ナショナリズムと宗教の殉教と暴力に道徳的裁可を与える能力ほどに忠誠の共通の様式が明らかに現れているものは、他の全ての形の忠節のなかにはないのである。その理由により、私は世俗的ナショナリズムと宗教の境は常々きわめて狭いものだった、と信じている。両者はともに一つの大きな共同体への自己同一化と忠誠をともない、そして両者はともに当該共同体のリーダーに授けられた権威の究極的道徳的正当性を主張する。

同書で彼は、多くは宗教指導者たちの口を借りて、また時にこのように自身の言葉で、世俗的ナショナリズムの帯びる宗教性について繰り返し指摘する。筆者もこの点に強い関心を持っているが、この問題を更に追究するには、改めて歴史および現代世界に対する幅広い考察を必要とするだろう。いま現在の筆者に可能なのは、世俗的ナショナリズムが「世俗的」であること、宗教から距離を置くことにはいかなる意味があるのかという更に基礎的な問いを、こんにちの視座から復習し直すことに過ぎない。

ここで問う「意味」は二重になっている。即ちひとつは現代社会にとって、政教分離と信教の自由の原則の下にナショナリズム現象があるとき、それにはいかなる機能的意味が存するか、であり、もうひとつは各々のナショナリズムに具体的に関わる人びとにとっての意味である。以下では、筆者の小さな経験を織り交ぜながらこれらの意味に考えを巡らせ、社会的共存とこの問題の一端を関わらせてみたい。なお、本稿は論文というよりも随想の形式となっている。「断想」と題する所以である。

一　白い石造りの教会にて

二〇一四年九月の日曜日、ある大都市のキリスト教会。讃美歌が歌われ、牧師の説教に耳を傾ける会衆の中に、外国人訪問者の一人として筆者も座っていた。説教は「マタイ福音書」の「私について来なさい。貴方たちを、人をとる漁師にしよう」の言葉により、イエスが四人の漁師を最初の弟子とする箇所、についてであった。

その場では部分的に単語が分かる程度の理解であったが、キリスト教の主題である、三位一体、イエスによる救済、罪の赦し…が語られていないようだ、ということには気づいた。後に幸いにも、この説教の内容をある程度詳しく確認できたのだが、要約すると次のようなものであった。

私たち人間は神の子供です。それゆえ私たちは、神の恩寵へ戻る道を見失った子供たちを、連れて帰るよう命じられているのです。これはおそらく、最高なる存在の息子や娘としての私たちの責任において、成し遂げ得る最も重要な使命でしょう。実のところ、漁師たる存在が、英雄のような存在たることは難しいことでありましょう。……荒れ狂う天候、魚を探し獲るための根気、危険と向き合うことと漁獲が無い事への忍耐力のように、漁師としての成功への道筋には、あらゆる種類の試練が待ち構えています。しかしながら、健全な国家の基礎作りに貢献する良き食糧を生み出すのは、漁師なのです。したがって、どれほど苦しい事であろうとも、天の国が花開くように、私たちは食べ物をもたらさねばならないのです……

かつて二〇世紀初め、キリスト教が隆盛を誇ったこの都市・ピョンヤン（平壌）に、今は二つだけプロテスタント系教会がある。朝鮮民主主義人民共和国では、外国人訪問者には、専属の通訳兼案内員が常に随行する。我々の案内員によると、いま市内にはほかにカトリック式とロシア正教式の教会が一つずつ、計四つの教会があるとのことだ。「アメリカは、自分たちの国の宣教師が建てた教会の上に、爆弾を落としたのです」。朝鮮戦争による破壊の後、信者たちは主に家庭礼拝を続けていた。憲法に保証された信教の自由のもと、外国の手先とはならない「朝鮮のキリスト教」が行われている、という。

筆者が訪問したボンス教会は、二〇〇八年に大韓民国のプロテスタントの支援を受けて建てられた教会だ。この教会はしばしば、ピョンヤンを訪ねる外国人の旅程に含まれる。家庭礼拝の延長とされているためか、興味深いことに、この国の人民が公共の場では必ず身に着けている金日成主席の肖像徽章を、教会内では牧師も百名ほどの会衆も着けていない。牧師は男性だが、会衆には女性の姿が多く見受けられた。

彼らの礼拝の営みは「我が国には信教の自由がある」と示すために用意された見世物であり、「信者」も特殊訓練を受けた演技者に過ぎない、との説もある。「永遠の国家主席」金日成の母はキリスト教徒であり、社会主義体制下でもその親族がキリスト教会指導者を務めた。人口二五〇万人の都市に教会が四つ。この事実自体、思想統制下の「信教の自由」が、我々の描くそれと根本的に異なることを示している。けれども、礼拝の総てが外面的演技に過ぎぬ、とも思えなかった。見世物の要素は多分にあるが偽物ではない、ということか。想定されるのは、国家指導理念たるチュチェ（主体）思想に背反しないと認められた極めて制約された範囲内で、おそらく家庭内で親から子へ受け継がれた場合のみ、信仰継承が細々と続いてきた、ということだろう。

もちろん牧師は、特殊教育を受けた思想的に堅固な人物であり、国家指導理念から逸脱のない範囲での絶妙な会衆指導が任務なのだろう。事実、上に示した牧師の説教内容は興味深い特徴を示している。イエスの十字架の死と復活は主題化されない。創造主に対する被造物性も主問題とならない。強いて言えばユニテリアンに似てはいるが、端的には、この内容であれば福音書に関する説教の必要がないのである。ただ語られるのは、人は試練多き生を生きぬかねばならぬ、ということと、第一次産業労働の尊さのみである。

にもかかわらず「礼拝」は続く。数名の信者が次々と歩み出て、己の言葉で神に祈る。献金袋は外国人が座る席にも回ってきた。ここにあるのは信教の自由なのだろうか。この教会は何の為にあるのだろう？「同族」である韓国の教会との連帯を示すためか。あるいは本当に、諸外国からの批判をかわす宣伝窓口として、だけなのか。我々は、この場所において国家から存在を認められているものは、一体何だと考えるべきなのだろう。それは果たして「宗教」なのか？　この事は最後に再び考えよう。まず、宗教と国家に関する基本的問題を復習する。

二　宗教の概念

宗教という概念が指示するものを、精密かつ包括的に定義することは難しい。しかし我々はこの言葉から何も想起できない訳ではない。こんにち宗教の問題、と言えばおおよそ何が問われるのか、どのような問題群が含まれるのか、を想定することは、ある程度可能である。かつて、宗教的価値が人々の生活全てを規定する環境であった時代には、宗教一般概念を対象化して問うことになかった。宗教の概念は、正に人間の生活と意識とがその事柄から距離を置くにつれて、即ち世俗化の進行により知の対象とされることで開けたのである。結果的には宗教に関する学知は、欧州諸国が植民地主義を以て他の地域に展開し、キリスト教とは異なる信仰や儀礼の体系に出会い、世界的規模で宗教の範疇にあるものが複数化することにより大きく展開した。

宗教概念は近代と共に成立したが、キリスト教の競合者たる他者としては出発時からユダヤ教があり、後にはイスラームが欧州を東側から制約する。イスラームとの競合の歴史は、土着の信仰実践を飲み込みつつ、欧州世界を東方正教会と共に規定したカトリック教会の権威が、相対化させられる過程の重要な要素である。かかる相対化の果てに、新時代を画したのが宗教改革である。神の言葉と向き合うことにより起きたのは信仰の内面化である。聖書が各国語に訳され、活版印刷により普及していく。創造主には見えるが人間相互には見えない個人の内面への意識が生じ、その内面の信仰の表出行為こそが礼拝であり教会組織を形作る、との考えとなる。

こうしてプロテスタントが成立し、カトリックを含めて信仰が複数からの選択肢であり得る状況が作り出され、一六～七世紀に欧州各地で、世俗権力を巻き込む「宗教戦争」が繰り広げられた。今日に至る主権国家体制、即ち領域内の最高決定権の下に合法的暴力の独占が主張され、これを内政不干渉原則により相互承認する国際システムが成立したのは、ヴェストファーレン条約（一六四八年）に基づく欧州から、とされる。この条約は「最大最後の宗教戦争」こと三〇年戦争の講和条約であり、以後は法概念上、戦争ができるのは主権国家に限られる。またカトリックとプロテスタントの共存、領主次元での信仰選択の自由が再確認され、ルター派に加えカルヴァン派も認められた。領域内の住民は領主と同じ信仰であれば保護されたが、これに飽き足らない動きは、引き続き欧州に政治経済的変動をもたらす。同じ時期には英国国教会に対しピューリタン運動も起き、領域を超える移住者からは、後のアメリカ合衆国建国に至る動きも現れる。

信教の自由と政教分離は、宗教戦争後のこの状況下に、信仰上の命題である神の慈愛および隣人愛と、宣教と統治における異端・異教排除と、この両者の矛盾を解決する「宗教的寛容」が価値となる過程で原則化した。寛容は一方に真摯な信仰上の内省に発し、発展して哲学的な自由の概念に基礎づけられてはいたが、他方には秩序と利益を維持するための状況的方便という側面も存在していた。

しかし、信仰選択が内面化し各人の「私」の問題となることで、宗旨が問題とならない中立的な「公」の場が外部に開かれる契機が生じた。更には、宗教的権威に拘束されない知や政治の公共空間が開かれる。言語はこの公共空間における意思疎通と了解の道具として、新しい役割を獲得する。複数の選択肢から信仰形態を選ぶ自由は、更に信仰を持たない選択も含むようになる。創造主による完成の約束に向かって時間の流れる世界は、西欧の一七世紀「科学の時代」、一八世紀「啓蒙の時代」の世俗化を通じ、人間の進歩により約束された未来に向かう世界となる。世俗化の前も後も、時間の流れる方角は同じである。

西欧近代の世俗的社会の形態は、先行するキリスト教文化の延長線上にある。啓蒙思想はキリスト教と対立したというより、世界解釈の知の自由を拘束しようとし、自らの支配を制度的に確保しようとし、人々を蒙昧にとどめようとする教会権威と対立した、という方が正確だろう。国家組織は、神授された王権の下ではなく、領域内の住民の共同性の上に立つことを志向するようになる。集権化された統治機構の単位であるステイトが、人間集団の単位であるネイションと重なることを掲げる、国民国家（nation state）という装置の登場である。

改めて、現在の一般原理である主権国家と信教の自由の二つが、西洋史の同じ部分に胚胎している事実を確認しよう。これらは、社会的な共存という課題に対して導かれた当時の解決策であった。そして我々がこんにち宗教と呼ぶ範疇は、信仰の選択が個人内面の私的関心事とされたことで外部に開かれた公共の側（国家の統治機構をも含む）から、翻って人々の内面にある、ある方向の多様な問題意識の共存状態を、包括的に捉え返すことにより成立している。その問題意識が向かう方向とはおおよそ、言語による知のみでは了解不可能な前提に立つ世界の解釈、ということになるだろう。その解釈と、それに基づいて具体化される行為を共有し得ると考える人々の集団が、それぞれの宗教、ということになる。

三　ナショナリズムの時間的錯覚

再び、ピョンヤンでの経験である。私たちの訪問は、かつて日本統治下に存在した神社に関する学術調査（この調査自体の報告は、中島三千男他「旧朝鮮北部（現・朝鮮民主主義人民共和国）の神社跡地を訪ねて」神奈川大学日本常民文化研究所『年報　非文字資料研究』一一号、二〇一五年三月、参照）を目的としており、この件について金日成総合大学および朝鮮社会科学院の歴史系研究者との座談会が設定された。

座談会の場で朝鮮側研究者が強調したのが、「朝鮮民族は檀君を祖とする民族だ」という認識であった。曰く「日本の神道は天皇の祖神である天照大神を称えるが、朝鮮民族は檀君の血統に属している」、「朝鮮民族は檀君に対する意識が固く、天照大神崇拝は受け入れられなかった」、「檀君の方が、歴史が長い。日本人が「檀君を祀れ」と命令されて受け入れられるだろうか」。天から降臨した神と、熊が変化した女との間に生まれた子・檀君が古朝鮮王朝を開いたという、ピョンヤン周辺を舞台とする神話は、高麗時代の記録に残る。だが檀君を象徴とした朝鮮ナショナリズムは、一九世紀末から二〇世紀初頭、先に国民国家を成立させた日本の政治的影響に対抗する形で高まり、宗教、思想、文学などの分野に広がる。その過程ではしばしば、同時代の日本人の統合に対する皇祖神の位置が意識されている。そして朝鮮民主主義人民共和国において、檀君は地理的な領域要件と結ぶ形で、歴史理解の原点的要素に高められたと思われる。一九九三年に朝鮮社会科学院により発掘調査され、翌年に国家事業として大規模に造成整備された「檀君陵」の存在も、この点で理解すべきであろう。

既に拙稿（「日鮮同祖論と神社」『共存学2』二〇一四年）で論じた通り、日本人と朝鮮人が祖先を共有すると見立てる「日鮮同祖論」は、韓国併合という政治行為に文化的な意味を与え、日本と朝鮮を単一の領域に囲い込む「メビウスの帯」であった。隣邦の廃滅と併呑という衝撃を吸収するようにこの同祖論は当時の日本社会に広まり、朝鮮社会にも影響を与えた。そしてこの表裏のない帯の連続面上に、同祖同根の単一ネイションが「回復」（を掲げて創造）されようとしたのである。こうした認識を持って、筆者は檀君について次のように述べた。

「日本神話で天照大神の弟とされる素戔嗚尊には、朝鮮半島に降臨したとの伝承もある。この素戔嗚尊と檀君を同じ神として、日本を姉の国、朝鮮を弟の国だとする同祖論もあった。神社に檀君を祀れば、朝鮮の人々も参拝し「内鮮融和」が進む、という考えと運動もあったのだ」。

筆者は、歴史を論じる上では種々の側面に注目せねばならない、と述べるために、檀君を神社に祀ることが朝鮮統治を正しくする、という思想と運動も、当時存在したことを実例として挙げたのだが、これは彼らのナショナリズムをいたく刺激したようだ。どよめきが起こり、最も格上であろう教授が問い詰めるように「それはあなた自身の考え方なのか」と二度、重ねて尋ねてきた。だが筆者が発言の趣旨を説明すると、彼は拍手しながら「その通り。それならばわかる。学術研究の問題は客観的でなければならない。檀君は単なる神話上の存在ではない。民族の実在の祖であり、陵墓もある」と納得を示した。

このように朝鮮民主主義人民共和国の公定歴史理解は、こんにちの共時的な単一民族集団＝人民としての意識を、主体性を軸に過去へ遡及させ、通時的な共同性として表現するものである。「朝鮮民族」をネイションと捉えるならば、ナショナリズムに基づく歴史解釈を考える上では、かなり明瞭なモデルを提示している。

ナショナリズムは時間的錯覚を帯びている、という指摘がある。ナショナリズムは欧州における国民国家の登場とその世界的拡大にかかわり、研究対象として扱う場合、どうしてもそれは近代的現象だという結論に達せざるを得ない。ところがナショナリズムを担う当事者のまなざしでは、自己が属するネイションの起源はしばしば遠い歴史のかなたに求められる。大澤真幸の表現では「ネイションは客観的には新しいのに、主観的には古い」のである（大澤ほか『ナショナリズムとグローバリズム』新曜社、二〇一四年）。

未来に向かう時間の流れにあって、人間が現在の自己の立ち位置から過去を確定し解釈していく、という近代歴史学の視線と、ナショナリストが自らのネイションの起源に向かう視線は、同じ方向を向いている。そして歴史学もナショナリズムも、どちらも内容としては「客観的でなければならない」とする普遍性への志向を持っている。異なるのは、歴史学の視線はネイション外部からの知的相対化の機会にも開かれているのに対し、ナショナリストの場合は必ずしもそうではない、という点である。かの教授が述べた「客観的でなければならない」の言葉にもかかわらず、否逆にこの言葉が示す確信の故に筆者には、彼らの檀君にまつわる歴史理解は、宗教的な信念に近いものと見えてしまう。それは、掲げられているのが神話に登場する対象だから、だけではあるまい。

前節で、言語による知のみでは了解不可能な前提に立つ世界解釈へ向かう問題意識を、おおよそこんにちの我々は宗教的だと捉える、という考え方を示した。即ち（朝鮮民族）の祖についてのネイション内部での了解を、言語知に基づく「客観的」了解の次元に押し出そうとするナショナリズム的歴史理解は、このネイションの外部者である筆者の目には、宗教性を帯びていると映るのだ。もっとも同様の宗教性は、ネイションとしての日本人と皇祖神の関係を、ネイション外部から、もしくは内部からでも「客観的」に見た場合にも観察されるはずであり、上述の通りその事は暗黙の裡に、この座談会の話題にも含まれている。

四　ネイションという共存の単位

ここではネイションの内・外という表現を用いた。だが日鮮同祖論が二つのエスニック集団を単一平面のネイションに囲い込もうとしたことに示される如く、この「内」や「外」はナショナリズムを担う者の恣意に依存するのではないか。ネイションとは何か、またその構成過程と成立基盤とを考える必要がありそうだ。

ネイションは人間集団の共同性の単位であり、ナショナリズムとは自らが所属意識を持つネイションを尊重する思想・行為である。ネイションとナショナリズムを明確に近代の産物としたアーネスト・ゲルナーは、「ナショナリズムとは第一義的には、政治的な単位とナショナルな単位とが一致しなければならないと主張する一つの政治的原理である」とした。「生まれ」の意味に発する nation の語には、日本語の民族と国民の双方に近い意味の広がりがある。各ネイションは必ず具体的限定を受けて現れるため、人間集団の単位系としての一般性と共に、内容的な個別特殊性の主張を伴う。各ネイションが持つ共同性の基盤要素を、領域内の住民集団の紐帯と、血縁、言語、宗教、文化などに共有意識を持つエスニック集団的な紐帯の二つに分類する見方がある。しかしこの二種の紐帯はどのネイションにも見られ、明確な領域を持つ主権国家形成において、エスニシティ共有がネイションの指標としてどの程度前景化するか、の問題だとも言える。

各ネイションは「自分（達）は何者か」というアイデンティティ（同一性）を「内」側の問題とし、生得的または運命的所属意識の共有と同一化を求める。また、そのネイションの輪郭が自然と形作られその「内」側は均質である、との認識を求め続け、そのことを通じて「外」部を作り出す。こうして作りだされた「内」に対しても「外」に対しても、ネイションはその共同性が〈自明〉だと訴えるが、実際にはそれは、「生得的」、「運命的」、「自然」に形成された集団である、との自己認識への要求が重なったものである。こうしたネイションの起源を近代以前に見るか、近代に形成されたネイションの共同性が過去に投影されたと見るか、により、伝統主義的理解と近代主義的理解が提示される。

ネイションとナショナリズムの成立について、代表的な三人の論者の見解を確認しよう。近代主義的理解を代表する上述のゲルナーは、ナショナリズムの起源は近代の産業化にあるとする。即ち農耕社会の固定的な社会階層や地域共同性、といった障壁が産業化により破られ、農村から都市へ流入した人々は工場労働者となる。産業社会は彼らに対し、読み書き、会話能力の共有と、配置換えを可能にする基礎的技能を求める。国家はこの要求に従い、領域内の言語や技能、知識を標準化する学校教育制度を整備する。そして教育により、人々が自己を同一化し得る文化も生じた。こうしてもたらされた文化的同質性によりナショナリズムが成立した、という説明である（『民族とナショナリズム』加藤節監訳、岩波書店、二〇〇〇年。原書一九八三年）。

ベネディクト・アンダーソンは、近代主義的理解に即してネイションを想像の政治共同体だ、と論じた。彼の「想像の共同体」論の焦点は、しばしば強調される民族や国民の虚構性の暴露よりも、ネイションが直接の人間関係に基盤を持たない共同体としてなぜどのように想像されたのか、の例示にあるだろう。考えてみれば、如何なる共同性も想像の産物だからである。彼はネイションの想像に関わる道具立てをいくつか示している。

中でも「無名戦士の墓」は、ナショナリズムの持つ「宗教的想像力との親和性」にも関わり興味深いが、筆者は既にやや別の角度からこれに近い問題を論じている（「「国家による戦没者慰霊」という問題設定」國學院大學研究開発推進センター編『招魂と慰霊の系譜』錦正社、平成二五年）ので割愛し、ここでは出版資本主義について触れておこう。印刷技術の発達による出版活動と資本主義とが結びつき、小説や新聞など、商品としての「俗語」（世界宗教に関わる「聖なる真理語」に対する概念）印刷物の流通により言語の共通性と標準形態が作り出される。彼は、これがネイション形成の基盤となり「国語」に繋がることを論じた。歴史上初のナショナリズム高揚を、彼が欧州ではなく一八世紀末の北米大陸の英・仏の植民地に、続いて中南米のスペイン・ポルトガルの植民地に見出していることは興味深い。ゲルナーの見解に反し、当時これらの地域は産業化以前の段階にあったからである（『想像の共同体』白石隆・白石さや訳、リブロポート、一九八七年。原書一九八三年）。

一方、ネイションの起源となる民族的な素材は、一八世紀後半のナショナリズム成立より遡って存するとみなし、それを「エトニ」と名付けて伝統主義的と近代主義的理解の架橋を試みたのが、アントニー・D・スミスである。エトニが宗教とのかかわりで論じられている点が注目される。「こんにち生き残っているエトニやネイションの古代と中世の歴史は、つねに宗教の歴史である」すなわちエトニは、共有される神話、宗派により画される共同体の境界、信仰の記録と伝承、などにより維持強化されてきた、とされる。

ただしやはりネイションは近代の産物である。スミスは分業の分野における革命（資本主義へ）、軍事や行政管理における革命（官僚制へ）、文化・教育的統一の革命を「近代化」の一言でまとめ、ネイションはこの革命の衝撃を経て成立した、とする（『ネイションとエスニシティ』巣山靖司他訳、名古屋大学出版会。一九九九年、原書一九八六年）。スミスはいわば、ナショナリズムの主観的な時間的錯覚を、近代の側から過去へのまなざしの中に、ある程度客観化可能なもの（エトニ）と捉えることで解決しようとした。エトニが我々の目に「宗教」的であるのは、各ネイションが主観的に、近代の言語知のみでは了解不可能な前提からの世界解釈に向けて、歴史の中に定立する自らの「祖」型を、こんにち彼が客観的な視座から捉えようとするためであろう。

総合的に、ネイションとナショナリズムの成立と展開に関し、以下の視点が導かれよう。複数言語文化を内包して領域的に成立するナショナリズムもあるが、集団的な意思疎通が政治共同体の基盤となるため、一般には標準化された言語がナショナリズムの基盤となる。言語の標準化と、産業化や技術革新に基づく社会再編成との間にも、歴史上の相関が想定される。即ちネイションは、言語・文化表象と社会構造の二つの次元の作用から登場した。ネイションは、主権を持つべき政治共同体として想像され、ナショナリズムという運動によりその「内」側の均質性を生み出そうとする。かかる空間と人間集団の均質化は、錯綜した権利・権力関係を整理し、脱身分化された労働力を供給して、資本主義が発展し得る社会への環境整備となる。こうして中央集権的な国家活動により、領域内の経済システムが資本主義に即して統合された西欧国民国家は、その結果として富と軍事力の増大を遂げた。これら諸国の成功が、主権国家、分けても西欧型国民国家モデルの拡大一般化をもたらしたのである。

この視点では国家と経済は相互に外在するとは見なされておらず、またネイションは文化的又はエスニック表象の次元と、近代化を進めた社会構造の変容の次元双方の複合に、成立の基盤を有すると解される。経済的理由のみからナショナリズムが成立したのであれば、産業化が社会に浸透すればネイション意識は消滅するはずだが、事実はそうなっていない。グローバリゼーションの中でもナショナリズムが消滅しないのは、ネイションが有する、この文化表象次元と社会構造次元の複合した基盤が失われていない故であろう。

ナショナリズムが掲げられる際に世俗的となるか宗教的となるかを問わず、ネイションという単位系には、いわば近代化が始まった際に想像された、文化表象を掲げる社会的共存の枠組み、としての性格が期待されているのだろう。この意味で国民国家は、国家と経済一般の表面上の独立性にもかかわらず、グローバルな経済システムの本質的な単位である。二〇一五年九月、United Nations（国際連合）は、「持続可能な開発目標」を全会一致で採択した。ちなみに筆者もこの時、国連本部内でこの議論の一部を傍聴していた。多くのＮＧＯ（非政府組織）の働きかけあってのこととはいえ、ネイションの全世界連合体が、ローマ教皇演説に続いて向後一五年間の全人類むけ目標を掲げた事実は、ネイションなる単位が何であると想定されているかを象徴的に物語っている。

近代化なるものがなぜ西欧モデルの他地域への拡大として起きたのかは、ネイションと国家の関係が地球規模で一般化した過程として理解可能である。モデルとなった国々は海外植民地を支配する宗主国でもあった。宗主国が植民地領域内のエスニック集団間を競合させ、また様々な力学が、植民地にもネイションという想像上の単位導入により自決をめざす道を歩ませた歴史も、上の三人を含め種々の論者により考察されている。ユルゲンスマイヤーが紹介した、二〇世紀末の非西欧の宗教ナショナリズム指導者たちは、異口同音に世俗的ナショナリズムに対し、普遍主義を標榜するが実は特殊西欧的であり新植民地主義的である、として敵対意識を表明していた。かかる敵対意識の展開上に、我々の時代を悩ませる宗教テロリズムもまた位置する事実を思う時、この力学の解読には慎重である必要が実感される。歴史資料を引き出して、現代のリベラルな視点から往年の植民地支配の高圧ぶりを叩いてさえ居れば正義の味方になれる、という程単純な話ではないのだ。

五　良いナショナリズム？

さて、国家はナショナリズムの「十分条件ではなくとも必要条件」だ、とゲルナーが述べたように、ナショナリズムと国家とは切り離して論じられない。だが、国民国家を含めて国家が持つ統治機構としての秩序性と、ネイションが想像の共同体であることとは、問題としての階層が異なっている。

主権国家は合法性の源として、統治領域を法の秩序で満たそうとする。人びとを決定に従わせる物理的強制力も準備される。国家が法的に正当とする判断はしばしば、領域内の多数派居住者の道徳的判断に依拠するが、逆に住民の誰も道徳的に正しいと認めないことを、専制的な統治権力が合法化することも現実にあり得る。だが個人内面の倫理的判断を基準とすれば、領域内全員の完全な道徳的合意の結果、国家が合法的暴力を行使することは現実には考えられない。つまり国家は法的正当性を独占するが、道徳的正当性の独占は原理的に不可能だ。

二〇一六年現在進行中の事例だが、フィリピン政府の「麻薬戦争」すなわち組織暴力行使による麻薬取締のように、超法規的手段について、為政者が領域内住民の圧倒的なつまりナショナルな支持を根拠に、道徳的次元で正当化を図る場合もある。だがこの場合も最終的には、法的正当化の追認が目ざされる。この取締に対し米欧から人権の観点で向けられた批判に、フィリピン大統領は暴言をも交えて反駁するが、それには植民地期以来の、国内の反米欧ナショナリズムを煽動する効果もあるという。彼が麻薬撲滅政策を「戦争」と呼ぶのはもちろん比喩だが、その言葉の裏には暴力の合法的独占に関する意識があるだろう。余談ながらこの大統領は同年一〇月、訪日からの帰国の飛行機上で聞いた「神の声」に従い暴言を封印する、と述べたが、数日後にはあれは冗談だ、として攻撃的発言を再開した。こんにち、主権の外側から語り掛けてくる神は、国家領域内に戻った元首から見れば、もはや政治的駆け引きの修辞の位置にすら居ないことの例である。

繰り返すが、国家は法的正当性を独占するが道徳的正当性を独占はできない。この両者の間を解決調停するために国家が選ぶ方法が、王権神授や国民国家等の国家形態となる。想像されたネイションの〈自明な均質性〉は、この単位が社会正義の理念を共有し、倫理的秩序を内包した人間共同体であることを想起させる。国民国家では、この想起に基づきネイションが、国家の道徳性に関する保証者の位置を占める、と解釈される。国民国家では合法的暴力を独占するのはネイションだから、自らを規律化し訓練する国民的軍隊が、義務兵役制により組織される段階を経る。学校教育と同種の規律化が、軍隊の組織と教練においても生じる。

ナショナリズムは基本において、我々ネイションのための我々による国家運営、を志向する。政治的意思決定の側面で、議論によって立法を実施し、政策の法的正しさの裏付けとする民主制が発達すれば、産業社会に展開された規律化も、統治や経営の組織において特定の人格支配から切り離された機構化を促し、国家では権力機構が脱人格的な形式的法体系に基づくものとなる。ナショナリズムはこの方向では、多様な生の構想と世界観を有する人々の相違を引き受けつつ、その間に同意を打ち立てられる社会構成原理を探求するリベラリズムと重なりを持ちうる。リベラル・デモクラシーの枠組みをナショナリティの意識を以て支えるリベラル・ナショナリズムの可能性を考察する研究も、こんにち政治理論の分野で非常に盛んに行われている。

　そうした自由主義世界の賑わいをよそに、みたび、ピョンヤンの話題に戻ろう。国名の「民主主義」は、社会主義国で複数政党制がかつて人民民主主義と呼称されたことに基づく。この国では指導者とその下の党組織の指導に、人民が一心団結と一片の疑いもない忠誠心をもって、自発的に服従することが掲げられている。学術的には、このような体制は権威主義と分類されている。外部から見てこの「民主主義」はリベラリズムとは対極にあり、脱人格化していない前近代的な権力体制が近代国家を装うものである、とも見なせるだろう。

　しかしここでも、ナショナリズムによる法的正当性の裏付けおよび道徳的正当化への志向はみられる。筆者らの案内員は、文化交流機関から派遣された男性たちであった。食事の際など、幾度かの対話の機会に聴いた、彼ら自身の国家体制に関する見解は以下のようなものだ。

「〈我が国〉に属する領域の南半分は、現在、外国勢力のかいらいに支配されている。だが、わが統治領域では古代に遡る起源を有する〈民族〉が主権を持ち、その主体に基づく社会主義の構想が、国家体制として実践されている。よってわが国家の武装は、外国勢力の侵入から〈人民〉が自らを防衛する上で、法的のみならず道徳的にも正当性を持ち、「民主主義」を実現するものでもある。」

　実際には右は複数人物の発言の複合であるが、この国ではこの種の発言に多様性は認められない。三つの文章の〈我が国〉〈民族〉〈人民〉の語を各々ネイションと置き換えてみると、エスニックな紐帯が前景化したナショナリズムの下、国内秩序と対外防衛が、他の価値を排除して追求されている事実が看取できよう。「皆さんから見れば変な国だと見えるでしょうが、アメリカに侵略されないためには軍事への偏りも必要だった」、「人民が望まないことを強要する国のあり方ならば、六〇年以上も変わらず持続可能だったでしょうか」との言葉もあった。

国外の情報に触れることすら厳しく管理されているこの国で、選抜されて外国調査と外国人案内とを職責とする彼らである。その彼らにして、外部から言語交通のみでは了解の難しい前提に立ち、自らのネイションを世界解釈の装置としている。問題とすべきはそれが人々の本心か否か、ではなく、発想において想像の共同体が一種の物神化している点だ。この国家の公式宣伝媒体が核兵器を「霊剣」と表現する理由も、かかる物神化に求められようし、韓国に対する「外国勢力」云々の物言いも、この物神化によるエスノセントリックな排他性の過剰を示す。なお、信任を受けた世俗主義国家の為政者が、外国勢力ならぬ国家機構の外側にいる呪術師のかいらいだった、とすれば、それはそれでナショナルな規模の失望を誘う事は、問題が別ではあるが理解されよう。

ここで触れたいのが、いわばナショナリズムの良し悪しの区別を立てようとする議論である。根強い影響力を持つのは、まず打倒帝国主義を掲げるかの指導政党も影響下にあるだろうレーニンの民族解放論以来の、被抑圧者のナショナリズムは肯定するべき、との主張である。しかし優劣が重層的でかつ常時変転する国際関係においては、誰が被抑圧者であるかの裁定自体が、規範的ではなく極度に政局的な問題である。

学術的影響が大きいのが、ハンス・コーンの先駆的業績に基づく「西」と「東」のナショナリズムの二項図式であろう（Hans Kohn, *The Idea of Nationalism*, The Macmillan Company, 1948）。コーンは、イギリスで発生したナショナリズムが、フランスから欧州全体に波及し他地域にも広がった、と論じる。彼は「西のナショナリズム」は政治的運動として始まり、合理主義、啓蒙主義、リベラリズム、民主主義と結びついたが、それ以外の地域（中欧・東欧・アジア等）ではナショナリズムは文化的運動となり、ドイツを筆頭に非合理主義、ロマン主義、排他主義に傾斜した、と指摘した。青年期に文化シオニズム運動に傾倒した経験もあるコーンの見解には、「民主主義対ファシズム」という第二次世界大戦観が底流している。

ともあれコーンの見解の影響により、領域的紐帯が優勢な「西」のシヴィック（公民）・ナショナリズムに対する、「東」のエスニック・ナショナリズムという二元的図式が大枠で成立した。前者が優位な国家では政治の基礎は領域内での憲法体制の承認と均霑《きんてん》に置かれ、ネイションへの帰属を承認する者はエスニシティを問わず等しい公民権を認められる、一方後者が優位な国家は非合理な情念に基づく表象的価値によって権威主義に傾き、エスノセントリズムに陥りやすい、とされる（塩川伸明『民族とネイション』岩波新書、二〇〇八など参照）。

まずは西／東の図式には、欧州から見た「東」を一括りに、異質な他者、遅滞、逸脱などを投影したオリエンタリズム的な傾きがある。こうした視座はなかなか克服されない。一九九〇年代の一連のユーゴスラヴィア紛争は、諸エスニック集団が皮肉にもかつて国家領域内で共存していた故に地理的に散在し、国家崩壊後に各々が政治的単位化を目指したことに起因する。現実には抑圧と被抑圧の構図が幾重にも複合した戦乱であったが、「西」NATO側は、セルビア人をエスニック・ネイション全体として一貫した悪役とする図式を設定して介入した。このことが他民族と「西」に対するセルビア人側の被害妄想を煽り、事態を更に深刻化させたのである。

ならば西／東の地理的限定を取り外してしまえば、このシヴィックとエスニックの類型は、ナショナリズムの肯定的・否定的表れをある程度説明するようにも思える。リベラル・ナショナリズム等に基づき多文化共生社会の可能性を探る諸研究は、シヴィック・ナショナリズム論と近い課題意識に立ちつつ、その不十分さを補おうとするものである。確かにこれらは世俗的現代社会において何が好ましいか否か、もう少し言えば正義に関する研究の検討対象ではあり得る。だが善悪の問題とは根本的に無縁である。既に見た通り、領域的紐帯が優勢な世俗的ナショナリズムが力を得たのは、産業社会の発展に伴う出来事である。だがそれは、ネイションの「内外」を不断に想像し続けるナショナリズムの運動法則が、統治領域の明確な主権国家形態と親和性をもっていたからであり、仕組み自体に何か倫理的な善が内包されていた訳ではない。

ナショナリズムは全て、ネイションが内容的特殊性から政治的単位としての一般性獲得へ向かう運動だ。世俗主義のシヴィック・ナショナリズムも国家形成（革命）史の個別性から、国際社会の単位としての一般化を理念的目標とし、未来へと歩み続ける。だがしばしば、かの時間的錯覚以上に深刻な、超越性に関する錯覚「我らこそ、人類史上普遍的な善なる価値を担う者たちである」との主張が、世俗的ナショナリズムの範囲内でもなされる。この主張は結局、歴史における自己の特殊性を他者の特殊性よりも上位に置く発想に過ぎず、突き詰めることで偏狭さや排他性が発動した場合、エスノセントリズムともまた宗教的狂信とも等価である。個別の民族文化や宗教文化から距離を保った抽象的価値を領域内に掲げてみても、自由と寛容を備えた「善」なるナショナリズムに至る訳ではない。考えてもみよ、フランス革命後の恐怖政治、クメール・ルージュの統治、社会主義「インターナショナリズム」を掲げたソ連邦の歴史、に如何ほど自由と多様性への寛容が存在しただろうか。

実例を見てきた通り、エスニックでかつ世俗主義的なナショナリズムも厳然と存在する。何であれナショナリズムが、政教分離と信教の自由を掲げて「世俗的」であることだけでは、殆ど何の機能的意味も見出せない。ナショナリズムの世俗性は、言語知のみでは相互了解が不可能な、多様な世界解釈の前提を持つ人びとが、相互の存在を受容するために嵌められた枠である。即ちナショナリズムの世俗性は、社会的共存という「想像の共同目的」のための手段なのである。善に向かう手段の模索は重要だろうが、手段そのものが善たることはあり得ない。そもそも善悪とは、宗教が数千年にわたり問い続けている主題であることも想起したい。

二〇世紀前半には、軍事力行使にむけ国民国家の全体にわたる合理的な人的・物的資源総動員と生産とが計画・号令され、中央集権行政により領域内のシステム化が図られる総力戦体制が、各国に生み出され発動した。やはり国家と経済が外在的ではないこの総力戦体制下の動員・生産計画は、ネイションとナショナリズムがその中で成立した、あの産業社会化の過程における数十年～百数十年間の国家のふるまいを、比較にならぬほど効率的・短期的・徹底的に反復しようとしたものだ、という事実を確認したい。更に、総力戦から第二次大戦後も継続した社会のシステム化において、この領域内社会の均質化と平準化が反復されたが故に、ネイションの文化表象次元と社会構造次元の複合した基盤は、おそらく全世界的に未だ失われていないのだと思われる。

総力戦は二度にわたり、人類に未曽有の、かつ徹底的な破壊をもたらしたが、この過程で諸国の世俗的ナショナリズムに殉じた殉教者の数は、また歴史上いかなる宗教も及ばぬほど大規模であった。ただし国家がナショナルな社会政策を担ういわゆる福祉国家または社会国家も、この総力戦体制から発生した国家形態である。英国救貧法以来の、宗教の代役たる国家による社会保障の流れを汲む大規模な事業運営の推進役も務めた、ということは、世俗的ナショナリズムの名誉のためになるかどうかはわからぬが、ここで言及しておいても良いだろう。

六　病理か、共存への志向か

総力戦体制の一形態であるファシズムについては、第二次世界大戦後に否定的評価がほぼ定着した。政治宗教（political religion）と見立てる見解もあり（Emilio Gentile, *Politics as Religion*, Princeton University Press, 2006(2001)）、ファシズムは今や、世俗的と宗教的とを問わずナショナリズム暴走の代名詞とされている。しかし二〇世紀後半の世界でも、植民地独立や小国の大国に対する抵抗が粘り強く実行され、またそれを賛美する言説が見られたように、ナショナリズム自体は全面的否定の対象とはならなかった。

一九九〇年代の旧ユーゴスラヴィアやルワンダ等の深刻な民族紛争、あるいは欧州での移民問題等を受けて、ナショナリズムを否定的に捉える見解が増加した、と言われるが、そうなのだろうか。もし事実そうだとしても、それは「西」視点の偏向の所産であろう。民族紛争自体は、東西冷戦終結以前からずっと起き続けていたのだから。いずれにせよ近年も、ナショナリズムやナショナリティについては多くの研究が公刊されており、宗教との関わりについても事例考察が進められている。今後は理論的研究成果と、宗教現象の分析とが更に連携していくことが期待される。ただし日本でも時折見られる、あたかも病理であるナショナリズム全般と無縁な自らは健康だ、と強調するだけのような「研究」や言説は、現代社会を拘束する問題からの逃避に過ぎないと思う。知的奇術師による脱出芸のような見世物としてもてはやす事はできても、一般的意味を持ち得ないだろう。

本稿で取り上げた、かのネイションの物神化に伴う妄想と功名心が引き起こしたであろう他国民誘拐という犯罪に関し、被害者本人やご家族の事を想像し心を痛める人も多いはずだ。実はかつて筆者は、未だこの問題が日本で殆ど話題にすら上らぬ時期に、これを世に告発せんと、あるご家族と共に街頭で署名を集める人々の中に居たことがある。その時から二〇数年、発生からはさらに長い時間を経てもこの問題を解決できぬ政治の無力への憤りを持ち続けている筆者は、もしもナショナリズムが病理ならば、間違いなく病人だということになろう。

さて最後に、あの白い石造りの教会についての疑問に答えねばなるまい。あの場所で存在を認められているものは何なのか。我々から見て、言語知のみでは了解不可能な前提に立つ世界解釈、の意味では、むしろ教会の内側ではなく外側の、誰もが左胸に徽章を着けている世界の方を「宗教」と呼びたい気もする。自由を保障するために非自由な制度を要する、という自由の形式論的逆説も想起されるが、これは左胸に徽章のネイション側の論理だろう。その更に外側にいる我々が感じている事とは違う。我々の疑問は、教会の内も外も連続した空間のように思えるにもかかわらず、なぜ外とは分離区別された場が用意されているのか、ということなのだ。

非公然教会弾圧や外国人牧師拘束の情報などと考え合わせれば、あの教会の存在は、ナショナリズムがその世俗性を徹底追求した結果到達する、形式的政教分離の極北に位置するように思われる。世俗主義的な国家の規律化の視線は牧師の言葉にも迫るが、秩序を乱さぬならば対外宣伝にも役立つだろうという以上には、言語化されない会衆の信仰には関心を持たない。それは信教の自由という名の下の、人間の内面に対する無関心であり、共感の欠如である。しかし否定はされていない、というぎりぎりの所に建っているのが、あの教会なのだろう。

こうして考えると逆にあの会衆達こそ、世界の他の部分に見られぬほど極めて熱烈な宗教者と見える、から不思議だ。もっともそれこそが、ナショナリズムの世俗性が演出する「信教の自由」の効果なのだろう。それともそのような演出を疑うのは、筆者もまたナショナリズムという病理に冒されているから、なのだろうか？

参考文献（本文中に示したもの以外）
植村和秀『ナショナリズム入門』講談社、二〇一四年
大澤真幸・姜尚中編『ナショナリズム論・入門』有斐閣、二〇〇九年
大西克明「寛容論と宗教の共存—共存の形式に関する考察—」『東洋哲学研究所紀要』二五、二〇〇九年
金井新二「宗教的多元性・救済内面主義・政教分離原則」『宗教研究』三二九、二〇〇一年
萱野稔人『国家とは何か』以文社、二〇〇五年
近藤剛「宗教的寛容の源流と流露」『人文知の新たな総合に向けて　哲学篇2』京都大学大学院　二〇〇四年
白川俊介『ナショナリズムの力—多文化共生世界の構想—』勁草書房、二〇一二年
鐸木昌之他編『資料北朝鮮研究1　政治・思想』慶應義塾大学出版会、一九九八年
施光恒・黒宮一太編『ナショナリズムの政治学—規範理論への誘い—』ナカニシヤ出版、二〇〇九年
タミール、ヤエル『リベラルなナショナリズムとは』押村他訳、夏目書房、二〇〇六年（原書一九九五年）
ミラー、ディヴィッド『ナショナリティについて』富沢他訳、風行社、二〇〇七年（原書一九九五年）
メンシング、グスタフ『宗教とは何か』下宮・田中訳、法政大学出版局、一九八三年
山之内靖『総力戦体制』筑摩書房、二〇一五年
リンス、ホアン『全体主義体制と権威主義体制』高橋ほか訳、法律文化社、一九九五年（原著一九七五年）

多文化主義・社会関係資本・コスモポリタニズム
――新しい「共存」イメージを求めて――

苅田真司

二〇一六年一二月一九日、ベルリンのクリスマス市に突如トラックが突入し、一二人が死亡し、四五人が負傷した。ドイツ国内で発生した大規模なテロに対して、翌日現場を訪れたメルケル首相は、犠牲者に哀悼の意を表するとともに、「恐れや不安」を乗り越えることを国民に訴えた。ベルリン市民は努めて平静を保ち、クリスマス市も事件わずか三日後には再開された。現場におかれた追悼のキャンドルそばの掲示板には、「われわれは結束する」とドイツ語で書き込んだメッセージがあったという（岩合力「風　ベルリンから」朝日新聞夕刊、二〇一七年一月七日）。

テロが起こるたびごとに、「われわれ」という言葉は繰り返される。二〇一五年一月七日に発生したシャルリー・エブド襲撃事件の際には、犠牲者への追悼と連帯の意を表すために「私はシャルリー」というスローガンが掲げられ、一月一一日に行われた犠牲者を追悼するための三七〇万人にも及ぶ大行進では、そのスローガンを手にした人々が各所に見られた。現実にその意味がどの程度理解されていたかは置くとしても、この言葉もまた、「私」も「シャルリー」の一員としての「われわれ」であることを表明している。

テロのたびに繰り返されるこの「われわれ」という言葉は、どのような意味で使われているのであろうか。フランスの人類学者エマニュエル・トッドは、「私もシャルリー」という言葉の中に、無意識における排外的な意識を読み取るとともに、それらがグローバル化による格差拡大と密接に結びついていることを指摘している。「私も」というとき、そこで想定されている「われわれ」とは、異質なものを排除した同質性に基づくものなのである。そして、そうした「同質性」に基づく秩序こそが「正常な」秩序のあり方であると想定されているからこそ、テロのような異常事態が生じるたびに、「正しい」秩序のあり方としての同質性に基づく「われわれ」が召喚され、結束が呼びかけられることになるのである。

このように、われわれの秩序イメージには、「同質性」が抜きがたい要素として存在している。ある共同体に安定した秩序が保たれている状態を想像するとき、意識されているか否かを問わず、そこには一定の同質性が存在していることが前提とされていることが多い。すなわち、その共同体を構成する人々は、おしなべてある特定の性質を有しているのであり、その共同体の共同性はそうした性質の共有によってもたらされる、と観念されるのである

本稿では、こうした「同質性」の想定が、現代においてもなお、さまざまな社会理論における秩序イメージの拭いがたい前提として存在していることを明らかにした上で、それが「共存」についての思考を妨げる要因となりうることを主張し、それを乗り越える方策を探求する。「同質性」の想定は、ある共同体の内部と外部を区分けする境界の確定と密接な関係があるのであり、したがって、「同質性」から免れた思考を目指すことは、新たな秩序像と人間像を生み出すことになる。そうした新たな秩序像と人間像の一端を示すとともに、現代の「コスモポリタニズム」をめぐる議論と結びつけることで、新しい「共存」のイメージを見出すことが本稿の最終的な目標である。

一 「同質性」・秩序・共同性

1 秩序の成立と「同質性」

近代における秩序については、さまざまな形で語られてきたが、そうした秩序イメージに通底するものとして、「同質性」の意識の存在を指摘することができるであろう。ある秩序が存在すると言われるとき、そうした秩序は、何らかの共通項を元にして成立するものとして措定されるのであり、したがってそうした共通項を可能にするものが必然的に要求される。この要素は、しばしば複数の人間に共通するある性質として想定される。

こうした同質性の想定は、共同体を構成する近代の秩序の論理そのものに由来する。例えば、近代における人為的な秩序形成の原イメージを作り出したホッブスは、自然状態を個人の欲望の自由な追求が帰結する無秩序な戦争状態を描き出し、それと対立する秩序の成立根拠として、理念的には理性の産物である自然法を、実践的には恐怖という情念を提示した。しかし、このいずれの場合においても、人間は、もっぱら理性を介して、もしくは、恐怖を介して秩序形成に与るものとされているのであり、そうした共通の理性ないし情念を持つという意味での人間の同質性の想定が秩序を成立させているのである。

ホッブスと同じく社会契約の論理によって秩序形成を解き明かそうとしたルソーは、社会契約によって成立する共同体が一般意志の指導に従う点に、自由と強制との両立点を見出そうとする。この自由と強制を両立させるものとしての一般意志は、各人の個別的な利害関心である特殊意志を超越したものとして観念される。そこでは個々の構成員の差異は解消され、すべての構成員に共通なもののみが残される。いわば、ここですべての構成員は融合された一つの意志という共通の意志のみを保有することになるのであり、それによって、共同体は同質的なものとして成立するのである。

ホッブスやルソーの議論が示すように、同質性の問題は、共同体の成立と密接な関係にある。この点をもっとも明確な形で論じているのが、カール・シュミットである。シュミットは「政治的なもの」を「友敵関係」を決定するものとして定義するが、それは、何よりもまず、「友」と「敵」を区別する境界線を決定することであり、その結果として、境界線の内側にある「われわれ」を確定することである。その結果、「われわれ」は、「敵」とは異なるという意味で、否定的な同質性を獲得することになる。ここでは、実体的な同質性が存在するか否かを問わず、否定的な同質性によって「われわれ」という共同体が規定しうることになる。

2 「同質性」と「合理性」

こうした議論は、なにも歴史的な議論としてのみ存在しているわけではない。現代でも、こうした「同質性」が「共同体」の基底にあるという観念は、依然として継続している。例えば、現代の政治哲学を代表するジョン・ロールズの『正義論』における議論は、原初状態における合理的な判断の結果として、必然的に正義の二原理に到達することを主張するものである。それは、反照的均衡によって、人々がある同一の結論に到達することを主張しているかのように思えるが、実際にはマキシミン原理というある特定の原理を合理的なものとみなすような予見があらかじめ組み込まれている。マキシミン原理は、さまざまな社会制度の原理の選択に際して、最も利得の低い状態における利得を最大にすることを最も合理的であると判断する原理である。それがそのままロールズの言う格差原理に転換するのである。しかし、初期のロールズに対する批判が指摘するように、特定の利得状況における選択に際して、マキシミン原理だけが合理的であると判断する根拠は薄弱であり、それ自体一つの想定にすぎない。したがって、ある（将来の）共同体に属する人々が、原初状態において、マキシミン原理に基づく合理的な判断によって正義の原理に到達するとすれば、その人々はそもそもマキシミン原理をもっとも合理的と考えるような同質性を有していたことを意味していると考えざるを得ない。

ロールズは、後に「政治的リベラリズム」という考え方を強調するようになるが、そこでは「重なり合う合意」として正義の原理を提示される。「重なり合う合意」とは、複数の包括的教説の間で重なり合う部分として正義の原理を定式化しようという考え方であるが、そこでは、『正義論』で論じられたような合理的な選択を行う人々が、リベラリズムという特定の包括的教説を信奉するものとして、宗教的な教説やその他の文化的な教説を信奉する人々と同列に並べられている。つまり、世俗的な合理性やリベラリズムもまた、一つの教説なのであり、そうした教説の内部で合意に到達することが可能であるのは、まさにそうした教説を信奉しているという意味で同質的な人々が想定されるからなのである。

同様の問題は、ユルゲン・ハバーマスの討議的合理性の概念の場合にも存在している。ハバーマスは、その討議的合理性の概念を妥当性請求によって基礎づけるが、そのことによって、討議的合理性は、特定の合理性の観念の上に基礎づけられることになる。ハバーマスの議論に従えば、討議を成立させる妥当性請求は、合理的な根拠を伴った主張でなくてはならない。そこでの合理性とは、他者の立場に立ったときに受け入れ可能なものであることを意味している。より正確に言えば、討議に参加する人々のパースペクティヴは、相互に交換可能な程度に了解可能なものでなければならない。それは、こうした討議的合理性が合意形成能力を持つためには、特定範囲に理性が限定されなくてはならないことを意味している。したがって、理性に依拠することは、ハバーマスの場合には、それ自体で普遍的であることを保証するものではないにしても、そうした了解可能な理性の範囲にあるもののみに討議に参与するものを限定することを意味している。討議的合理性を実現しうる共同体は、そうしたある範囲内における理性を共有するという意味において、なお同質的な特質を帯びることになる。

こうしたハバーマスにおける討議的合理性のはらむ同質性の要素は、討議における発話の宗教的な根拠付けをめぐる議論を参照することで明確になる。そこでハバーマスは、「宗教的なもの」は世俗の言葉に「翻訳する」ことができる限りにおいて、こうした討議の空間に導入することが可能であると考える。しかし、そのことは、

「宗教的なもの」とは異質なものとして討議の妥当性根拠が措定されていることだけではなく、そうした異質なものは、理性と共通する範囲内に変換しうる要素を持つ限りにおいて討議に取り込むことができるのであって、そうした変換が不可能な範囲にあるものを討議に取り込むことは不可能であることが前提とされているのである。ハバーマスが想定している理性の実体的要素として、西洋的な世俗主義や個人主義の理念を読み取ることはさして難しいことではないであろう。したがって、討議への取り込み可能性の議論は、特定の文化的な同質性の想定とも密かにつながっているのである。

3 「多文化主義」論と「社会関係資本」論

こうした共同体の同質性という前提は、一見したところ、こうした同質性に反対しているかのように思える議論においても、潜在している。例えば、一九八〇年代にロールズの『正義論』を批判する形で登場してきたコミュニタリアニズム（共同体主義）は、その名前が示すように個人のアイデンティティを構成する要素としての共同体の重要性を強調するものであった。コミュニタリアニズムの議論によれば、ロールズが論じたような正義の原理についての判断そのものが、先行する個人のアイデンティティに依存しているのであり、そうした個人のアイデンティティは、少なくともその一部がコミュニティの伝統や価値によって形成されるのである。この「コミュニティ」という言葉の意味は、論者によって大きく異なる。静的で硬直的な伝統や価値を想定する論者から、アラスデア・マッキンタイアやマイケル・サンデルのように、固定化した伝統を「死せる伝統」として批判し、その動態性を強調する論者までさまざまである。しかし、そうしたコミュニティの伝統や価値の意味に関する立場の違いにもかかわらず、そうしたコミュニティの伝統や価値が同質的なものとして捉えられているという点では共通している。例えば、サンデルの議論を例にとれば、コミュニティの伝統や価値が、同質的なものとして諸個人に捉えられるからこそ、その変更には構成員の参与が必要なのであり、そのことが共和主義的な政治参加の基盤となっているのである。

こうしたコミュニタリアンの議論を受けて展開した、さまざまな集団間の差異を強調し、その正当な認知を目指す、「差異の政治」と呼ばれる議論においては、こうしたコミュニタリアンにおけるコミュニティの同質性の概念が、そのまま受け継がれている。例えば、個人主義的な権利論を同化主義として退ける現代の多文化主義においても、そうした傾向を見出すことができる。多文化主義の場合においては、確かにある国家なり社会なりが、多文化的なものであること、したがって、個人ではなく、アイデンティティの基礎となるような社会構成的文化を持つ集団からなるものと想定され、個人は抽象的な個人としてではなく、集団に帰属する個人として理解される結果、そうした個人のアイデンティティの基盤となる集団の存続に対して国家が積極的な役割を果たすべきであることが主張されることになる。これらの集団は、社会内においては、平等な立場におかれているわけではない、その社会における多数派として、意図するか否かにかかわらず、社会内で一定の特権を有している集団も存在すれば、少数派であるが故に、あるいは、それ以外の理由で、不平等な立場や抑圧された立場におかれている集団も存在する。多文化主義において、個人の権利ではなく、集団別の権利が問題になるのは、まさにそうした集団間の不平等が、個人間の不平等に先行していると捉えるからである。

しかし、こうした多文化主義において想定されている「集団」について考察してみると、そこには、依然として同質的な共同体のイメージが投影されていることがわかる。すなわち、多文化主義が前提としている集団は、しばしば同一の文化的な背景を持った集団とされているのであり、そうした文化的に同質な集団が複数集まって社会を作り上げているのである。その意味で、多文化主義における社会は、多元的なものであって、一枚岩の同質性を持つものではないが、しかし、それは依然として同質的な集団に基盤を置いているのである。

こうした同質性という特性が抜きがたく付随している社会理論のもう一つの例として、社会関係資本論を取り上げてみよう。現代における共存を考えるときに、その理論的な道具立ての一つとして、しばしば社会関係資本という概念が用いられる。社会関係資本という概念の用法も、論者によって大きく異なる。一方では、社会的なネットワークを社会関係資本と切り離した上で、社会関係資本を、そうしたネットワークに対して個人が所有している資源として捉える見方があり、他方では、ある集団内部で形成されているネットワークや規範、信頼などの集合的な財として捉える見方がある。前者の立場に立つ代表的な論者であるナン・リンは、そうした個人的な財としての社会関係資本が、個人の地位の上昇という目的のために投資されるものとして捉える。他方、後者の立場に立つロバート・パットナムは、そうした集合財としての社会関係資本の存在が、当該集団のメンバーの健全な育成や集団効率の増加に寄与するという理解に立って議論をしている。いずれの論者においても、社会的なネットワークの存在が、何らかの目的に寄与することが想定されている。そこで前提とされている社会的ネットワークは、一見したところ自発的なものであり、同質性の議論とは無関係であるように思える。

しかし、ロバート・パットナムが提起したボンド型社会関係資本とブリッジ型社会関係資本の区別を見ると、社会関係資本という概念の中に、同質性が密かに導入されていることがわかる。ボンド型社会関係資本とは、自分が所属する集団内部における人間関係の豊富さであり、これに対して、ブリッジ型社会関係資本とは、そうした集団を越えて、集団をまたがって形成される社会関係資本である。こうした分析的な分類を持ち出すとき、社会関係資本論は、再び集団の同質性を暗黙の前提としてしまうことになる。すなわち、そこで前提とされている集団は、ボンド型社会関係資本の多寡によってその濃淡はあるものの、そうしたボンド型社会関係資本を有するという意味で同質的なものとして想定される。そして、ボンド型社会関係資本が多い方が政治的なパフォーマンスにすぐれているという論旨からわかるように、ボンド型社会関係資本が多いほど、つまり、集団の同質性が高いほど、社会全体の機能が高まることが暗黙のうちに前提とされているのである。これに対して、ブリッジ型の社会関係資本の場合には、他の集団との関係を構築するものとして言及されるものであり、それが政治的パフォーマンスに対して持つ影響は、必ずしも明確ではない。

同様の問題は、ナン・リンの議論においても存在する。リンは、ボンド型の社会関係資本とブリッジ型の社会関係資本を、密度の濃い閉鎖的なネットワークと、密度の薄い開放的なネットワークという形で社会的ネットワークとして特徴付けた上で、市場における達成のような道具的な見返りに対しては、後者の方が重要であり、逆に情緒的なサポートのような表出的な見返りに対しては、前者の方が有利であると主張している。両者の間の優劣関係についての言及はないが、前者のような密度の濃い閉鎖的なネットワークは、問題を共有し、共感し合うことができる間柄として想定されているように、感情的な同一化を伴うネットワークとして想定されており、ここでは感情的な側面における同質性が前提とされていることになる。

二 「同質性」理念の限界

1 「コミュニティの理念」批判

ここまで、現代のさまざまな政治理論や社会理論において、何らかの意味で同質的な集団のイメージが存在していることを確認してきた。しかし、そのこと自体は、特別に重要なことでも、特別に問題視する必要があることでもないように思えるかもしれない。夙にホッブスが指摘したように、利害関係を異にする諸個人が集積して一つの秩序を構築するためには、何らかの紐帯が必要なのであり、それを、マキシミン原理のような合理性に求めたり、討議的理性に求めたり、あるいは、コミュニティの伝統や価値に対する愛着といった情緒的なものに求めたりすることは、ある意味では不可欠ではないのだろうか。したがって、「共存」の社会的な条件を理論的に考察する際に同質的な共同体のイメージが基底におかれることや、現代における「共存」のための実践として、同質的な共同体の再構築が求められることは、当然のことではないのであろうか。しかし、こうした集団の同質性を前提とする議論には、重大な問題点がある。以下では、その問題点について、考察を加えていきたい。

ここで論じられているような集団の同質性の問題を取り上げて、これを全面的に批判する議論を展開したのが、アイリス・マリオン・ヤングである。ヤングは、こうした同質性のある集団イメージを政治体の理想像と捉える議論を「コミュニティの理念」と呼び、それがもたらす負の帰結を、以下のような形で論じている。

第一に、それは共同体が同じ価値と生活スタイルを持つ人々から成り立つことを想定するが故に、逸脱した個人や集団を排除する可能性があることである。完全な同質性が不可能である以上、同質性は仮想的なものとして、そしてしばしば否定的なものとしてしか存在し得ない。それにもかかわらず、その仮想的かつ否定的な同質性を守るために、異質な人々に対して差別的な行動や暴力的な行動がとられたり、そうした人々を物理的に居住空間から排除するために、建築規制を初めとするさまざまな政策的な対応がとられたりすることを、ヤングはアメリカにおける都市生活の事例を引きつつ説明している。

第二に、そうした「コミュニティの理念」が、自発的集団に持ち込まれるときに生じる問題がある。この場合、その集団は、自分たちの集団の情緒的な一体性と集団内の同質性を強調していくことになる。その結果、新たな参加者を阻害することとなり、集団の拡大を妨げることになる。そうした傾向は、保守的な社会集団だけではなく、差異の承認や多様性の承認を求める進歩的な社会集団にも同様に見られることをヤングは指摘している。

ヤングによれば、こうした「コミュニティの理念」のもつ問題点の背景にあるのは、「共現前」という観念である。「共現前」とは、あたかもすべての人がすべての人の眼前に存在するように想定される状態であり、あらゆる人が、その内面を含めて、すべての人に対して透明な存在として現前している状態である。ヤングによれば、こうした「共現前」は、空間的な同時存在性と時間的な同時存在性を前提としている。つまり、そこには人間と人間の間になにものも介在しない、無媒介的な関係が前提とされているのであり、それによって、人間関係の純粋性と確実性が保障されているのである。そして、そのような無媒介的な関係が成立するからこそ、利害や思考や情緒が他者のものと一体化するという事態が生じるのである。古来、理想としてのコミュニティが、しばしば小規模なものとして想定され、対面的な関係が重視されてきた理由は、この点にあるとヤングは指摘する。

ヤングは、「コミュニティの理念」がもつこうした問題点を乗り越える新しい理念として「都市生活」の理念を提示する。そこには、「コミュニティの理念」とは異なるいくつかの長所が存在するとヤングはいう。その中でヤングが最も重視するのは、社会的な差異が排除されることなく共存していることである。特定の集団に同化したり異質なものを排除したりするのではなく、さまざまな集団に所属する個人が、自らの集団的な差異を保持しつつ、相互に関わることを都市生活は可能にするのである。集団的な差異が、他の集団の人々と関わることによって消失するというのは、普遍主義的な偏向を持つ近代化論的な偏見であり、実際には集団的な差異は、都市生活の中でも消失することはなく、むしろ強く意識されるようになることをヤングは指摘する。もちろん、そうした集団的な差異の中には、多文化主義的な意味での社会構成的な文化もあるであろうし、LGBTの性的指向性のような、都市の匿名的な環境の中で、はじめて発展させることのできる文化も存在するであろう。

もう一つヤングが重視するのは、こうした都市の持つ公開性である。都市生活は、価値観の異なる多様な人々が、共同に存在する空間である。そこは、集団ごとに境界線が引かれている空間でもなければ、住居空間や商業空間のように、機能的に境界が仕切られている空間でもない。そうした空間で、共同の問題を解決するためには、人々は公開の場で、相互の見解や価値観や争点を持って対峙し合うことになる。ここでは、そうした対立を隠蔽しようとするさまざまな試みが、デモや署名活動などによって、いとも簡単に打破され公開されることになる。したがって、そうした対立は、公開の場で解決されなくてはならず、公開の場で解決することが可能な唯一の方法は、相互の理念をお互いに提示し合うことしかあり得ない。

こうして、ヤングは、同質的な「コミュニティの理念」に代わって、異質な人々が共存する「都市生活」の理念を提示し、それとデモクラシーとが必然的な関係にあることを論じたのである。

2　現代の政治的・社会的条件

ヤングの議論が発表されたのは、一九八〇年代の後半である。それから、三〇年経った現代の世界は、当時と比べても大きく変化している。グローバル化の進展は、国境を越えた人の移動を容易にした。今や、どこの国においても、留学生や外国人労働者といった形で、異質な文化を国境内に含み込まざるを得なくなっている。また、そうしたグローバル化の反作用としての原理主義の進展は、多数の崩壊国家を生み出し、そこから逃避する難民たちによって、こうした人の移動がさらに促進されるという皮肉な結果を生み出している。こうした状況下にあって、異質で多様な文化を含み込んだ世界に対する新しい倫理的な価値観が求められていることは、疑い得ない。そこで以下では、ヤングの議論を、現代的な文脈に敷衍してみることにする。

ヤングが指摘した「コミュニティの理念」と現実とのずれは、現代では覆い隠すこともできないほど露わになっている。完全な無媒介性としての同質性という観念は、異質な文化を持った人々がそこかしこにいるという現実の前に、ますますその現実性を失いつつある。それと同時に、そうした人々を無視するのではなく、その文化的な多様性を積極的に承認しようとする動きが、さまざまな形で進展しつつある。その意味では、ヤングが指摘した「異質な人々による多様性」は、もはや都市生活だけの特徴ではなく、国家全体に拡大しつつということができるであろう。つまり、「コミュニティの理念」は、秩序のイメージとしての指導的な役割をもはや失ったと考えることができる。

そのことは、「コミュニティの理念」を想像のレベルで再生産することによって成立するナショナリズムがその説得力を失っていくことを意味する。ベネディクト・アンダーソンが指摘したような、同質的なものとしての同胞との間の想像上の絆、時間的空間的に無媒介なものとして成り立つ絆によって立つナショナリズムは、一方でデュアリズムの進行による国内における経済的な対立関係の先鋭化によって、他方で、国内における異質な文化の存在によって、現実から乖離していることが明白になっている。「コミュニティの理念」の現実性の喪失は、想像力の次元においてナショナリズムの基盤を掘り崩しつつあるのである。それゆえ、ナショナリズムは、しばしば共通の「敵」を作り出すことによって、新たな否定的同質性を作り出していく必要があるが、そうした同質性を作り出し得る要素はますます減少しつつある。より極端な境界線を引かない限り、同質性に対する同意が得られなくなりつつある一方で、そうした境界線そのものが同質性を掘り崩していくのである。

こうした「コミュニティの理念」の解体による秩序イメージの想像力の次元での喪失は、国家レベルだけでなく、地域レベルでも着実に進行しつつある。同質的な共同体のイメージが崩壊し、伝統や価値の自明性が失われたところでは、そうした伝統や価値に対する問い直しが改めて行われることになるのである。こうした秩序イメージの崩壊によってもたらされる帰結が、一方では「デモクラシーの民主化」や「再帰的近代化」と呼ばれる現象と密接な関係にあることはいうまでもない。

もっとも、だからこそ、コミュニティの役割を再度見直して、コミュニティを復活させたり、再活性化しようとする動きが現れてくるともいえる。ネーションのような大コミュニティにおいて同質的な共同体をイメージさせることがもはや非現実的であるとしても、もっと小規模なコミュニティにおいて、「コミュニティの理念」を実感させることができるような共同体を復活させることは可能であるという議論はあり得るし、実際に行われているさまざまな活動が、そうした「コミュニティの理念」の復権を陰に陽に求めているように思える。アカデミックな水準においてすら、前述の社会関係資本の流行や、多文化主義論に対する着目が、「コミュニティの理念」に大きく関わっている点は、前述したとおりである。

しかし、こうした試みは、現代においては、ヤングの議論以上に抑圧的かつ排除的に機能する可能性が高い。現代の社会的な条件の下では、単純な「コミュニティの理念」の復権は、抑圧作用をほぼ自動的に生み出す可能性が、ますます高まりつつあるのである。その背景にあるのは、現代におけるアイデンティティの多元化という条件である。

現代におけるもう一つの大きな変化は、個人の帰属意識の多元化である。より正確に言えば、アイデンティティの根拠が単一の集団に求められるのではなく、それ自体が多元的なものとして認知される領域が拡大しつつあることである。この点は、すでにヤングも指摘していることであるが、社会運動に積極的に関与している人々だけでなく、一般の市民にも、そうした意識は広がりつつある。民族的宗教的な集団、社会階層、性別、性的指向などの面で、自分がどのような集団に所属しているかという意識は、ますます明確に、そして公然としたものになりつつある。それに加えて、消費社会における嗜好の多元化もまた、より弱い形ではあるが、個人のアイデンティティの多元化を推し進めつつある。

こうした状況の下で、透明なコミュニティのイメージのみを理想的なものと考えて、その復権を求めることは、コミュニティの特定の価値を「正常なもの」として特権化することにつながり、こうした多様なアイデンティティの抑圧をもたらす。注意しなければならないのは、現代のアイデンティティは、単に「多様化」しているだけではなく、「多元化」しているという点である。すなわち、社会のなかに複数のアイデンティティの根拠となる集団が存在し各人がそのどれかにアイデンティティの基礎を置いているのではなく、一人の個人が、複数の集団に対してアイデンティティの根拠をおくことができるのである。個人のアイデンティティは多元的かつ複合的なものとして存在しているのであり、その力点の置き方は状況によって変動する。リチャード・ローティは、こうした浮動するアイデンティティを「リベラル・アイロニスト」と呼んだが、そうしたアイデンティティによって形成される世界が次第に現実的なものとして理解されるようになりつつある。

アイデンティティが社会的に差異化され、「多様化」しているのであれば、多文化主義論が言うように、抑圧されているアイデンティティ集団を少数派として同定することによって、その少数派集団が抑圧や排除から免れることができるような方策を検討することができる。しかし、アイデンティティの「多元化」は、明示的な境界線で隔てられた透明な多数派集団と、同じく透明な少数派集団との対抗関係という図式を無効にする。アイデンティティの根拠となる集団の境界線は、それぞれの集団の内部を横断する形で、相互に交差しながら引かれている。それは、集団の境界が曖昧になると同時に、それらに所属する個人の帰属意識も不明確になることを意味している。したがって、単純に多数派集団と少数派集団を同定することはできない。コミュニティの復権を目指す運動は、アイデンティティの「多元化」する世界においてはそもそも不可能であり、無媒介なコミュニティの強調は、どのような集団に帰属する個人に対しても抑圧的な作用をもたらさざるを得ない。

しかし、そうだとすれば、現在行われている、さまざまな共同性の復権や社会関係資本の再構築を目指す実践は、抑圧をもたらす可能性のある危険なものであり、無意味なものである、として否定されるべきなのであろうか。

三　新しい「共存」イメージとしての「コスモポリタニズム」に向かって

これまで述べてきたような現代の社会的条件の下では、コミュニティの復権を目指す実践は、一元的なアイデンティティの再構築を目指すものとして、不可能な試みであり、最悪の場合には、あらたな排除と抑圧をもたらすだけに終わるように思える。確かに、単純なコミュニティの復権を目指す運動が、しばしば単なる多数派の価値の称揚にとどまり、少数派の人々に対して十分な関心を示していなかったり、その結果として排除や抑圧をもたらすこともある。しかし、だからといって、そうしたコミュニティの復権を促す運動を全否定することは、社会をばらばらの個人に解体し、グローバル化された資本主義の圧力の元に直接そうした個人を曝すことを意味せざるを終えない。単純な「コミュニティの理念」の強調が危険であるのと同様に、共同性に対する単純な批判も、グローバル資本主義の元での個人の脆弱性をますます強化してしまう可能性がある。

それでは、今日、共同性の復権にはいかなる意味を与えることができるのであろうか。第一に、そうした共同性の復権を求める運動は、グローバル化された資本主義に対抗しうる個人間の連帯を作り出すために必要である。しかし、それによって、同質的で無媒介的なコミュニティが復権することを求めることはできない。むしろ、共同性の復権を求める運動は、さまざまなアイデンティティ集団の活動を活発化させることによって、国家や地域的なコミュニティを、小集団に解体していくことになるであろう。しかし、個人のアイデンティティが複数の集団への多元的な帰属意識によって支えられている以上、そうした小規模なアイデンティティ集団の活動の活発化は、社会の分裂や解体を意味するものではない。例えば、ある人が、ある地域の一員であり、比較的貧しい労働者階級に所属しており、イスラム教徒であり、女性であるとすれば、そうした複数のアイデンティティに照応する集団の活動が同時並行的に行われることに何の不思議もない。一人の個人は、複数のアイデンティティ集団に同時に帰属するものとして、それらの活動に同時に参加するのである。どのアイデンティティ集団への帰属がより重要なものとして捉えられるかは文脈に依存するし、例えばＬＧＢＴのように、それまでアイデンティティ集団とみなされてこなかった集団への帰属意識が、新たに生まれてくることもあるかもしれない。

かつて、アメリカ政治学は、個人が複数の利益集団に所属していることを「重なり合うメンバーシップ」と呼び、それが利益集団多元主義の力学の中での求心力として働くことを指摘したが、今やそれはアイデンティティに関わる集団にも拡大され、そうした集団間の求心力として働くのである。こうした重合的な境界のもたらす諸集団の重複的な配置は、単純な「友」—「敵」関係へと集団間の関係を還元することを困難にする。

現代においては、さまざまな集団が、個人のアイデンティティの基盤となり得るものとしてすでに存在している。さらに、そうしたアイデンティティ集団を形成する可能性のある差異は無限に生成されうるのであるから、結局のところ、個人がアイデンティティを帰属させる集団は常に複数存在し、常に多元的でありかつ浮動している。

共同性の復権を求める運動は、同質性のある共同体を再生するところに価値があるのではない。それは、多元的に存在するアイデンティティ集団の活動を活性化し、それによって人々の連帯の可能性を逆説的に作り出すところにその意味がある。したがって、そうした運動が排除や抑圧に転化しない条件は、これらの多元的なアイデンティティの根拠となる集団が、一つとして否定されないことである。そのためには、社会空間自体が、複数のアイデンティティ集団の重合としてあり、個人のアイデンティティもそのようなものとして多元的であることを理解する必要があるであろう。そうした社会空間のイメージが共有されたときに、はじめて、多文化主義を越える新たな共存のための社会空間の展望が開かれることになる。

こうした新しい社会空間のイメージは、小規模コミュニティにだけ適用されるものではない。前述したように、グローバル化の進展に伴って、一方では国内のデュアリズム的な再編が進行し、他方では国民国家の境界線がますます脆弱なものになりつつある。デュアリズムの進展は、特定の単位でのみ捉えられるものではない。国際的なレベルでは、国家間の経済的な格差が深刻化しているが、目を国内に転じれば、一国内においても、地域ごとに、あるいは都市と地方の間で大きな経済的な格差が存在している。これに加えて、業種ごとの経済的状況の差異を考えれば、ここでも事態はきわめて多元的な形で複合している。一国内での経済的な差異の拡大は、そうした差異を是正するための中央政府の権限の拡大をもたらすが、他方で、中央政府は、国際的な競争力を保持しなければならないという、矛盾する課題も同時に遂行しなければならない。また、経済的な合理性に基づいて行動する企業は、ある国境線の内部における差異の縮小よりも、グローバルな経済的合理性を優先し、国家はしばしばそれに対する配慮を迫られることになる。国家の正統性の根拠が、前述した「コミュニティの理念」の後退によって薄まり、国民国家が統合の唯一の単位であると言う意識が広まれば広まるほど、その傾向はますます強まってくる。こうして、グローバル化の一つの帰結は、国民国家の弱体化ということになる。

国民国家の弱体化は、超国家的な主体であれ、地域政府であれ、何らかの単一の主体によって国民国家が全面的に代替されることを必ずしも意味しない。むしろ、政策領域ごとに、あるいは、争点ごとに、地域レベル、国民国家レベル、国際レベルといった多様なレベルにおいてそれが問題化され、それぞれの水準に存在するさまざまな政治主体が、その争点をめぐる政治過程に参加していくことになるであろう。これも、アメリカ政治学的な利益集団多元主義のイメージの延長でいえば、利益集団や政党、あるいは相対的な自律性を保つ国家に加えて、市民社会領域に活動の基盤をおくさまざまな非政府組織が、政治的な重要性を持つことになる。そして、地域レベル、国民国家レベル、国際レベルにおいて重層化するそうした政治主体が、それぞれのレベルを超えて政治過程に参加するのであり、争点ごとあるいは政策領域ごとに、その政治主体の重要性は入れ替わりうるのである。その意味では、グローバル化時代の政治は、国民国家の弱体化故に、さまざまな政治主体による多元主義が多元的な水準で行われる、複合的かつ柔軟なものとならざるを得ない。

したがって、こうした政治状況においては、個人は、ある場合には国民国家の構成員として、ある場合には地域の住民として、ある場合には国際社会の一員として、発言し、行動することが求められるのである。ここでも、単一のアイデンティティを離れて、複数の帰属の間を移動するアイデンティティの柔軟性が求められることになる。同時に、こうした政治過程の複合性と柔軟性は、その制度化を著しく困難にする。政治過程の制度化は、新たな争点の出現によって、常に乗り越えられ、変容せざるを得ないのである。こうした状況においては、細部まで規定された厳密な制度ではなく、柔軟に変容しうるような制度が求められるであろう。別のいい方をすれば、制度を構成する原則に対する合意が優先され、細部についてはそのときどきに応じて柔軟な変更がなされるような制度が必要とされているのである。そうした制度は、多様な集団の発言権を広範に保障する制度を含む、広い意味での民主的な制度構成を要請すると考えられる。

最後に、こうした社会的条件に応じた人間像とは、どのようなものであろうか。グローバル化時代の新しい人間像として、コスモポリタニズムの理念がもつ新しい可能性が着目されている。コスモポリタニズムとは、ポリスを越えた普遍的なものに帰属するという意識を持つことである。古典古代におけるコスモポリタニズムは、ローマの拡大とともに成立したが、そこでは、地中海世界で一般的であった都市国家という政治的なイメージがコスモポリタニズムによって乗り越えられた。現在の国民国家イメージは、同じようにコスモポリタニズムによって乗り越えることができると、多くの論者は指摘する。

しかし、現代におけるコスモポリタニズムと古代のコスモポリタニズムの間には、多くの相違点がある。現代のコスモポリタニズムは、帝国の支配を求めるのでもなければ、世界を単一の生の様式に統一することを求めるのでもない。伊藤恭彦が、現代のコスモポリタニズムを「グローバルな規模で既存の境界線にこだわらず、多様性を尊重し、多様性を尊重し合う態度を共有している思想」と定義しているように、それは、差異を尊重し、差異の中で生きようとする態度を伴ったコスモポリタニズムなのである。現代の社会的条件に照応する人間像は、こうした差異を尊重するコスモポリタニズムに基礎づけられる必要があるだろう。

これまで述べてきたように、現代の政治的な条件の下では、単に国民国家の権威が低下するだけでなく、国民国家による統合の基盤となっていた同質的なコミュニティの理想という想像力そのものの力が低下する。したがって、仮に国民国家に代わる統合主体が想像されるとしても、それは一元的な普遍性をその属性として持つ世界国家やその構成員の意識としてのコスモポリタニズムではあり得ない。そこでは、多元的なアイデンティティを持つ個人が、多元的な集団によって構成される重層的な政治空間において活動を行うのである。そこでは、集団間の境界や国境線を含むあらゆる境界線が、乗り越え可能なものになり、柔軟に引き直される世界である。したがって、それは、境界線を越えうるという意味においてのみコスモポリタン的なものであり、普遍的な同質性を有することを意味するものとはなり得ない。同時に、それは、あらゆる場合に、コスモポリタンとして振る舞うことを求めるものでもない。前述したように、多元的かつ重層的な政治の下では、争点に応じた柔軟な政治レベルの変更や参入する政治主体の変更が行われる。地域的な問題が、国際的な問題として取り上げられることもあるであろうし、国際的な争点に、地域的な政治主体が参加することもあるであろう。これもまた、いつでも境界線を越えうるという意味においてコスモポリタン的であるのであり、常に世界的な視座に立って行動することを要求するものではない。その意味で、新たなコスモポリタニズムとは、「多元的かつ重層的なコスモポリタニズム」とでも呼びうるものである。

もちろん、自然法や人間理性のような普遍的な規範によって構成されるわけではなく、単に境界線を越えうるというだけの意味しか持たない「多元的かつ重層的なコスモポリタニズム」に依拠する人々から成り立つ政治は、必然的に調和的な状態に到達するわけではない。むしろ、その内部には、常に対立が未解決のまま保持され、境界線の乗り越えと再編成の作業が、永遠に繰り返されるであろう。その意味で、「多元的かつ重層的なコスモポリタニズム」による解決は、常に一時的なものであり、その場しのぎのものでしかない。しかし、普遍的かつ永続的な解決ではなく、そうした一時的ではあるが有効な解決を積み重ねていくことだけが、現代の条件の下では可能なのではないであろうか。「多元的で重層的なコスモポリタニズム」は、そうしたプラグマティックな政治的態度と結びつくことにもなるであろう。したがって、こうした政治から生まれてくる秩序もまた、あらゆる問題が解決した静的な状態ではなく、複数の争点について、常に境界線の乗り越えや引き直しが行われている、動的な状態としてのみあることになる。

グローバル化とアイデンティティの多元化という現代の条件の下での「共存」は、それに見合う政治像や人間像を必要とする。ここで概略を示した「多元的かつ重層的なコスモポリタニズム」は、そうした新しい「共存」のイメージの探求の第一歩として捉えることができるであろう。

参考文献

伊藤恭彦『貧困の放置は罪なのか―グローバルな正義とコスモポリタニズム―』人文書院、二〇一〇年
宇野重規『民主主義のつくり方』筑摩選書、二〇一三年

古賀敬太『コスモポリタニズムの挑戦―その思想史的考察―』風行社、二〇一四年
小林正弥、菊池理夫編著『コミュニタリアニズムのフロンティア』勁草書房、二〇一二年
サンデル、マイケル『民主主義の不満（上）（下）』勁草書房、二〇一〇年、二〇一一年
シュミット、カール『政治的なものの概念』田中浩訳、未来社、一九七〇年
パットナム、ロバート『孤独なボウリング―米国コミュニティの崩壊と再生―』柴内康文訳、柏書房、二〇〇六年
ハーバーマス、ユルゲン『コミュニケーション的行為の理論（上・下）』河上倫逸訳、未来社、一九八五年
早川誠『政治の隘路―多元主義論の二〇世紀―』創文社、二〇〇一年
ホッブス、トーマス『リヴァイアサン（一）～（四）』水田洋訳、岩波文庫、一九八五～九二年
マッキンタイア、アラスデア『美徳なき時代』篠﨑榮訳、みすず書房、一九九三年
リン、ナン『ソーシャル・キャピタル―社会構造と行為の理論―』筒井・石田他訳、ミネルヴァ書房、二〇〇八年
ルソー、ジャン・ジャック『社会契約論／ジュネーヴ草稿』中山元訳、光文社古典新訳文庫、二〇〇八年
ロールズ、ジョン『正義論』福間聡・神島裕子訳、紀伊國屋書店、二〇一〇年
Young, Iris Marion, *Justice and the Politics of Difference*, Princeton University Press, 1990

持続可能な発展と多文化世界

――環境・平和・人権・多様性をめぐる新動向――

古沢広祐

二〇一六年は英国のEU離脱ショック（国民投票）に続き、米国でも大統領選挙の結果に世界は大きくゆらいだ。当初、米国初の女性大統領として期待されたクリントン氏を打ち破り、大方の予想を覆してトランプ大統領が誕生し、いわゆるトランプ・ショックが世界を駆け巡った。しかし政治面では、米国ではこれまでも二大政党の綱引きによって、大きく右に左にゆれ動いてきた。ふり返れば、二〇〇九年の大統領選挙でオバマ大統領が誕生した時もかなり波乱万丈の展開であったことは記憶に新しい。ある意味で、米国社会が政治・文化的にきわめて多彩な力動的社会、ないしは多様なモザイク社会から構成されていることの現れとみることができる。

しかし、米国発の出来事で国際社会が受ける動揺はことのほか大きい。それは、二〇〇一年の同時多発テロや二〇〇八年のリーマンショック（世界通貨危機）などの影響力において目の当たりにしてきた。米国の新大統領がもたらす波紋は、連動する諸効果として昨今の不安定化しだした国際情勢において、国家レベルを超えた大きな波動を生み、共鳴現象のように不測の事態を次々とを生じさせる可能性も否定できない。時代を動かす集合的な力動作用（ベクトル）は、国際秩序の形成というより個々の利害対立（排他性）への傾向をつよめ始めたかにみえる。歴史の通例だが、ゆれ動く事態に翻弄される時代には自己の存在基盤を見失いがちになる。不確定でゆれ幅の大きい時代においては、短期的な視野より長期的な視野が重要となる。不安定化する時代状況を見すえつつ、状況認識と方向性を見定める意味で、歴史の根底を流れている水脈に目を向けることの意義を強調したい。すなわち、排他性への傾斜を回避する包括性ないし多元的存在の受容に向かう潮流への理解である。

一　時代潮流を見る視点――環境・社会レジーム形成――

時代の流れは、様ざまなレベルとスケールでゆれ動いている。時代の諸潮流を巨視的な視点でとらえる際に、筆者は国家的枠組みをこえたレジーム（体制）形成やパラダイム（世界認識枠組）の視点から見ていくことの重要性を指摘してきた。環境を軸とするパラダイムやレジーム形成の分析は、既刊の共存学において論じてきた（共存学、共存学2、共存学3）。レジームとは、政治形態や制度、体制を意味する言葉だが、グローバル化が進展するなかで国家制度を超えて形成される仕組みを示す概念として広く使用されるようになった。様ざまな分野に適用され、国際政治での制度的レジーム論の枠をこえて環境分野では気候変動や生物多様性のレジーム、農業・食料分野ではフード・レジーム、開発分野では援助レジームなどが論じられている。諸領域での勢力分析的な視点から論じることが多い言葉だが、ここでは世界を動かしている大きな基盤的な動きをとらえる概念として使用する。詳細は既刊書籍にゆずるが、論点は以下のようになる。

二〇世紀後半から二一世紀にかけて、世界は人間社会の矛盾対立のみならずその存立を支える地球環境問題への認識が深まる中で、地球市民的な意識の芽生えが醸成されてきた。そこでのキーワードとして、持続可能な開発・発展（Sustainable Development、開発と発展は文脈で使い分ける）や持続可能な社会など、サステナビリティ（持続可能性）概念が提起されてきた。この概念をめぐっては多くの論者が議論を積み重ねてきたが、大枠としては、

「経済」、「環境」、「社会」の三つの評価軸において、調和的な発展をめざすことがほぼ共通認識となっている。大枠としての三つのレジーム形成（経済、環境、社会）が、サステナビリティという概念で集約されてきたということである。私なりにわかりやすく表現すると、経済の維持・発展を「環境」と「社会」の二つの座標軸において調整すること、すなわち経済的発展を「環境的適正」と「社会的公正」において調整していくと考えると比較的わかりやすい（古沢　一九九五、古沢　二〇〇三）。

ここで問題になるのが、環境的適正に関しては定量的に比較する評価軸を共通認識（客観性）として持ちやすいのだが、社会的公正に関しては合意形成がきわめて困難な点である。それは、正義や公正、民主主義や平等をめぐる論点（正当性）として、本書の各章の論述でも示されている。歴史的には経済・政治体制の大局から見ると、かつては「資本主義」対「社会主義」をめぐる対立があった。それは、近年の市場経済を土台とする体制においても、市場の自由競争を最優先する体制と国の関与や調整機能を重視する社会民主的な体制とで、大きな差異を生じている。世界全体を見わたすと、民主主義体制の形成がほぼ拡大して進んできた経緯の中で、その制度や形態は実に多種多様である。しかも、民主主義がようやく定着するか混迷状態にある国や、独裁体制の維持に傾く国などもあり、さまざまな政治形態の下で現代世界が形づくられている。

すなわち環境レジーム形成に対して、広い意味での社会的レジーム形成の振れ幅が大きく、その進展状況は見定めがたい途上にあると言ってよい。それがサステナビリティという新概念の形成下での大きな弱点となって現れている。この社会面でのレジーム形成の遅れや不十分さが、今日の世界で一気に噴き出しつつあるかにみえる。この点は、二〇世紀後半の時代から積み残した課題のつけが噴出した側面もある。すなわち、冷戦とよばれた東西陣営の対立が極点に達し瓦解した後、その対立下で置き去りにしてきた課題である。経済・政治体制という側面では、資本主義・自由市場経済の体制と社会主義・統制経済の体制としての対立軸であったが、そこでの対立局面では、人間存在をどう見るかという根源的な問いかけが不十分のままに進展したのであった。それは政治体制の崩壊後に生じた、さまざまな混乱や内戦状況などにおいて端的に示されている。

人間を人間として存立させている本質的な理解と認識不足が、混乱に拍車をかけたのだった。この事態は今もなお世界各地で頻発している。すなわち、そこには人間の文化や心情など宗教的側面に象徴される、アイデンティティ（自己認識）や集団・社会形成における内面世界の秩序形成の問題が横たわっている。それは、日常世界での差別意識、いじめ、ヘイトスピーチの問題から、民族や文化・宗教、ナショナリズムをめぐる巨大集団としての対立や敵対という問題まで通底しており、共存の概念を問う際の根幹につながっている。これはきわめて厄介で扱いにくいテーマであるが、まさしく波乱要因を多く内在させている今日的世界の重要課題である。

本稿では、正面切ってこの問題に切り込む前段階として、問題認識の共有という点に焦点をあてる。とくに国際社会の動向、とりわけ国連という人類が形成してきた最上位の仕組みの上で具体的に模索されている状況の分析を提示するにとどめる。それだけでも多数の論点や切り口が展望できる領域だが、とくに社会と文化という次元から掘り下げたい。

二　国連の新目標がめざすもの――誰も置き去りにしない！――

二〇〇〇年の「国連ミレニアム宣言」（国連総会決議）を契機に定められたMDGｓ（ミレニアム開発目標）が目標年（二〇一五年）をむかえ、その流れを引き継いで「持続可能な開発のための二〇三〇アジェンダ（行動提起）」（以下、アジェンダと略）が二〇一五年国連サミットにて全会一致で採択された。このアジェンダに組み込まれたSDGｓ（持続可能な開発目標）が二〇一六年からスタートしている。この動きは、途上国の貧困解消と開発（南北格差問題）に重点を置いたMDGｓなどの開発の流れ（開発レジーム）に、一九九二年「地球サミット」（国連環境開発会議）を契機に主流化した持続可能性の流れ（環境レジーム）が合流し一体化していく新段階を象徴した出来事ととらえられる（共存学2、共存学3参照）。

こうした新潮流としての特徴とともに強調したい歴史的意義は、国連に代表される人間社会が長年追い求め、築き上げてきた共有価値の集大成ともいえる点である。それは、国連設立七〇周年という歩みとその周辺領域で展開されてきた市民社会の国際的な連帯の成果という側面である。戦後の激動する国際社会は、国際政治での国家間の攻防とともに紆余曲折を伴いながら地球市民社会の形成を促す歩みを続けてきた。いわゆる国家形成を主軸とした近現代（ヘゲモニー・覇権国家体制）が、その枠組みを超える兆しないし胎動として、国連システムが形成しつつある新レジームとして見ることができる。

国連は、いわゆる中核のハードなコア（基幹部分）とソフトな領域（関連諸活動）があり、多面的に国際社会の

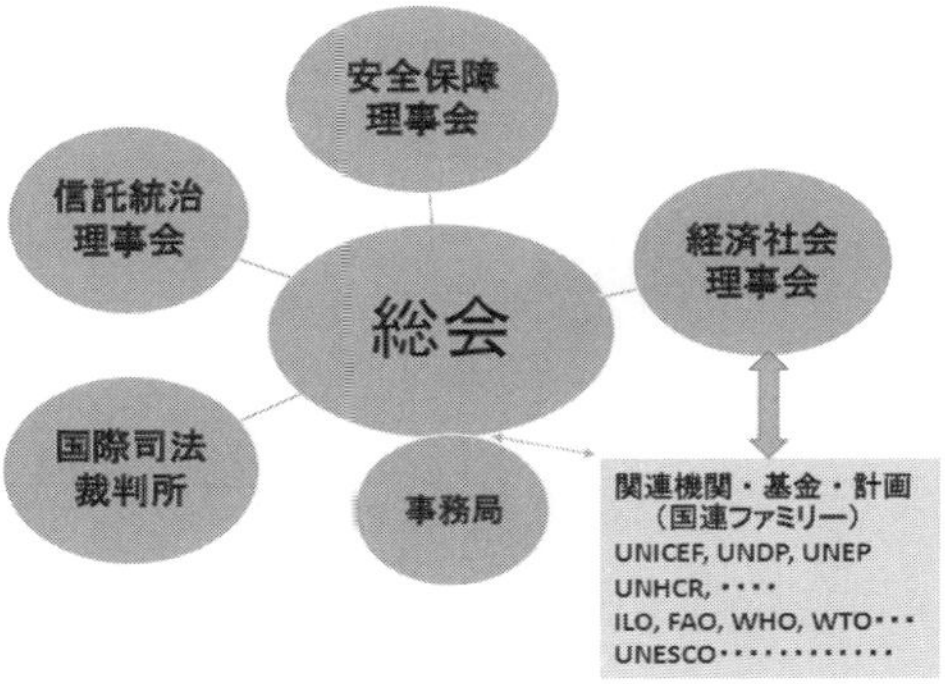

図１　国際連合の組織
（国連組織図を参考に筆者作成）

写真１　国連ビル（2015年9月、筆者撮影）

図２　持続可能な開発目標（SDGs）（出典：国連広報センター）

諸課題について取り組んできた。ハードなコア部分とは、安全保障理事会を代表とする第二次大戦下での国家連合としての基幹組織であるが、近年の複雑化し錯綜する国際問題に対応しきれない硬直性を引きずっているかにみえる。それに対してソフトな活動部分は、ユネスコ（ＵＮＥＳＣＯ、国連教育科学文化機関、一九四六年設立）、ユニセフ（ＵＮＩＣＥＦ、国連児童基金、一九四六年設立）、ＷＨＯ（世界保健機関、一九四八年設立）、ＵＮＤＰ（国連開発計画、一九六五年設立）、ＵＮＥＰ（国連環境計画、一九七二年設立）、ＷＴＯ（世界貿易機関、一九九五年設立）など二〇をこえる諸機関・基金・計画が担っており、国連ファミリーないし国連システムとよばれている。多くの組織ができて、肥大化や非効率などといった指摘もあるが、諸課題に対して柔軟で比較的民主的な対応がとられてきたダイナミックなネットワーク的組織を形づくってきた（図1）。

　これら諸組織は、不定形かつ相互連関が不十分な側面をもちつつも、人類的課題に対峙する最前線に位置している。複雑化した問題に状況的対応に傾きがちな雑然とした諸組織という面もあるのだが、このたびのアジェンダと持続可能な開発目標（SDGs）によって、再調整と相互連関性を見出して人類社会の共通ビジョンへと踏み出す契機になる可能性が期待されている。

このアジェンダは、政治宣言とともに一七の取り組み課題（大目標）と一六九の個別目標（ターゲット）を提示している。詳細は別にゆずるが、一七の大目標をみると、社会分野（1貧困、2飢餓、3健康・福祉、4教育、5ジェンダー、10不平等）、経済分野（8雇用・経済成長、9インフラ・産業、11居住・都市、12消費・生産）、環境分野（6水・衛生、7エネルギー、13気候変動、14海域、15陸域）そして横断分野（16制度・平和、17国際連帯・協力）からなりたち、言葉どおり持続可能な世界への道標を目指したものである（古沢 二〇一四）。

アジェンダの文面をこまかく見ると、さまざまな分野で歴史的に積み上げられてきた成果の上に、未来世界が展望されていることがわかる。とくに二〇世紀から二一世紀にかけての最大の課題ともいえる人権、開発、環境問題などの分野に関しては、リオ宣言（一九九二年）、ミレニアム宣言（二〇〇〇年）、そして今回のアジェンダに示されたような革新的な活動が展開されてきた。それらは、法的な拘束力をもつ国際条約の外郭ないし外堀を築いていると考えられる。そこでは国家的な狭い利害の枠を越える、人類の共有価値の形成ともいうべき試みが展開され蓄積されてきたのだった。

アジェンダの政治宣言には、次のように野心的で壮大な理念が書き込まれている。この宣言において、とくに注目すべき個所を抽出してみよう。（以下は外務省・仮訳からの引用、［ ］は仮訳用に付けられたもの。傍線は筆者による。）

【我々の世界を変革する：持続可能な開発のための二〇三〇アジェンダ】

宣言

（前略）

3.［取り組むべき課題］我々は、二〇三〇年までに以下のことを行うことを決意する。あらゆる貧困と飢餓に終止符を打つこと。国内的・国際的な不平等と戦うこと。平和で、公正かつ包摂的な社会をうち立てること。人権を保護しジェンダー平等と女性・女児の能力強化を進めること。地球と天然資源の永続的な保護を確保すること。そしてまた、我々は、持続可能で、包摂的で持続的な経済成長、共有された繁栄及び働きがいのある人間らしい仕事のための条件を、各国の発展段階の違い及び能力の違いを考慮に入れた上で、作り出すことを決意する。

4.［誰一人取り残さない］この偉大な共同の旅に乗り出すにあたり、我々は誰も取り残されないことを誓う。人々の尊厳は基本的なものであるとの認識の下に、目標とターゲットがすべての国、すべての人々及び社会のすべての部分で満たされることを望む。そして我々は、最も遅れているところに第一に手を伸ばすべく努力する。

（中略）

我々の世界を変える行動の呼びかけ

49.［国連とそれを支える価値観］七〇年前、以前の世代の指導者たちが集まり、国際連合を作った。彼らは、戦争の灰と分裂から、国連とそれを支える価値、すなわち平和、対話と国際協力を作り上げた。これらの価値の最高の具体化が国連憲章である。

50.［新アジェンダの歴史的意義］今日我々もまた、偉大な歴史的重要性を持つ決定をする。我々は、すべての人々のためによりよい未来を作る決意である。人間らしい尊厳を持ち報われる生活を送り、潜在力を発揮するための機会が否定されている数百万という人々を含む全ての人々を対象とした決意である。我々は、貧困を終わらせることに成功する最初の世代になり得る。同様に、地球を救う機会を持つ最後の世代にもなるかも知れない。我々がこの目的に成功するのであれば二〇三〇年の世界はよりよい場所になるであろう。

51．［新アジェンダの歴史的意義］今日我々が宣言するものは、向こう一五年間の地球規模の行動のアジェンダであるが、これは二一世紀における人間と地球の憲章である。子供たち、若人たちは、変化のための重要な主体であり、彼らはこの目標に、行動のための無限の能力を、また、よりよい世界の創設にむける土台を見いだすであろう。

52．［人々を中心に据えたアジェンダ］「われら人民は」というのは国連憲章の冒頭の言葉である。今日二〇三〇年への道を歩き出すのはこの「われら人民」である。我々の旅路は、政府、国会、国連システム、国際機関、地方政府、先住民、市民社会、ビジネス・民間セクター、科学者・学会、そしてすべての人々を取り込んでいくものである。数百万の人々がすでにこのアジェンダに関与し、我が物としている。これは、人々の、人々による、人々のためのアジェンダであり、そのことこそが、このアジェンダを成功に導くと信じる。

53．［結語］人類と地球の未来は我々の手の中にある。（後略）

以上をみてのとおり、「あらゆる貧困と飢餓に終止符を打つ」、「誰も取り残されない」、「地球を救うための二一世紀の人間と地球の憲章である」、こうした事柄が高らかに明記されている。宣言に記載されている一つ一つの言葉を追い、その意味と由来をたどれば、これまでの国際的な諸活動の集大成的なものが結実している様子を読みとることができる。

三　人権と教育、文化と環境面から注目すべき動き

アジェンダに関しては、注目したいキーワードが幾つもあるが、その一つに「包摂する」（inclusive：含みこむ、

包接的な）という言葉をとりあげてみたい。全文では四〇か所、一七の大目標では六か所ほど記載されている。この言葉は、とくに教育や人権、弱者や障害者の社会包接において近年多用されるようになった用語である。国連との関わりでこの分野の歴史的動向について見ると、時代的な推移のなかでＭＤＧｓやアジェンダ（ＳＤＧｓ）に集約されてきた様子を読みとることができる。

とくに重要なのは、戦後の世界人権宣言（第二六条、一九四八年）、経済・社会・文化的権利の国際規約（一九六六年）、子どもの権利条約（一九八九年）、万人のための教育への一連の動きや障害者権利条約（二〇〇六年）、先住民族の権利に関する国連宣言（二〇〇七年）などの一連の動きであり、こうした積み上げがアジェンダに結実しているのである。教育に関しては、「万人のための教育」の理念が継承され、障害者の権利とも重なり合ってインクルーシブ教育（障害と健常の差別を克服する教育理念）の流れとして、「誰一人取り残さない」という理念がアジェンダの中核に打ち出されたのだった。

もう一つ注目したい流れとしては、経済、環境、社会の三つの柱に加えて文化を組み入れる動きである。これは、主にユネスコを軸にした動きで、サステナビリティと教育を結びつける二〇〇五年国連総会で採択された「持続可能な開発のための教育（ＥＳＤ）の一〇年」の動きや、生物・文化多様性にかかわる新たな動きである。具体的にはアジェンダの策定過程で「持続可能な開発のための文化（文化と開発）」がユネスコ執行委員会によって提起されてきた。もともと一九九五年にユネスコの「開発と文化に関する世界委員会」によるレポートや国際会議で積み上げてきた経緯があり、具体的には二〇〇二年のヨハネスブルク・サミットで採択された実施計画の中に、持続可能な開発のための不可欠の要素の一つに文化多様性が組み入れられたのであった。その前後の動きとして、「文化多様性に関する世界宣言」（第三一回ユネスコ総会、二〇〇一年一一月）とその延長線上で国際条約となった「文化多様性条約」（文化的表現の多様性の保護と促進に関する条約、二〇〇五年採択）がある。

文化多様性をめぐる内容については、人間社会のとらえ方やグローバリゼーションをめぐる自由貿易との軋轢など、多岐にわたる論点がある（寺倉　二〇一〇、服部編　二〇一五、服部　二〇一六、古沢　二〇一二）。本稿では、とくに持続可能な発展と多文化共生の関連性について考えてみたい。そのために、「文化多様性に関する世界宣言」の一節を以下に引用する。

文化的多様性に関する世界宣言（日本ユネスコ国内委員会・仮訳より引用）

（前略）

アイデンティティー、多様性及び多元主義

第一条　文化的多様性：人類共通の遺産

時代、地域によって、文化のとる形態は様々である。人類全体の構成要素である様々な集団や社会個々のアイデンティティーは唯一無比のものであり、また多元主義的である。このことに、文化的多様性が示されている。生物的多様性が自然にとって必要であるのと同様に、文化的多様性は、交流、革新、創造の源として、人類に必要なものである。この意味において、文化的多様性は人類共通の遺産であり、現在及び将来の世代のためにその重要性が認識され、主張されるべきである。

第二条　文化的多様性から文化的多元主義へ

地球上の社会がますます多様性を増している今日、多元的であり多様で活力に満ちた文化的アイデンティティーを個々に持つ民族や集団同士が、互いに共生しようという意志を持つとともに、調和の取れた形で相互に影響を与え合う環境を確保することは、必要不可欠である。すべての市民が網羅され、すべての市民が参加できる政策は、社会的結束、市民社会の活力、そして平和を保障するものである。この定義のように、文化的多元主義を基礎とすることで、文化的多様性に現実的に対応する政策をとることが可能である。文化的多元主義は、民主主義の基礎と不可分のものであり、文化の交流と一般市民の生活維持に必要な創造的能力の開花に資するものである。

（後略）

・

実はこの世界宣言が出された直前に、９・11同時多発テロが起きている。時代背景としては、二〇世紀末の冷戦終結後にイデオロギー・政治体制の対立から民族対立や文化・宗教的な対立が顕在化しだしたことがあり、象徴的には『文明の衝突』（ハンチントン　一九九八）が話題となっていた状況がある。服部が指摘しているように、世界宣言は、文明の衝突や文化・宗教的な対立という敵対関係を浮かび上がらせるような偏見と誤謬を批判し、多様性を尊重し多元的な共存の在り方こそが人類のよって立つべき基盤であることを明示したものであった（服部編　二〇一五、服部　二〇一六）。

この多様性尊重の流れは、文化と人権（世界人権宣言、文化的権利、先住民の権利）や文化と開発（文化遺産、文化創造・産業）といった分野へとひろがり引き継がれている（青木　二〇〇三、渡辺　二〇一五）。これらの詳細にふれる余裕はないが、注目したい新しい展開としては環境分野との接点に関する動きがあり、とくに生物多様性条約との関連性である。具体的には、生物多様性条約第一〇回会議（ＣＯＰ10、二〇一〇年）を契機に条約事務局とユネスコにより正式発足した「生物多様性と文化多様性をつなぐ共同プログラム」がある。この共同プログラムでは、生物多様性と言語の多様性、在来知・伝統知など文化・精神的価値、信仰体系、地域コミュニティとの関わりを明らかにする取り組みが行われている。すでに二〇一四年に「ヨーロッパ生物文化多様性会議」（イタリア、フローレンス）、二〇一六年に「アジア生物文化多様性会議」が石川県七尾市で開催されており、石川宣言二〇一六が採択されている。

その宣言では、「生物多様性と文化多様性の間の相互作用、それが経済、政治、環境、文化的な持続可能性に与える重要な影響について理解を深める」、「地域の知恵、技、文化習慣に光をあて、生物文化多様性とその回復力を強化することを通じて、豊かな自然と文化の保全、持続可能な利活用、公平な利益配分のための統合的な方策を考え、実践していく」ことなどがうたわれている。多様性の概念を拡張し、人間同士の共存のみならず自然との共存への道が希求されているのである。

このような動きの背景には、人間社会の側からの視点とともに環境問題という人間存続をめぐる根源的問いかけが相互作用していることがある。すなわち、人間存在の根底をゆるがす事態を前にして、あらためて人間という存在を問いなおす視点が形成されようとしているのである。それは、例えば歴史学では国単位の歴史認識をこえたグローバル・ヒストリー（新しい世界史）を構築する動きとして（羽田　二〇一一、入江　二〇一四）、あるいは人類史や生物進化史、そして地球史や宇宙の成り立ちから問い直すビッグヒストリーの動きなどが近年とみに活発化している（ピンカー　二〇一五、クリスチャン　二〇一六、ハラリ　二〇一六）。これらの動きは、冒頭でふれた人間社会の成り立ち方への根源的な問いかけに呼応した展開と言ってよい。これは、包括性から多元性への流れの中で、たんなる多元性だけでは相互関連性を見失うことに対する補正的動きととらえることができる。

時代潮流は、かつての包括性の流れ（グローバリゼーション）から今や個別利害対立（反グローバリゼーション）へのゆれ戻しを受けているが、多様な存在の受容こそが持続可能性の根幹にあることへの再認識（グローカリゼーション）へと徐々にだが進みつつある。さらにその向こうの新たな次元を求める動きさえも、胎動させていると考えられる（広井　二〇一五、古沢　二〇一六）。

四　さらなる共存の課題——人類史からみる発展のゆくえ——

長期的視点の重要性ということでは、人間存在へのこうした問いかけ自体の根底を揺るがす状況も、一方で出現している事態にも目を向けておく必要がある。すなわち、生物多様性条約第一三回会議（ＣＯＰ13・メキシコ、二〇一六年）の議題には、遺伝子改変技術、合成生物学などの議題が浮上している。人類は、戦争行為での殺戮のみならず自然界の多様な生物種を大量絶滅させる事態を引き起こしてきた。絶滅に瀕している生物種や遺伝資源の保全への取組みの一方で、新たな生物種を人工的に創り出すような技術が急速に発展しつつある事態に直面しているのである。

本稿を閉じるにあたり、さらなる長期的視点から未来をどう考えるかについて一言ふれておきたい。現在、物質・エネルギーの起源から社会、生物界、地球、宇宙の巨大構造までを理解しはじめた人類は、その認知能力と操作対象を自然の仕組みや生命の設計図（DNA）にまで拡張させている。気候変動に対する気候システム管理の可能性（ジオ・エンジニアリング研究）、遺伝子操作のみならず合成生物学の新展開、ロボット技術や人工知能（AI）の開発も急展開しており、二〇四〇～五〇年頃には人間の能力をAIが超えるだろうと言われはじめている（シンギュラリティ：技術的特異点）。

こうした事態にどう向き合うかが、私たちの次なる課題ではなかろうか。急速な「繁栄と発展」の反面で、自分自身の存在基盤を突き崩す事態をひき起こしつつある。自分たちの存在についての根源的な理解がないまま、自身がこの世界で存続できなくなる事態を引き起こす自己矛盾、存在のゆらぎに陥っていく状況が一方で進行しているのである。

『共存学3』でも指摘したが、人間という存在は、道具や言葉と概念形成を駆使して、自立的に世界を改変・改造する個的・社会集団的な活動を展開して世界を形成してきた。自立的存在という意味では、意志（自由）により対象を操作する力をもちうるわけだが、その意志自体は、時に他者や自分自身をも操作対象としうるし、場合によっては抹殺しうる不安定な存在でもある。悠久の歳月のなかで人類は試行錯誤を重ねながら、いわば進化史的にそれなりの安定系を増改築しながら、今日の社会を形成してきたと考えられる。この安定系は、学問的には倫理や法制度の形成など、広義のガバナンス（統治様式）としてとらえることができる。

しかしながら、私たちは、目（指向性）を外ばかりに向けてきたきらいがあり、自らを省みる能力については十分な発展をとげていない状況にある。自然を制御し環境を改変する科学技術力の急速な発展、分業と産業の高度化、市場拡大による経済構成体の肥大化など、いわゆる「外向的発展」に比べると、人間自身の個的存在と社会的存在への認識力、洞察力や制御力という「内向的発展」に関しては未発達であり、過去の戦争や大虐殺の悲劇、現在も続く内戦や大量殺戮兵器の開発、そして身近な差別やいじめ現象に至るまで、人間自身の自己制御力は相対的に貧弱な様相を呈していると言わざるをえない。それは、宇宙開発やモダンな超高層建築物が続々と実現される一方で、世界の深刻な貧困や差別・抑圧状況に対して十分に対処できていない事態において端的に示されている。最近の人文・社会系軽視と理工系重視の風潮や目先の実利主義への傾斜などを見ると、人間存在の基盤をますます操作主義的方向や道具的思考へと導く外向的発展へと駆り立てているかにみえる。

私たちは長い進化の道を歩みつつ、自己と世界を見出し、編成し、さまざまな姿に構築してきた。その歴史や社会を振り返ると、認知能力を外的関与の力として拡大させながら、不安定で不確定な存在を何とか安定化させる道を進んできたかにみえる。しかしながら、既述のように私たちは自己存在に対する認識に真正面から向き合いきれていないのが実態ではなかろうか。他者との共存という課題は、実は自分自身との向き合い方を深く問うことであり、自己自身の共存の在り方と重なる課題だったのである。

自然や生命（人間自身を含む）という存在への操作的関与がもたらす世界が急拡大しており、最新科学の遺伝子組み換えやゲノム編集技術、合成生物学の行きつく先は、作物や家畜の品種改良に留まらずに、一線を越えて人間自身を改良していくような優生思想的世界にまで踏み込んでいく可能性を秘めている。その先の近未来の動きとしては、トランスヒューマニズム（超人間主義）やサイボーグ的人間への移行が起きる可能性さえも予感させる。科学技術の発達、経済発展、社会形成の高度化をめぐるダイナミズムは加速化している。私たち人間への根源的な問いかけとして、自己制御の限界にどう立ち向かうのか、新たな局面に入りつつあると思われる。

参考文献

青木保『多文化世界』岩波新書、二〇〇三年

入江　昭『歴史家が見る現代世界』講談社現代新書、二〇一四年

クリスチャン、デヴィッド他『ビッグヒストリー―われわれはどこから来て、どこへ行くのか―』長沼毅 日本語版監修、明石書店、二〇一六年

寺倉憲一「持続可能な社会を支える文化多様性―国際的動向を中心に―」『持続可能な社会の構築　総合調査報告書』国立国会図書館 調査及び立法考査局、二〇一〇年

羽田正『新しい世界史へ―地球市民のための構想―』岩波新書、二〇一一年

服部英二「文化の多様性に関する世界宣言と未来世代の権利」『総合人間学一〇　コミュニティと共生』学文社、二〇一六年

服部英二編著『未来世代の権利』藤原書店、二〇一五年

ハラリ、ノア・ユヴァル『サピエンス全史―文明の構造と人類の幸福―』（上・下）柴田裕之訳、河出書房新社、二〇一六年

ハンチントン、サミュエル『文明の衝突』鈴木主税訳、集英社、一九九八年

広井良典『ポスト資本主義―科学・人間・社会の未来―』岩波新書、二〇一五年

ピンカー、スティーブン『暴力の人類史』（上・下）幾島幸子・塩原通緒訳、青土社、二〇一五年

古沢広祐『地球文明ビジョン―「環境」が語る脱成長社会―』日本放送出版協会、一九九五年

古沢広祐「持続可能な発展―統合的視野とトータルビジョンを求めて―」植田和弘・森田恒幸編『環境政策の基礎』岩波講座　環境経済・政策学三、岩波書店、二〇〇三年

古沢広祐「多様性が織りなすグローバルとローカルの世界動向―共存社会の展望―」國學院大學研究開発推進センター編『共存学：文化・社会の多様性』弘文堂、二〇一二年

古沢広祐「持続可能な開発・発展目標（ＳＤＧｓ）の動向と展望」『国際開発研究』第二三巻第二号、二〇一四年

古沢広祐「人類社会の未来を問う―危機的世界を見通すために―」『総合人間学一〇　コミュニティと共生』学文社、二〇一六年
渡辺靖『〈文化〉を捉え直す』岩波新書、二〇一五年

参考ウェブサイト

国連広報センター：http://www.unic.or.jp/news_press/features_backgrounders/post2015/
持続可能な開発のための二〇三〇アジェンダ（外務省、仮訳）：http://www.mofa.go.jp/mofaj/gaiko/oda/files/00010/1402.pdf
生物文化多様性に関する石川宣言二〇一六：http://bcd2016.jp/declaration/index.html
文化的多様性に関する世界宣言（日本ユネスコ国内委員会、仮訳）：http://www.mext.go.jp/unesco/009/005.htm

執筆者（掲載順）

古沢広祐（ふるさわ　こうゆう）
國學院大學経済学部教授、共存学プロジェクトリーダー
環境社会経済学、持続可能社会論

笠間直穂子（かさま　なおこ）
國學院大學文学部准教授
近現代フランス語文学

安達智史（あだち　さとし）
近畿大学総合社会学部講師
女性ムスリム研究、社会統合の社会学

加藤久子（かとう　ひさこ）
國學院大學研究開発推進機構客員研究員
宗教社会学、ヨーロッパ現代史

武知正晃（たけち　まさあき）
台湾首府大學応用外語學部助理教授
日本史、現代台湾における歴史意識の研究、日本語教育

黒澤直道（くろさわ　なおみち）
國學院大學文学部教授
中国の文化と民族、ナシ族研究

松本久史（まつもと　ひさし）
國學院大學神道文化学部准教授
国学史、神道史

高橋典史（たかはし　のりひと）
東洋大学社会学部准教授
宗教社会学

杉内寛幸（すぎうち　ひろゆき）
國學院大學研究開発推進機構ポスドク研究員
宗教社会学

ヘィヴンズ・ノルマン（HAVENS, Norman）
國學院大學神道文化学部教授
宗教学、日本宗教史、日本の民間信仰

菅　浩二（すが　こうじ）
國學院大學神道文化学部准教授
宗教学、ナショナリズム論、近代神道史

苅田真司（かりた　しんじ）
國學院大學法学部教授
西洋政治思想史、政治理論

共存学4：多文化世界の可能性

2017（平成 29）年 3 月 15 日　初版 1 刷発行

編　者　國學院大學研究開発推進センター
（責任編集・古沢広祐）

発行者　鯉渕　友南

発行所　株式会社　弘　文　堂　101-0062　東京都千代田区神田駿河台 1 の 7
TEL 03（3294）4801　振替 00120-6-53909
http://www.koubundou.co.jp

装　丁　松 村 大 輔
組　版　堀 江 制 作
印　刷　港北出版印刷
製　本　井上製本所

ISBN 978-4-335-16088-2